高等法律职业教育系列教材审定委员会

主　　任　万安中

副 主 任　李忠源

委　　员　陈碧红　黄惠萍　刘　洁　顾　伟
　　　　　刘宇翔　刘树桥　李定忠　罗光华
　　　　　李　栋　侯　伟　周　亮　刘晓云
　　　　　谢乐安

高等法律职业教育系列教材

社会学教程

SHEHUIXUE JIAOCHENG

（活页式）

主　编 ○ 梁蔓馥　黄惠萍
副主编 ○ 贺　静　梁欣妍
撰稿人 ○（按撰写章节顺序）
　　　　梁蔓馥　王贤芬　贺　静　黄惠萍
　　　　梁欣妍　肖　维

中国政法大学出版社
2023・北京

声　明　1. 版权所有，侵权必究。

　　　　2. 如有缺页、倒装问题，由出版社负责退换。

图书在版编目（CIP）数据

社会学教程：活页式/梁蔓馥，黄惠萍主编.—北京：中国政法大学出版社，2023.11
ISBN 978-7-5764-1151-5

Ⅰ.①社…　Ⅱ.①梁…②黄…　Ⅲ.①社会学－教材　Ⅳ.①C91

中国国家版本馆CIP数据核字(2023)第215823号

出 版 者	中国政法大学出版社	
地　　址	北京市海淀区西土城路25号	
邮　　箱	fadapress@163.com	
网　　址	http://www.cuplpress.com（网络实名：中国政法大学出版社）	
电　　话	010-58908435(第一编辑部) 58908334(邮购部)	
承　　印	北京中科印刷有限公司	
开　　本	787mm×1092mm　1/16	
印　　张	14.5	
字　　数	317千字	
版　　次	2023年11月第1版	
印　　次	2023年11月第1次印刷	
印　　数	1~4000册	
定　　价	56.00元	

高等法律职业化教育已成为社会的广泛共识。2008年,由中央政法委等15部委联合启动的全国政法干警招录体制改革试点工作,更成为中国法律职业化教育发展的里程碑。这也必将带来高等法律职业教育人才培养机制的深层次变革。顺应时代法治发展需要,培养高素质、技能型的法律职业人才,是高等法律职业教育亟待破解的重大实践课题。

目前,受高等职业教育大趋势的牵引、拉动,我国高等法律职业教育开始了教育观念和人才培养模式的重塑。改革传统的理论灌输型学科教学模式,吸收、内化"校企合作、工学结合"的高等职业教育办学理念,从办学"基因"——专业建设、课程设置上"颠覆"教学模式:"校警合作"办专业,以"工作过程导向"为基点,设计开发课程,探索出了富有成效的法律职业化教学之路。为积累教学经验、深化教学改革、凝塑教育成果,我们着手推出"基于工作过程导向系统化"的法律职业系列教材。

《国家中长期教育改革和发展规划纲要(2010~2020年)》明确指出,高等教育要注重知行统一,坚持教育教学与生产劳动、社会实践相结合。该系列教材的一个重要出发点就是尝试为高等法律职业教育在"知"与"行"之间搭建平台,努力对法律教育如何职业化这一教育课题进行研究、破解。在编排形式上,打破了传统篇、章、节的体例,以司法行政工作的法律应用过程为学习单元设计体例,以职业岗位的真实任务为基础,突出职业核心技能的培养;在内容设计上,改变传统历史、原则、概念的理论型解读,采取"教、学、练、训"一体化的编写模式。以案例等导出问题,根据内容设计相应的情境训练，将相关原理与实操训练有机地结合，围绕关键知识点引入相关实例，归纳总结理论，分析判断解决问题的途径，充分展现法律职业活动的演进过程和应用法律的流程。

  法律的生命不在于逻辑，而在于实践。法律职业化教育之舟只有驶入法律实践的海洋当中，才能激发出勃勃生机。在以高等职业教育实践性教学改革为平台进行法律职业化教育改革的路径探索过程中，有一个不容忽视的现实问题：高等职业教育人才培养模式主要适用于机械工程制造等以"物"作为工作对象的职业领域，而法律职业教育主要针对的是司法机关、行政机关等以"人"作为工作对象的职业领域，这就要求在法律职业教育中对高等职业教育人才培养模式进行"辩证"地吸纳与深化，而不是简单、盲目地照搬照抄。我们所培养的人才不应是"无生命"的执法机器，而是有法律智慧、正义良知、训练有素的有生命的法律职业人员。但愿这套系列教材能为我国高等法律职业化教育改革作出有益的探索，为法律职业人才的培养提供宝贵的经验、借鉴。

2016 年 6 月

  本书作为高等职业院校专业教学用书，严格按照教育部有关职业教育文件精神，严格把握职业教育的规律和特征，充分体现职业教育的开放性、实用性、操作性，着意构建一种理论到位、能力本位、简单明了的编写风格。

  本书共分为四个模块十二个项目，以任务导入的方式介绍社会学，除了学科地位、发展简史、研究对象和方法等常规性知识，还从微观、中观和宏观三个角度阐述了社会学所研究的主要社会现象，内容涵盖了人的社会化、社会角色、社会互动、社会群体、家庭、社区、社会分层、社会问题与控制、社会保障等。

  本书不仅及时吸收了国内外社会学领域的理论研究成果，更注意反映社会学研究领域的新问题、新经验、新方法，既可以作为高等职业院校学生的教材和教学参考书，也可以作为民政系统管理人员、社会工作者及社会学爱好者的参考用书。

近年来,高等职业技术教育顺应社会的需要,发展非常迅猛,已经在高等教育中占了半壁江山。特别是2022年修订的《中华人民共和国职业教育法》实施以来,社会对高等职业教育的关注程度越来越高。乘着这东风,高职社会工作专业发展也很快,越来越多的高职高专院校都开办了社会工作专业。但由于起步晚、发展快、类别不同,高职高专类高校社会工作专业在学科建设过程中出现了一些不相适应的问题,传统教材过于理论化,与高职教育要求的可操作性强有所不符,因此,开发高职高专类社会工作专业系列教材势在必行。

高等职业技术教育是以职业教育为特色的,应紧紧围绕"以就业为根本,以技能为核心,以知识为支撑"的指导思想与培养目标,坚持以提高学生综合素质为基础,以能力为本位,着力培养学生的实际操作能力。目前我国的高等职业技术教育处于蓬勃发展的阶段,教育层次以大专为主,培养的是生产服务、管理第一线的应用型高级技术人才。因此,编写高等职业技术教育教材应该认真研究高等职业技术教育教学的目标和方向,把握高等职业技术教育办学的层次和特色,弄清区域社会经济的发展状况,以及学生可能进入的就业单位对专业技术的需求,从用人单位对专业方面的需求来确定教材的知识深度和范围,并注重知识的应用价值和操作性在教材中的体现,力求以培养学生的应用能力为首要的教学目标,保证高等职业教育目标的顺利实现。

我们编写的这本教材特别强调社会工作专业的"实务性"取向,突出专业的应用性和可操作性,突破以往教材理论性过重的特点。在对一般理论、原则进行阐述时,简洁明了,并注重典型案例的运用。侧重于运用参与的方式在情境中寻求具体的解决办法,引导学生从感性认识上升到理性认识,从中得出一般性结论。锻炼学生分析问题和解决问题的实际能力,使学生了解并体会到专业价值理念在工作中的作用,熟练掌握社会工作的方法、技巧和步骤,并在工学结合的场景中能够运用。

　　为此，我们以极大的热情和高度负责的精神投入到本书的编写工作中。遵循高职教育的特征和规律，本教材主要体现了以下几个特点：

　　尊重社会学特有的知识体系，突出教材的科学性和规范性；尊重社会学以社会问题和社会现象为特殊研究对象的特点，突出教材的开放性、实用性；吸收和反映社会学特殊研究领域的新问题、新成果、新经验和新方法，突出教材的前沿性、时代性；每个章节前都有导学图，简洁明了地突出章节重点内容；每个章节都以任务导入的方式开始，穿插学习活动，突出教材的实用性和操作性，有利于理论学习与实际问题分析相结合，改革传统教学方法；每章后增加案例分析和技能操作活动，突出教材的操作性、应用性，有利于素质教育和技能培养。

　　本书由梁蔓馥、黄惠萍担任主编，贺静、梁欣妍担任副主编，王贤芬、肖维为参编。全书共分为四大模块十二个项目，撰稿人具体协作及分工如下：

　　梁蔓馥：全书统稿、整理与修改，撰写项目一、二、三；

　　黄惠萍：全书审稿，撰写项目八；

　　贺静：撰写项目六、七；

　　梁欣妍：撰写项目九、十、十一任务一与任务二；

　　王贤芬：撰写项目四、五、十二任务一与任务二；

　　肖维：撰写项目十一任务三、项目十二任务三；

　　本教材在立项、编写过程中，得到了广东司法警官职业学院领导的大力支持，也离不开中国政法大学出版社的密切配合，在此表示由衷的感谢！同时感谢广州市启维心智社会工作服务中心提供教学素材。由于学识有限，教材编写中可能存在不足之处，欢迎广大读者和专家对本教材提出批评与建议。

　　欢迎读者对本书提出建议和意见。

梁蔓馥

2023 年 6 月

模块一 初识社会学

项目一 认识社会学——一副看清社会的"眼镜" ……………………… 3
- 任务一 认识社会学的来龙去脉 …………………………………………… 4
- 任务二 掌握社会学的概貌 ………………………………………………… 14
- 任务三 了解社会学的用处 ………………………………………………… 18

项目二 试用社会学视角——戴上名为社会学的"眼镜" …………… 27
- 任务一 认识社会 …………………………………………………………… 28
- 任务二 了解文化 …………………………………………………………… 36
- 任务三 发挥社会学想象力 ………………………………………………… 43

项目三 掌握社会学的基本方法——社会学"眼镜"的使用方法 …… 51
- 任务一 认识社会学的基本理论 …………………………………………… 52
- 任务二 掌握社会学的研究方法 …………………………………………… 58

模块二 了解社会化与社会互动

项目四 理解人的社会化——从生物人到社会人 …………………… 75
- 任务一 了解什么是社会化 ………………………………………………… 76
- 任务二 掌握社会化的内容 ………………………………………………… 81
- 任务三 厘清社会化的类型 ………………………………………………… 84

项目五　挖掘社会角色的真相——社会人如何立足于社会大舞台 ········· 90
　　任务一　掌握社会角色的含义 ········· 91
　　任务二　社会角色的扮演 ········· 94
　　任务三　社会角色的失调 ········· 98

项目六　认识社会互动的重要性——无互动不社会 ········· 105
　　任务一　掌握社会互动的含义与理论 ········· 106
　　任务二　了解社会互动的手段与类型 ········· 110
　　任务三　认识集合行为 ········· 114

模块三　走进社会群体与社区

项目七　认识所在的社会群体——人以群分 ········· 125
　　任务一　掌握社会群体的含义与类型 ········· 125
　　任务二　理解社会群体的特征与功能 ········· 129

项目八　重新理解婚姻与家庭——何以为家 ········· 139
　　任务一　重识家庭 ········· 139
　　任务二　认识婚姻家庭社会学 ········· 146

项目九　共建美好社区——构建温馨大家园 ········· 156
　　任务一　认识社区 ········· 157
　　任务二　区分社区的类型 ········· 160
　　任务三　参与社区建设 ········· 164

模块四　从宏观看社会

项目十　了解社会分层与社会流动——人往高处走 ········· 173
　　任务一　认识社会分层 ········· 173
　　任务二　理解社会流动 ········· 182

项目十一　认识社会问题与社会控制——方法总比问题多 ········· 188
　　任务一　认识社会问题 ········· 189

任务二　了解社会控制 …………………………………………………… 196

　　任务三　理解越轨行为 …………………………………………………… 199

项目十二　掌握社会保障知识——社会兜底安全网 ……………………………… 206

　　任务一　社会保障的概念与内容 ………………………………………… 207

　　任务二　熟悉社会保障制度 ……………………………………………… 211

　　任务三　社会工作与社会保障 …………………………………………… 215

模块一　初识社会学

项 目 一

认识社会学
——一副看清社会的"眼镜"

导学图

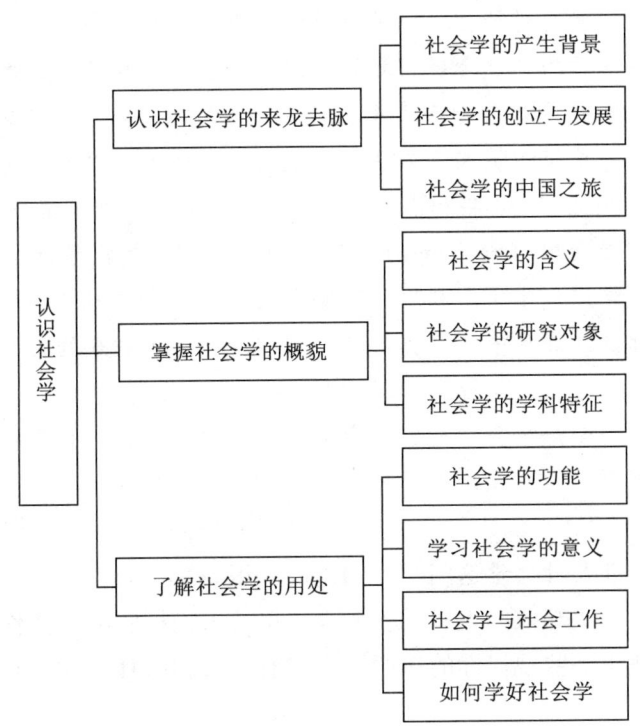

学习目标

1. 了解社会学产生与发展过程
2. 掌握社会学的含义和研究对象
3. 培养社会学分析问题的视角
4. 掌握社会学与社会工作的区别与联系

任务一　认识社会学的来龙去脉

情境导入

18世纪初期，在英国发生了一场引领人类社会进入新进程的大事件——工业革命。这是一个科学与技术迅猛发展的时代，一方面它促进了资本主义经济的巨大发展，另一方面也给当时的社会带来了许多新的社会问题。这引发了人们对于社会发展规律的新探索，这些探索自然也推动了社会科学的发展。其中一名法国哲学家奥古斯特·孔德（Auguste Comte，1798—1857），想尝试用自然科学的精确方法研究社会，所以他把自己创立的这一学说，起名叫"社会物理学"（Social Physics）。他认为，社会学是以经验的实证方式研究人类社会现象的科学。所有对社会现象进行科学研究的都是社会学，这样的社会学就是社会科学的总称，它要揭示的是社会现象之间的规律。在孔德眼里，人类社会与自然界并没有本质的差别，因此研究自然界的科学方法应该贯彻到对社会的研究中去。

然而，当得知有一位统计学家将自己的学说同样起名为"社会物理学"时，孔德决定删除"物理"二字，并在1838年出版的阐述社会哲学原理的《实证哲学教程》第四卷中，第一次使用了"社会学（Sociology）"这个新名词，还提出了建立这门新学科的大体设想。这标志着社会学这一学科的诞生，孔德也因此被称为"社会学之父"。

虽然在当代大部分人的眼中，社会学与物理学没有一丝一毫的关系，但从孔德的初衷来看，社会学就是物理学在人类社会领域的升级换代版本。

问题：什么是社会学？社会学是怎么产生和发展的？社会学是研究什么的？学习社会学有什么意义？怎么研究和掌握这门学科？

分析

回答这几个问题涉及社会学这门学科的入门知识。

在这门拥有久远历史却依旧生机勃勃的学科里，人们把实际生活作为一个客观对象来研究，并试图从中找出一些规律性的东西，作出有意义的解释，这就是社会学研究的基本框架。

当今社会处在转型期，怎样做才能适应社会的发展，成为一个合格的社会成员，为构建和谐社会尽自己的职责呢？这就需要了解社会、认识社会，需要一门综合性的社会科学进行解答。

社会学就是这样一门综合性的社会科学，它通过研究人与社会之间的关系和互动，探讨社会良性运行的条件和规律。社会学是现代社会的产物，伴随着180多年的社会变化逐渐发展、壮大、成熟起来。本项目将对社会学产生的历史背景与发展过程、社会学的含义与研究对象，以及社会学的意义和作用等进行介绍，帮助初学者建立社会学的整体观念。

知识链接

一、社会学的产生背景

社会学取其现有形式不到两百年的历史,究其学科根源,可以追溯到18世纪。在那时候的欧洲,经历了世界文化的启蒙时期,思想家相信理性和人类完善自己的能力并提出了社会学的一些早期假说。一个主要的假说是,正如研究自然界的科学家可以使用推理去发现物理的规律、行星运转的规律一样,研究人类社会的科学家可以运用推理去发现人类行为的规律。另一个假说是,一旦知晓了人类行为的规律,就可以用它来完善社会本身。但是,19世纪的工业革命带来了一系列迅速、广泛的社会变迁,这对启蒙学者的思想提出了挑战。

(一)思想背景

柏拉图在《理想国》中勾画了理想的社会,认为社会起源于人们共同的生活需要,社会要有一定的分工与秩序。这就是乌托邦思想的早期代表。

近代启蒙思想家卢梭提出社会契约论,其基本观点是:个人自然地或道义性地被赋予了某些权利,但这些权利的行使受国家的调节和限制。

孟德斯鸠是社会学的先驱之一。在《论法的精神》中,他研究了政治、法律及自然与社会的关系,认为社会制度是一定物质条件的产物。他是第一个通过对社会特性的考察而解释社会的政治制度和法律的理论家,是法律社会学的先驱。

(二)社会背景

社会学的产生不是偶然的,其深刻的社会背景发生在18世纪的英国工业革命和法国大革命,客观上为社会学的诞生提供了历史条件。

1. 工业革命。18世纪到19世纪,工业革命首先开始于英国,使社会各方面发生了巨大变迁。欧洲从农业社会走向工业社会,同时带来许多社会问题,引起人们的关注。

工业革命起源于英国,发明者完善了珍妮纺织机,机器动力使得大量的纺织品既快又便宜地被生产出来。随着纺织工业以及冶铁和其他工业的发展,大量人口涌入迅速扩张的城镇,去工厂劳动。他们形成了新的社会阶级——产业工人,家庭结构、社会政治、宗教在人们生活中的作用也发生了引人注目的变化。工人的工资是如此之低,以至于丈夫、妻子、孩子都要工作才能勉强维持生活。有些人一天劳动19个小时,每周工作6天或7天。这并不意味着工作是稳定的,解雇是很平常的事。除了长时间劳动和缺乏保障以外,工人的住房和卫生条件也很差。恶劣的条件降低了城市新贫民的预期寿命,与此同时,犯罪率却在升高。针对这一系列社会问题,19世纪早期的社会学家们试图加以解释并希望予以解决。这场以技术革新为中心的革命导致了广泛的经济社会转型。工业革命的最大进步是以机器取代人力,这是任何政治革命不可比拟的巨大变革,其影响涉及人类生活的方方面面。

2. 法国大革命。法国大革命是近代资产阶级的一场政治革命,是对封建制度的彻底变革。剧烈的社会变迁使阶级矛盾与冲突加深。大革命造成"失范"状态，使人们提高了社会反思意识。1789年的法国大革命诞生了追求自由、平等、博爱的现代思想。

"两大革命"使西方社会处在急剧的变迁之中。这场变迁使人类在其中生活了几千年的社会组织、社会结构、生活方式发生了天翻地覆的变化。当西欧资本主义正在迅速发展时，它的矛盾也逐步明显地显露出来，农民破产、工人失业、阶级矛盾、环境污染、犯罪等社会问题层出不穷。为了克服当时面临的种种危机，资产阶级和他们的知识分子开始关注这些社会问题，积极寻找解决问题的途径和方法。早期的社会学先驱们正是为这些巨大的社会变化所吸引，试图解释它们发生的原因和造成的后果，试图运用新的方法和理论重新组织和安排生活秩序以适应社会发展。法国启蒙时代的社会学说和历史哲学、实证科学浪潮的冲击，以及调查、统计科学的发展等为社会学的产生奠定了理论基础。在这种背景下，社会学应运而生。

（三）学术条件

社会学的产生与当时自然科学的发展是分不开的。欧洲文艺复兴以来，自然科学得到迅速发展，天文学、地理学、数学、物理学、化学、生物学等都取得了突破性成果。特别是牛顿力学体系的完成，更加显示了自然科学方法的巨大威力。这些成果也启发社会思想家对社会的认识。

孔德将自己的社会学分为社会静学和社会动学，即从相对静态和动态的角度去研究社会。其基本内容包括：既要考察社会生活的精神方面，也要考察其物质方面；通过考察人们的道德活动来揭示人们的道德意识和社会意识的发展；通过考察家庭关系来理解社会关系的性质；要研究政治管理机构和教会这两种主要的组织制度，并注意它们的功能互补；要通过动态考察来把握社会发展的时代特征。

这样的分析方法清楚地反映了自然科学方法对建构社会学的影响。当然，用自然科学的方法去研究社会绝非孔德一人之所想。实际上，圣西门在《人类科学概论》中就曾指出，要将关于人的科学提高到以观察为基础的科学水平，赋予它以实证的性质，把它建立在像物理学等其他领域中所使用的那种观察和研究方法的基础上。孔德将这种想法推进了一步，不但提出了社会学的概念和学科的基本框架，而且提出了用科学方法研究社会的基本想法。这些对后来社会学的发展具有重要影响，因此，他被称为社会学的创始人。

二、社会学的创立与发展

社会学在充满着希望与矛盾的社会中产生并随着社会的发展而发展。大体经历了三个阶段。

（一）社会学初创阶段（19世纪30年代—19世纪末）

我国学术界一般把19世纪30年代至19世纪末看作是西方社会学的创立时期。这一时期的特点是：其一，与哲学关系密切，还没有完全从哲学中解放出来；其二，受实证主义思潮的影响很大，力图用自然科学的方法考察社会；其三，创立社会学的目的在于维护、协调现存的社会关系。

这个时期的代表人物有奥古斯特·孔德，赫伯特·斯宾塞和卡尔·马克思。

1. 孔德及他的社会学学说。孔德（Auguste Comte，1798—1857），法国人。其受孔多塞等人的社会进化论思想影响，对于重组社会的目标矢志不渝。他在1838年出版的《实证哲学教程》中第一次使用了"社会学"这一概念，并力图把它建设成一门研究社会的实证科学，因此被称为实证主义大师、"社会学"命名人。他先提出"社会物理学"（Social Physics）的概念，后改为"社会学"；1844年创"人道教"和具宗教色彩的"实证主义学会"，主要著作有《实证哲学教程》（6卷）、《实证政治体系》（4卷）和《科学等级》。

在孔德看来，社会学是一门横跨政治学、经济学、人类学、心理学、历史学的新的学术范畴。孔德最早试图用"社会物理学"称呼这个新兴的学科，可见在社会学的形成初期，其学科研究范式是近似于物理学这种自然科学的研究方法。实证主义的基本论点以自然科学的研究方法为蓝本，强调所有有关客观世界的知识来自于经验观察。在他看来，研究自然界与社会现象并无本质区别，可以把研究自然界的方法应用于研究社会现象。他强调要用科学的方法来研究社会现象，大大促进了社会学作为一门独立学科的形成。因此他被大多数社会学家尊为社会学的创始人，也成为实证社会学的鼻祖。

2. 斯宾塞的"社会有机论"与"社会进化论"。斯宾塞（Herbert Spencer，1820—1903），英国人，是孔德之后最著名的社会学家，其代表作有《进化论的假设》《社会学研究》《社会学原理》等。他的理论对早期的社会学影响较大。他在社会学史上的地位，在于他把孔德所创立的社会学体系更加具体化了。

斯宾塞的社会学理论主要有两个：一是社会有机论；二是社会进化论。斯宾塞的社会有机论把社会比作有生命的有机体，在他看来，一个社会的各个组成部分，如国家和经济都是相互依赖的。斯宾塞还把达尔文的生物进化论用于社会学研究。斯宾塞认为，社会进化的过程中，社会是一个有机体，它的进化论和生物进化论遵循着同一条规律。斯宾塞认为，社会进化过程中，尽管有矛盾，但总体上是平稳且自然的、不容许有意识的"加速"或人为干预。

3. 马克思主义社会学。马克思（Karl Marx，1818—1883），德国人。他是社会学批判学派的领军人物，实现了社会学的穷人社会学转向和行动社会学转向，对人类社会进程的影响巨大。1941年，马克思博士毕业，创《莱茵报》（1943年被关闭）期间认识恩格斯，1844年开始先后流亡于布鲁塞尔、法国和英国。主要著作有《黑格尔哲学批判》《德意志意识形态》《共产党宣言》《哲学的贫困》《政治经济学批判》《资本论》。

在社会学史上，马克思是唯一一位拒绝使用社会学来称谓自己的理论，却被冠以社会学创始人之一名号的理论家。他关注社会变革并对其进行解释。在马克思看来，社会的巨大变革是与资本主义制度的发展密切相关的，资本主义制度本质上是一种阶级制度，这种阶级制度背景下的社会关系最主要的特征是阶级冲突——即剥削阶级和被剥削阶级之间的矛盾。阶级冲突为历史的发展提供了强大动力。马克思论述了社会历史发展的进程，从原始社会、奴隶社会、封建社会到资本主义社会,并认为资本主义社会终将被一种新的社会制度取代。他的社会制度研究对20世纪的世界产生了深远影响。

(二) 社会学形成阶段(19世纪末—20世纪初)

19世纪末至20世纪30年代是西方社会学形成阶段,其特点是:社会学确定了自己的研究范围和方法,终于形成了独立的学科,社会学研究的问题越来越具体,与其他学科的区分越来越明显。这一阶段的代表人物或学派是埃米尔·迪尔凯姆、马克斯·韦伯以及著名的芝加哥学派。

1. 迪尔凯姆的社会学思想。埃米尔·迪尔凯姆(Emile Durkheim,1858—1917),又译为杜尔凯姆、涂尔干。他出生于法国的一个犹太教教士家庭。由于法国革命的影响,他亲身经历了法国社会的各种问题,促使他研究社会问题,以便社会的重组。在他的组织下,社会学成为大学的课程,建立了专门的学术机构并创建了《社会学年鉴》。由于他个人在社会学学科建设中的成就,西方社会学界视他为"现代社会学的真正创始人"。迪尔凯姆是法国巴黎大学的第一位社会学教授,主要著作有《自杀论》《社会分工论》《宗教生活的基本形式》《社会学方法的准则》等。

迪尔凯姆的社会学理论与方法内容十分丰富,主要内容包括以下几个方面:

(1) 社会学的研究对象。他虽然受孔德思想的影响,但由于孔德的社会学是一个包罗万象的大杂烩,没有明确的研究对象和专门的研究方法,而其后的斯宾塞也没有论述怎样去研究社会学,因此,他提出把社会现象(又译为社会事实)作为社会学专门的研究对象。他认为,社会现象具有客观性和社会性,是"存在于人们身体以外的行为方式、思维方式和感觉方式,同时通过一种强制力,施以每个个人";是不同于心理现象和生物有机体现象的"综合现象,一种与已经形成的个体现象相脱离的现象"。他把家庭、职业阶层、教育、宗教、法律、国家等社会现象作为研究对象,确定了一系列社会学的基本概念。

(2) 社会学的研究方法。为了研究社会现象,迪尔凯姆在方法上有许多建树,如他认为,社会现象不能用主观去理解,也不能用常识去推理,而只能通过社会去解释,将其置于社会环境的"场域"中,即在整个社会生活的背景上去做综合的考察,也就是说,一种社会现象只有通过其他社会现象才能得到解释。他个人还将这些方法付诸实践,具体研究了当时西欧社会的自杀现象,进行了多变量的分析,为社会调查和社会学研究奠定了方法论基础。

(3) 社会团结论。这是迪尔凯姆研究的重点问题之一。他认为社会团结建立在社会分工和社会分化的基础上。为此,他区分了两种不同类型的团结,即机械团结和有机团结。机械团结建立在相似与同质的基础上,社会是一个几乎没有分化的同质体;而有机团结则以分工为基础,分化使人们产生合作与团结,使人与人之间的相互依赖不断加强;分工突出了个性,高度的分化和高度的统一形成社会的有机团结。同时,他认为要实现有机团结需要有专业化的机制,如法律、道德规范等,否则,社会的进步将导致"失范"。

2. 马克斯·韦伯的"理解社会学"。马克斯·韦伯(Max Weber,1864—1920),德国人。他的学术领域涉及经济学、法学、比较史学和社会学等多个领域。其在社会学上主要的学术建树包括：

（1）社会学研究方法。韦伯提出了关于社会科学的方法论思想：①社会行为是社会学的研究对象；②对社会现象应进行"价值分析"，并提出"价值关联""价值中立"等思想；③区分可观察的理解与解释性或动机性的理解；④提出理想类型的思想。韦伯在方法论上的思想是多元论的，他既反对德国传统的唯心论，又反对实证主义，既接受狄尔泰的理解学说，又坚持实证主义对经验学科的基本要求。但由于韦伯将两种观点包容在同一方法学说中，不免产生矛盾。

（2）宗教社会学。韦伯对宗教问题的研究较多，而且影响也最大。他主要研究发达社会的宗教，同时对中国的儒教也怀有浓厚的兴趣。韦伯对宗教的研究成果，体现在《新教伦理和资本主义精神》一书中。他试图证明新教教义的某种解释，曾经造成某些有利于资本主义制度形成的动机。

（3）政治社会学。韦伯在政治社会学中的研究成果对后人的影响很大，主要有三个内容：①关于社会权力形式的学说，他概括了三种统治形式（即理想类型）——传统型政治、领袖型统治、法理型统治。②关于科层制的学说，是韦伯认为最符合法理型统治的形式。③关于社会分层的理论。

韦伯的社会理论集实证主义、心理主义、历史主义于一体，有所折中，又有所充实和提高，对社会学的发展起到了承前启后的作用。

3. 美国的芝加哥学派。1892 年，美国社会学家 A. W. 斯莫尔在芝加哥大学建立了世界上第一个社会学系，开设了第一个社会学研究生班，他与 G. E. 文森特合写了第一部社会学教科书——《社会研究导论》（1894），并于 1895 年创立了美国第一个社会学刊物——《美国社会学杂志》。到 20 世纪 20 年代，在帕克等人的努力下，该系日臻完善，每年招收 200 余名研究生、300 余名本科生，开设 40 多门课程，成为同期美国及世界上最成功的社会学系。以后影响日益扩大，逐步形成了芝加哥学派。

在美国当时占统治地位的实用主义哲学思潮影响下，芝加哥学派对新兴的芝加哥城市的社会问题开展了一系列实证研究，从而使这个学派总体上具有重视经验研究和以解决实际社会问题（特别是城市问题）为主的应用研究的特征。托马斯和 F. W. 兹纳尼茨基合著的《波兰农民在欧洲和美国》（1918—1920）是该学派最有影响的代表作。芝加哥学派对人文区位、邻里关系、人口、种族、犯罪、贫民窟等问题的研究，是都市社会学研究的范例。

到了 20 世纪 30 年代，哈佛大学、哥伦比亚大学等相继成立了自己的社会学研究中心。1935 年，美国社会学会创办了《美国社会学评论》，不再以芝加哥大学的社会学刊物为全美社会学会刊。这一变更标志着芝加哥学派在美国社会学界统治地位的衰弱。

（三）社会学的发展阶段（20 世纪 40 年代至今）

20 世纪 30 年代尤其是第二次世界大战以后，社会学进入了快速发展时期，其主要特点是：其一，社会学在世界各地广泛传播，尤其在美国发展迅速，与此同时，社会学在苏联和东欧各国经历了曲折之后，也得到恢复和发展；其二，社会学研究的范围不断扩大，社会学理论丰富多彩；其三，社会学研究呈现多元化、实用化、定量化、微观化和本土化的趋势。

1. 社会学研究中心从欧洲转向美国。这种转变发生在19世纪末20世纪初，一方面是由于美国经济社会发展的现实需要，另一方面得益于移民以及战时人才向美国的聚集，再加上美国的实用主义哲学和早期芝加哥社会学派的传统，使美国社会学具有明显的经验社会学的特点，最终形成一个"概念、方法和观念体系十分庞杂的综合体"。

美国社会学的发展主要体现在两个方面：一是经验研究和微观社会研究的发展，二是理论社会学的发展。20世纪30年代前后，美国的社会心理学和文化人类学都有了较大发展，从而促进了微观社会学的发展。40年代至60年代，问卷调查、新的统计和计算机技术得到广泛运用，哥伦比亚大学（Columbia University）、密执根大学（Michigan State University）等成为学习和运用这些技术的主要中心。

与此同时，理论社会研究也得到重视，此间出现了许多著名的社会学理论，如库利、米德的互动理论，帕森斯的结构—功能主义理论等，相继成为美国社会学的主流理论；20世纪60年代兴起的冲突理论、交换理论、现象学社会学等对主流理论的冲击，使美国社会学研究形成多元化理论格局。

2. 社会学在世界各国广泛传播和发展。社会学从欧洲向世界的传播主要是在第二次世界大战之后。这一时期，第三世界各国纷纷独立或解放，要求秩序和进步成为人们的共同愿望，同时，独立后的世界各国也面临着社会重建的共同问题，这种社会背景是社会学得以广泛传播的重要条件。第二次世界大战后，第三世界各国社会学发展的主要共同点是：其一，社会学发展走向正规化；其二，社会学研究主要受美国社会学的影响；其三，重视经验研究，注重社会调查；其四，强调社会学的"本土化"，努力建立具有本国特色的社会学。

第二次世界大战以后，西欧开始重振因战争而中断的社会学研究，主要在德国、英国、法国、意大利等国发展较为迅速。西欧社会学在保持自身哲学思维和注重历史比较的传统的同时，积极学习和借鉴美国社会学在定量研究方面的方法和技术，在研究选题和理论方面受美国的影响也较大。

在此期间，苏联的社会学也开始恢复。苏联的社会学起始于19世纪末20世纪初，列宁、普列汉诺夫等在与主观社会学的论战中，捍卫和发展马克思主义社会学理论。20世纪50年代后，由于国内政治形势的变化，国内面临的社会问题越来越多，苏联恢复了社会学研究，在社会结构、社会阶层、社会流动、劳动社会学、农村社会学、科技社会学等领域开展了研究。

3. 当代西方社会学的发展趋势。第二次世界大战后，西方社会学的发展也有不同的时段性，20世纪50年代至60年代，是以功能主义为代表的实证主义社会学发展的辉煌时期，社会学在经验研究和理论研究方面都取得了突出成就。但60年代末到70年代，西方社会危机加深，实证主义社会学也受到批判，社会学研究出现分化，形成了各种不同的理论和观点。

20世纪80年代后，社会学研究有了新的转机。随着全球社会一体化的发展，以及新一代社会学家的崛起，社会学发展又迎来了一个新的黄金时代。其突出标志是社会学获得了更广泛的传播和普及，其观点与方法已经渗透到社会的各个领域；另外，社会学理论研究出现了新的复兴。

20世纪90年代社会学理论界的特征更接近于"和平的多边主义"，即承认社会学研究理所当然地应当包括不同的理论观点和方法。这形成了两大趋势：一是社会学研究日益带有跨学科的性质，二是当代学术界的情况表明，许多社会学家都在致力于理论综合，使以往彼此对立的理论观点趋于融合。例如，A. 吉登斯、J. 哈贝马斯、J. 科尔曼、R. 科林斯和J. 亚历山大等当代社会学家的研究。这里重点介绍一下A. 吉登斯和J. 哈贝马斯。

A. 吉登斯（Anthony Giddens），1938年生于伦敦北部的埃德蒙顿。1956年进入赫尔大学（Hull University）学习心理学和社会学。1959年，进入伦敦经济学院（ISE）攻读硕士学位。1964年硕士毕业后，任莱斯特大学社会学系讲师。1966~1969年间，先后访问和任教于加拿大西蒙·弗雷泽大学、美国加利福尼亚大学洛杉矶分校。1969年，受聘于剑桥大学国王学院。1976年，获剑桥大学博士学位。1986年，受聘为剑桥大学社会学教授。1987年，被任命为剑桥大学社会学会会长。1997~2003年，出任伦敦经济学院院长。2004年，被授予"终身贵族"称号，现为英国上议院议员。他先后出版学术著作近40部，其中许多具有世界性的影响，代表作有《资本主义与现代社会理论》《社会的构成》《民族国家与暴力》等。此外，他还是著名的政体出版社（Polity Press）的创立者之一。

吉登斯的学术成就主要体现在社会学、政治学、哲学等领域，具体体现在以下几个方面：对以马克思、迪尔凯姆、韦伯等为代表的经典社会学家思想的反思；对以结构主义、功能主义和解释社会学等为代表的现代社会学研究方法的反思；对社会学研究方法的重建，提出了著名的"结构化理论"（Structuration theory）；现代性理论范式的提出和现代性发展的反思；第三条道路等。目前主要研究全球化背景下英国和欧洲的政治发展。

J. 哈贝马斯（Juergen Habermas），生于1929年，曾先后在哥廷根大学、苏黎世大学、波恩大学学习哲学、心理学、历史学、经济学等，并获得哲学博士学位，历任海德堡大学教授、法兰克福大学教授、法兰克福大学社会研究所所长以及德国马普协会生活世界研究所所长。1994年荣休。哈贝马斯是西方马克思主义重要流派法兰克福学派第二代的代表人物，著述丰富，迄今有数十部著作问世，主要代表作包括《公共领域的结构转型》《认识与兴趣》《技术和科学作为意识形态》《理论与实践》《晚期资本主义的合法性危机》《论社会科学的逻辑》《历史唯物主义的重建》《交往行为理论》《现代性的哲学话语》《后形而上学思想》《包容他者》《事实与价值》以及《真理与论证》等，广泛涉及社会科学和人文科学的不同领域。

哈贝马斯自进入法兰克福大学社会研究所开始涉猎学术研究起，便以思想活跃、政治激进著称。他通过跨学科的研究方法，对不同思想领域进行了深入的研究；通过历史分析和社会分析，对西方思想史、特别是法兰克福学派自身的历史进行了清理和批判，并在此基础上建立起"交往行为理论"。由于思想庞杂而深刻，体系宏大而完备，哈贝马斯被公认是"当代最有影响力的思想家"，在西方学术界占有举足轻重的地位。

三、社会学的中国之旅

（一）社会学的出现和传入

我国有丰富的社会思想，论及社会结构、社会变迁及人类理想，它们是中国社会学知识体系基础的组成部分。

春秋战国时期是我国古代社会思想发展的黄金时代，儒家、道家、墨家等诸子百家的社会思想竞相辉映，并对我国社会的发展产生了重要而持续的影响。大同思想是我国古代关于社会关系、社会生活理想的系统化论述。《礼记·礼运》篇中写道："大道之行也，天下为公，选贤与能，讲信修睦。故人不独亲其亲，不独子其子；使老有所终、壮有所用、幼有所长；鳏、寡、孤独、废疾者皆有所养；男有分，女有归。货，恶其弃于地也，不必藏于己；力，恶其不出于身也，不必为己。是故谋闭而不兴，盗窃乱贼而不作，故外户而不闭。是谓大同。"大同思想是对先秦儒、墨、道、农各家社会学说的总结和扬弃，大同社会也是中国历代劳动人民、进步思想家和社会改革家追求的目标。大同思想对中国近代思想家的影响尤为重大，康有为、孙中山等则以追求大同社会之理想为志向，它与现代社会学者的追求也是比较一致的。

关于社会学在中国的出现有不同的看法：一种观点认为从康有为的讲学算起，另一种观点认为应自严复翻译斯宾塞的著作开始。1840年之后，中国变为半殖民地半封建社会。国家的落后和受辱激起了广泛的爱国热情，一些先进的中国人也开始向西方学习，寻求救国救民的道理，社会学即在此中。1891年，康有为在广州长兴里万木草堂讲学，在经世之学中列有"群学"，与"政治原理学"并列。"群学"这个名词是借用了我国古代思想家荀子的"人能群"的思想，"群学"即是组织、教育群众，拯救国家之学，是"经世济民，治理国家"之学。有学者认为这是中国社会学的肇始。

严复也是维新派的著名人物，他1877年被清政府派到英国去学习海军，在英国期间他留意考察英国的社会制度，认真阅读社会科学家亚当·斯密、卢梭、穆勒、赫胥黎及斯宾塞等学者的著作。1897年他翻译了斯宾塞的《社会学研究》的部分篇章在《国闻报》上发表，1903年将全书译出并由上海文明译书局出版，名为《群学肄言》。后来的学者们认为，1897年严复翻译《社会学研究》是社会学传入中国的开始。他在将该书译为《群学肄言》的序中说："群学何？用科学之律令，察民群之变端，以明既往、测方来也。肄言何？发专科之旨趣，究功用之所施，而示之以所以治之方也。"在这里"群学"就是社会学。严复在中国社会学发展史上占有重要地位。

由于日本"明治维新"向西方学习获得了成功，所以19世纪末，我国还有一批进步青年和知识分子东赴日本求学。资产阶级民主革命家章太炎于戊戌变法失败后逃亡日本，接触到大批社会学著作。他于1902年翻译了日本学者岸本能武太的《社会学》，这是整本引进外国社会学的首部著作。在中国学者中，谭嗣同最早使用了"社会学"一词。他在《仁学界说》中写道："凡为仁学者，于佛书当通华严及心宗、相宗之书，于西书当通新约及算学、格致、社会学之书"，但他并没有阐述过社会学。

（二）20世纪前半叶的中国社会学

社会学课程在高等学校中出现是20世纪初。1906年京师政法学堂的"章程"中列有社会学课，1910年我国最早的新型大学"京师大学堂"的课程表中也有社会学课程的记载。现有案可查在大学里讲授"社会学"课的是美国基督教会在上海办的圣约翰大学，1908年由美国人孟恩（Arthur Monn）讲授。一般认为，从日本留学回国的康宝忠1916年在北京大学讲授社会学是中国人在大学讲授社会学的开始。曾留学英国，回国后在北京大学任教的陶孟和与梁宇皋于1915年发表的《中国乡村与都市生活》是中国学者撰写的第一本社会学著作。

20世纪20年代以后，中国大学中的社会学系获得较快发展。1921年厦门大学设立历史社会学系，1922年燕京大学设立社会学系，清华大学则于1925年成立社会学系。截至1930年，中国有11所大学设置社会学系，至1947年全国设立社会学、历史社会学的大学和独立学院共21所。

在高等院校中，燕京大学的社会学师资队伍比较整齐。该系曾创办学术刊物《社会学界》，成为社会学界的重要学术园地。在吴文藻任系主任时，该系吸收美、英等国社会学的最新成果，开展社区研究，积极推进社会学的中国化。该系教师参加晏阳初发起的华北平民教育运动、开展清河实验，为社会学的发展和社会改造做出了贡献。抗日战争时期，清华大学国情普查研究所在陈达的主持下，在云南进行了一些有较高水平的社会调查。云南大学社会学系和社会学研究室先后在吴文藻、费孝通的主持下做了一些深入的社区研究。

在社会学的引进和学科化过程中，孙本文做了大量工作。孙本文在20世纪20年代主要介绍西方社会学，30年代逐渐联系中国实际试图建立自己的理论体系。他撰写了大量社会学著作。他的《社会学原理》是1949年以前中国社会学界最重要的教科书和学术著作。他曾联络社会学同仁组成全国性的中国社会学社。孙本文是中国社会学发展史上最有影响的人物之一。

以马克思主义为基础的社会学也得到了一定的发展。1922年，上海大学组建社会学系，瞿秋白讲授以马克思主义为理论基础的社会学课程。李达、许德珩也以历史唯物论为指导在大学里讲授社会学。此外，一些社会学者还积极参加了旧中国的社会改造，如乡村建设运动等，表现出强烈的社会责任感。

（三）改革开放以来的中国社会学

中华人民共和国成立后，政府决定对教育体系进行革命性变革。在向苏联学习等多种因素的影响下，1952年中央政府在对高等学校进行院系调整时，取消了社会学，社会学被迫中断。尽管1956年底至1957年初一些学者做过恢复社会学的努力，但没有成功。

1979年3月30日，邓小平在其《坚持四项基本原则》的著名讲话中指出，社会学"需要赶快补课"，正式开启了重建社会学的进程。在此之后，费孝通等社会学家努力推进社会学的学科建设，培养社会学的教学和研究人才，1980年建立了中国社会学研究会（后改为中国社会学会）。1980~1982年，上海大学、北京大学、中山大学、南开大学等高等院校率先建立社会学系。1980年中国社会科学院建立社会学研究所。此后，社会学在高等院校系统和省市自治区的社会科学院系统中得到了较快发展，社会学也在经济体制改革和社会主义现代化建设中发挥了越来越重要的作用。至今，全国高等院校建立社会学系（专业）近百个，与此密切相关的社会工作系（专业）二百五十多个，大多数省市自治区建有社会学研究所。社会学在国家经济建设、社会建设和社会发展过程中扮演着越来越重要的角色，通过长期的研究积累也产生了一些重要的理论成果。

任务二　掌握社会学的概貌

情境导入

喝　茶[1]

中国的茶文化源远流长，博大精深。我们常说"茶余饭后"，可见茶在我们日常生活中是不可或缺的一部分。我们喝的不仅是茶，还喝出了这杯茶背后的许多社会意涵。

首先，我们可以想到，茶所含物质对大脑有刺激作用，许多人喝茶是因为它"提神"。喝茶的短暂休息会让办公室的漫长白天和深夜的苦读好过得多。

紧接着，我们可以指出，茶并不只是一种提神的东西，作为我们日常社会活动的一部分，它还具有符号价值。在日常生活中，喝茶也是一种生活方式或社交方式。例如，广东人有"喝早茶"的习惯，朋友见面可以相约喝杯"下午茶"，难怪古人说"茶之用，非单功于药食，亦为款客之上需也"。可见，喝茶的意义不只是茶本身。事实上，社会的饮食行为为社会互动以及仪式的实施提供了场合，而这些都成为社会学研究的丰富主题。

此外，我们可以联想，一个人一旦喝了一杯茶，无形中就卷入了复杂的社会与经济关系中。茶叶的生产、运输和销售离不开人们之间持续不断的经济和社会活动。当我们细品一杯清茶时，无形中已经间接地和许多人产生了社会联系。经济全球化影响着我们生活的方方面面，这也是社会学的一个重要研究课题。

而你能想到的，或许比这些还要多很多。

---

[1] [美] 詹姆斯·汉斯林：《社会学入门——一种现实分析方法》，林聚仁等译，北京大学出版社2007年版（有删改）。

问题：社会学的定义是什么？社会学研究的对象究竟包括哪些？

分析

喝茶这件事，对于大部分中国人来说，应该都是十分熟悉的，甚至是每天必备的动作，所以人们习以为常，对里面蕴含的意义几乎不曾深思。如果我们像资料里说到的那样，对这个我们熟视无睹的世界里发生的桩桩件件问个为什么，就会问出社会文化是如何传承的、人们是如何通过互动联系在一起的，也就问出了社会学。

本任务引导我们像陌生人一样来观察和重新认识我们所熟悉的世界，要求我们对以往不假思索就认为合理或就该如此的世界重新进行思考和检验，揭示社会发展变化的本质和规律。

 知识链接

一、社会学的含义

社会学是综合研究社会关系各个组成部分及其相互关系，探讨社会关系发生和发展及其规律的一门社会科学。

关于社会学的含义，国内外众多的社会学家都提出了自己的看法，观点尚未统一。社会学的创始人孔德认为：社会学是对社会现象所固有的全部基本规律的实证研究。英国的《不列颠百科全书》中记载：社会学是关于人类行为科学的一个分支学科，旨在探索人们之间的社会关系，以及人们之间和群体之间相互交往和相互影响的原因及结果。我国费孝通主持编写的《社会学概论》中指出："社会学是从变动着的社会系统的整体出发，通过人们的社会关系和社会行为来研究社会的结构、功能、发生和发展规律的一门综合性的社会科学。"中国人民大学的郑杭生教授主编的《社会学概论新修》指出："社会学是关于社会良性运行和协调发展的条件和机制的综合性具体科学。"

二、社会学的研究对象

关于社会学的研究对象，自从社会学创立以来就有各种不同的观点和看法，基本上分为以下几种：

（一）社会学是研究社会整体的科学

社会学从整体角度出发，把社会作为一个整体来研究，就可以使人们全面地认识社会的性质、特征及各部分之间的关系，避免片面性和工作中的过失。因此，我们在考察任何一种社会现象、研究任何一种社会关系时，都应当将这一现象或关系置于社会整体的背景下进行综合的研究，才能展示社会现象的全貌。比如分配关系，它与经济有很密切的关系，但不只是一个经济问题，它涉及人们的思想意识、分配政策、价值观念，因而是整体社会的问题。

（二）社会学是研究个人及其社会行为的科学

一切社会活动、社会过程都是由社会成员的社会行为构成的。社会行为是人类进行活动、认识社会、改造社会、满足人类日益增长需求的现实，是在一定的社会情境中产生的自觉的、有意识的行为。社会学要研究的是由具体的个人通过各种社会行为、社会关系所结成的现实的社会,以及这个现实社会的运用、变化、发展过程。个人只有在社会中才能生存发展,个人的价值与幸福取决于社会的安定与繁荣,社会的发展也离不开每个人的努力与奉献。没有个人及其社会行为,社会的存在与发展也无从谈起。

（三）社会学是研究社会关系的科学

社会关系是人们在共同的社会活动过程中所结成的物质关系和思想关系的总和。社会关系是人的本质的具体体现,人的活动及一切规定性都体现在各种社会关系中,离开社会关系,人的本质即人与人的交往特性就无从谈起,没有人与人之间的相互交往,就不会有人的生产和其他社会活动,也就没有所谓社会,一个社会的社会关系状况与这个社会的社会性质、社会结构和社会过程是联系在一起的,作为个人,他在社会关系中的位置与他的社会地位、社会角色是密切相关的。从这个角度上看,社会关系就是社会学的研究对象。

（四）社会学是研究社会制度的科学

以社会制度为社会学的学科对象,才能从整体上把握社会系统（包括人、社会关系制度），回答关于社会系统的本质、结构、运行机制这三个基本问题。因为社会制度体现社会系统的本质,规定了社会结构模式和社会各部门之间的动能联系,是社会系统运行、社会变迁的直接原因,并决定社会系统的运行状态。

三、社会学的学科特征

关于社会学的学科特征,不少教科书都有概括,主要有整体性、综合性、实证性、现实性、开放性、建设性、批判性、宏观性、科学性、应用性、实践性、敏感性、广泛性、多样性等。这些概括虽然在提法上不同,但在具体论述上大同小异,例如,整体性对应着宏观性,实证性对应着科学性,现实性对应着应用性、实践性、敏感性,开放性对应着广泛性、多样性。基于这样的考虑,本书将社会学的学科特点总结如下：

（一）整体性

社会学的整体性,是指社会学在研究社会的过程中,始终把社会看作一个有机整体,从整体的有机性出发去研究社会的结构、功能,研究社会的运行与变革。社会学在对社会的各种具体问题进行研究时,也始终注意从整体出发,联系整体研究部分,了解部分与部分之间的关系、部分与整体之间的关系,从而正确认识部分的实质。社会学"在研究社会或社会结构的某一部分时,同时要研究这部分在整个社会及其变动中所处的地位和所起的作用,研究社会的这一部分与其他部分之间的相互影响、相互制约的关系,从而达到认识社会整体的目的。"社会学的这一整体性特点,在研究经济发展与社会发展之间的相互促进和相互制约关系上,是其他学科所不可替代的。

应当注意,把社会作为整体进行研究与研究整个社会是两个不同的概念,两者不能画等号。整个社会需要各门社会科学分工研究,没有哪一门社会科学可以包揽下来。孔德曾设想把社会学作为社会科学的代名词,研究整个社会,但这是无法实现的。各门社会科学从各自的角度研究社会的某一领域某一部分,揭示了各部分变化发展的规律,使人们加深了对局部社会现象的认识。这是必要的、积极的,但分割研究带来的问题也是明显的。它们已不能对社会的变化发展进行系统的阐明，容易造成片面性，使人们对社会的认识缺乏整体观念，在改造社会的实践中往往片面地抓某一方面的工作，忽视甚至放弃其他方面的工作，给社会经济的发展造成了难以弥补的损失。社会学强调社会是一个整体，认识社会要全面，改造社会要注意各种关系、各方面因素的协调并进，以克服片面性和短期行为的发生。

社会学的整体性思想在社会学史上源远流长。早在19世纪中叶，西方社会学创始人之一斯宾塞就已提出了"社会有机论"。这一理论的基本思想就是把社会看作一个有机整体。马克思在研究人类社会时，把整个社会划分为生产力、生产关系和上层建筑三个基本子系统，在此基础上揭示了人类社会发展运动的基本规律。他还在《资本论》中告诫人们，要把资本主义社会看作一个"活的机体"，只有对这个复杂的"活的机体"进行整体研究，才能揭示资本主义社会固有的矛盾，认识资本主义社会的基本规律。

（二）综合性

综合性有两层含义。一是研究视角的综合性，即在研究社会时必须纵观全局，放开视野，对任何社会现象、社会问题都不能孤立地看待，而应该注意从这些现象和问题与其他现象和问题的相互联系中去把握、去认识。所以，社会学研究社会问题时，常常需要运用多学科的研究成果，即不仅积极利用相关的社会科学成果，而且注意吸收有关的自然科学成果，进行综合的、广泛的研究。二是研究方法的综合性。社会学在研究社会的过程中，不仅创造了一整套具有自己特色的研究方法，而且非常注意吸收其他学科的研究方法，其中也包括自然科学的研究方法。这就使社会学研究具有方法上的明显的综合性，真正做到了定量分析与定性分析相结合，静态分析与动态分析相结合，结构分析与过程分析相结合，微观分析与宏观分析相结合。

（三）实证性

"实证"一词是由实证主义创始人孔德首先提出来的，其本义是指知识来源于具体的经验研究。实证性是指研究方法的科学性和研究结果的可验证性。社会学虽然同其他学科一样离不开理论分析，但它的知识主要是依靠对社会现象进行具体的经验研究所获得的，是通过观察、调查、实验等实证途径获得一手资料，并借助对一手资料的分析来检验理论假设，从而获得理论知识的。社会学研究的这种实证性特点集中表现在它对社会调查的重视上。

（四）现实性

现实性有两层含义。一是指社会学研究直接面对具体的现实社会。这种现实性决定了社会学研究应当关注本土性问题。在不同的国度，由于自然环境与社会历史文化传统的不同，其具体社会现象与社会结构以及社会运行规律也可能有差异。因此，社会学研究应当加强本土性问题的研究。就当代中国而言，社会学研究的重点应当是处于改革开放和现代化建设过程中的各种社会问题，帮助人们更清楚地认识当代社会，协助政府更有效地解决社会发展过程中因社会转型而引发的一系列社会问题。二是指社会学研究的务实性。社学研究以应用为取向，注重研究现实社会中的理论与实践问题，以解决社会现实问题、推动社会进步为目标追求。

（五）开放性

由于社会学所研究的现实社会是不断发展变化的，所以，社会学研究应当具有开放性。一方面，社会学把社会整体及其内部、外部的关系放在运动与变化的开放的过程中去进行研究；另一方面，在社会发展过程中，随着旧社会现象的不断消失和新社会现象的不断出现，社会学也在不断调整着自己的研究重点，随时准备增加对新问题、新现象的研究。这种开放性在社会学研究对象的多样性和研究领域的广泛性上得到了充分体现。

（六）批判性与建设性

在社会学的发展史上，存在着两种不同的基本取向，一种是维护改良取向，另一种是革命批判取向。社会学对社会现实问题的研究兼具批判性与建设性。从辩证的观点来看，批判与建设是一个事物的两个方面，两者相互依存。批判的目的是建设得更好，只有发现并指出了现状的不足，才可能在现状的基础上进行改进。

任务三　了解社会学的用处

情境导入

大学生与农民工的工资对比[1]

金秋时节是高校新生入学报到的时候，此时社会上关注的却是新入职的大学毕业生的第一份薪水有多少，这在一定程度上预示着那些刚入学的大学新生在4年后的"钱景"如何。最近，北京大学市场与媒介研究中心发布的一份调查显示，新就业大学生的平均月薪只有2400元左右，呈逐年下降趋势，引起广泛关注。

几年前，有学者指出，农民工工资在迅速上涨，并不断接近甚至超过大学毕业生的起薪。之所以关心这一变化趋势，原因在于，我们相信教育这种人力资本投资能带来丰厚的回报，而上述刚入职的大学毕业生起薪与受教育程度低得多的农民工工资的比较，似乎打破了这一看法。

问题：你是如何看待这一现象的？

分析

要理性看待大学毕业生的起薪与农民工的工资。农民工的工资与大学毕业生起薪迅速接近的原因有二。一是农民工的供给速度在下降，持续30多年的经济增长已经充分吸收了过去处于"剩余"状态的农村劳动力，当农民工的供给相对于企业用工需求减少时，自

---

[1] 常进雄："理性看待大学毕业生起薪下降"，载科学网，http://news.sciencenet.cn/htmlnews/2014/10/305215.shtm，最后访问时间：2022年3月30日。

然反应就是农民工的工资出现了迅速上升。二是由于21世纪初大学的迅速扩招,导致大学毕业生数量在劳动力市场迅速增加,大学从过去的精英教育迅速转型为大众教育。供给迅速增加自然会导致大学毕业生的起薪受到负面影响,同时由于大学并未对这种迅猛扩招作好准备,教育质量的下降也影响了整体的起薪。这些都是劳动力市场发展的正常结果,是市场供求变化的必然反映。

但是,我们应该看到,与农民工相比,在职业发展方面,大学毕业生仍然拥有很大优势。也就是说,随着工龄的增加,拥有大学学位的劳动者在工资和职务方面都有显著进展,而农民工在此方面的表现远不如大学毕业生。甚至出现很多农民工在人生壮年的时候返乡务农的现象。还应看到,农民工以及一些受教育程度较低的劳动者要工作更长时间、劳动环境也不容乐观。一些研究指出,如果比较小时工资,拥有大学学位的劳动者仍具有较大优势。

教育要适应劳动力市场的变化,这不仅有利于工业部门劳动生产率的提高,创造更多高附加值的产品,也是劳动力市场发展的必然结果。

本任务通过对社会学的功能和意义的阐述,帮助学生把握社会学的正面指导作用。

 知识链接

一、社会学的功能

(一) 描述性功能——社会是怎样的

描述性功能是社会学的最基本的功能。所谓描述是指通过客观而完整地收集、整理和记录事物发展的具体过程和现状资料,真实地再现社会生活途径的过程。它的目的在于探明和详细描述社会事物与现象发生、变化的具体情况。描述社会现象或社会事实是认识社会的第一步,是社会学研究社会的起点,是最基本的一步。只有大量占有真实的感性材料才能进一步加工整理,上升到理性认识。它是一切从实际出发、实事求是的思想路线在社会学领域的具体体现。例如,在关于中国城市企业职工下岗问题的调查中,哪些企业的工人下岗?下岗的人数有多少?占就业人数比例怎样?社会学就可以通过有计划的、系统的社会调查,借助社会统计分析技术收集到这些资料和信息,为认识并解决这些问题提供最基本的依据。社会学描述社会现实所得到的信息与情况必须具有代表性、可靠性、稳定性和及时性,任何片面的、虚假的、无效的、过时的信息都可能造成认识上的混乱和决策上的失误。

(二) 解释性功能——社会为什么会这样

所谓解释,是指在描述的基础上弄清社会事实发生和发展的主、客观原因,对事物的现象和过程作出明确的理论说明,解释其发展规律。它告诉人们社会事实"为什么会这样"。解释性功能也就是运用社会学的概念、范畴,将描述性的感性认识进行理论抽象,回答"为什么"。社会学的解释是多方面的。它不仅要对社会现象的发生、发展、变化做因果关系的解释,同时也注意分析影响社会现象的过程中其他因素以及社会现象内部的结构与功能。此外,社会学的解释还要能够理解人们社会行为的"意义",把握人们社会行为所表达的文化内涵。因此，社会学的解释是理解性解释。例如，对于工人下岗问题、解释性功能的任务就是要深入分析整个国有企业改革、我国产业结构调整、就业制度、科技发展以及劳动者素质与下岗之间的关系。社会学对社会现象的解释不仅仅包括因果性解释，还包括相关解释、功能解释、意向解释等。另外，解释社会现象必须借助一些科学的概念范畴、理论，如果解释不清，则必须创立新的概念、范畴乃至新的理论，以帮助人们清晰地认识社会。

（三）预测性功能——社会将会怎么样

预测包含预见与对社会未来的测量双层含义，它是社会学对社会关系及其表现的发展趋势、前景、可能性和后果进行研究的主要形式之一；它告诉人们社会现象"将会怎么样"，预测的关键在于抓住影响社会现象的本质的、相对稳定的、重复性的关系，从而把握未来社会现象发展中的必然因素。例如，对未来人口老龄化问题的预测，未来家庭结构与功能的预测，现代化对社会生活影响的预测等。

（四）规范性功能——社会应该怎么样

社会学者的规范性研究，是确定社会目标及达到预定目标而采取的行动与手段，以社会目标、行动与手段的合理性和可行性进行评价的过程。我国社会工作者在调查研究的基础上，对社会主义现代化进程中的一些重大问题，例如，企业改制、城镇发展、区域合作、西部开发、农民发展模式等，不但提出了一些新的思路，而且在规划蓝图的设计上提出了建设性方案。规范性研究在我国已有一个良好的开端，规范性功能将随着研究的深入而逐步显露出来。

（五）教育性功能——会使人怎么样

作为一种意识形态，社会学的基本功能之一是教育功能或导向功能。社会学提供的不少有关社会的基础知识，实际上是作为现代社会公民的一些必不可少的知识。现代社会不同于传统社会，传统社会的人们在生活中积累起来的生活经验足以帮助人们适应社会，而现代社会结构复杂、规范繁多、变化迅速，人们单纯靠传统的社会生活知识远远不够，必须积极学习熟悉现代社会的有关知识，自觉适应不断变化的社会环境。

1. 了解自己。帮助人们正确认识自己在该社会中的地位、作用、义务、责任，树立正确的社会理想、人生目标和生活方式。

2. 职业准备。为人们提供就业或职业选择的社会知识与技能。

3. 日常决策。帮助人们对所面临的日常生活问题与机遇，如家庭、婚姻人际关系等作出比较合理的决定，使个人在生活和事业中更加成功。

二、学习社会学的意义

社会学对于我国现代化建设来说是必不可少的。在今天，学习和研究社会学对于促进改革、发展经济以及积极投身到全面建设小康社会的实践中有重要意义。这种意义是多方面的，概括起来主要有以下四个方面：

（一）有利于认识自我、适应社会

每一个人必须经过长期的社会化过程才能成为合格的社会成员，即社会人。从这个意义上讲，每一个婴儿的出生代表着"野蛮人"对文明社会的入侵；只有将这些"野蛮人"改造成为社会人，社会才能够持续，文明才能够传递和发扬。

一个国家的发展状况，说到底取决于这个国家社会成员的综合素质。从社会学的角度来说，这种素质即是自觉地适应我国现代化建设进程中社会各方面发展变化的能力，这就要求每个人尽可能多地懂得一些家庭、组织、社区、社会关系、社会结构、社会变迁等方面的社会学基本知识，从而了解自己，正确认识自己在社会中的地位、作用、义务和责任，树立正确的人生理想、价值目标，选择健康的生活方式，以达到提高社会成员的思想道德素质，为构建和谐社会奠定基础的目的。

完全孤立的社会人是不存在的，每一个人都生活在社会关系的网络之中。以大学生为例，任何一名大学生都一定是其父母的子女、老师的学生、商店的服务对象、同学的同学、朋友的朋友等，用社会学的术语来描述，这些都是他们在社会当中扮演的不同的社会角色，而每个人把自己扮演的不同的社会角色进行综合，则形成一个完整的自我。学习社会学知识，可以帮助大家明确社会规范、了解社会对每个社会角色的行为要求，从而更好地适应社会。

（二）有利于获得客观知识，掌握认识工具

社会学研究的一个重要使命是积累有关社会的客观知识。因此，学习社会学，有助于我们更好地认识社会的构成、各个组成部分间的关系、社会的运作规律，以及不同文化与族群的多样性。

我国现代化建设的发展、和谐社会的建立，越来越迫切地要求加强社会管理工作，因而对这方面的专业人才的需求量越来越大。上到国家部委、下到社区等单位都需要社会学方面的人才。今后还会有更多的工作单位和社会团体提出社会学人才需求。社会学有责任也有能力在这方面多作贡献。社会学某些方面的阐述中已经包含了社会管理方面的内容。例如，和谐社会的建立需要有社会保障、社会救济、生活福利、医疗卫生和文化娱乐等社会福利事业与之相配合。社会学对社会保障等方面的研究，不仅有系统理论，还有相应的配套应用技术，完全能以此培养出专门从事社会福利的组织管理人才，以满足民政、工会部门、团体的需要。社会管理是现代社会的一项重要工作，在西方被称为社会工作。社会工作者在行政和经营管理中研究"人的因素"，就是研究职工的各种需要、动机、目的与他们的行为之间的关系，研究企业里人与人以及个人与集体之间的关系，以求从物质和精神上调动职工的积极性，发挥他们的潜力来提高工作效率和劳动生产率。目前，我国的社会主义现代化建设正需要大力提高行政和管理水平，提高劳动效率以增强经济效益，加快社会主义现代化建设的步伐。社会学在社会发展与社会稳定方面将发挥越来越大的作用。

（三）有利于认识规律，贡献社会

社会学不仅可以提供系统的协调发展理论，还可以提出成套的资料、科学指标、合理建议与方案等。在如何处理经济和社会发展的具体问题上，社会学也能为党和政府的决策提供类似的科学依据。就人口问题而言，需要从数量、增长速度、分布情况、地区流动、职业流动，以及经济、教育、医疗、卫生、科技水平等各方面进行综合研究，才能做出正确的判断，制定出合理的人口政策，采取恰当措施，避免各种不良的社会后果。又如，目前在中国城市谈论较多的问题是工人下岗，那么关于哪些企业的工人下岗，下岗的人数有多少，占就业人数的比例怎样，其年龄、性别、文化程度、工龄有什么特点，他们对大中型企业改革持何种态度，社会大众对此有什么看法等，社会学可以通过有计划的、系统的社会调查，借助社会统计分析技术，收集到这些资料和信息，为认识并解决这些问题提供基本的依据。

（四）有利于化"小我"为"大我"

学习社会学，从而认识自我，适应社会，贡献社会。这其中有一个隐含的命题，即学习社会学有助于我们将个人的"小我"融入社会的"大我"当中，化"小我"为"大我"。

那么，融入社会，是否会失去自我、个性和自由呢？我们不妨学学古人的智慧。孔子说过，他到70岁才能做到"随心所欲而不逾矩"，这里所说的"矩"用社会学术语来讲就是"社会规范"。换句话说，孔子认为自己到70岁后可以真正随心所欲地做事而又不偏离社会规范。这句话道出了化"小我"为"大我"的真谛，也道出了自由的本意。所谓自由，就是随心所欲，同时又没有妨害他人、偏离社会规范。要做到这一点，需要长期的社会化过程，包括将各种社会规范内化于心，举手投足之间不知不觉就会符合社会规范，而不会有勉强为之的感觉。这个过程很漫长，但是，它应该是每个人努力的目标。

在当代，要融入社会，同时也意味着融入世界，要培养一种对多元文化的理解和欣赏能力，能够理解和包容不同文化。培养自己理解、接受，甚至欣赏不同文化的能力，是现代社会对现代人的要求。按费孝通先生的期待就是："各美其美，美人之美，美美与共，天下大同"。

三、社会学与社会工作

（一）社会学与社会工作的联系

从学科渊源上来讲，社会工作脱胎于社会学。最初的社会工作专业培训就是在社会学的名义下进行的，英国社会学院早在1903年就开始了这方面的尝试，后来很多学校的社会工作专业在发展成为社会工作系之前，大部分设在社会学系内部。而且早期的社会工作主要是从社会学这个"母体"汲取"营养"。从这个意义上说，将两者的关系称为"母子关系"一点也不为过。这也是为什么至今依然有很多人认为社会工作是社会学的一个组成部分，持此观点的人将社会工作归属于应用社会学名下。

然而，随着社会工作的发展，一方面，其汲取"营养"的学科范围不断扩大，它不仅一如既往地从社会学那里获取相关知识，而且从哲学、伦理学、心理学、政治学、经济学、人类学、生态学、公共关系学、行政管理学、法学、教育学等其他科学那里广泛借鉴与引进知识；另一方面，社会工作还在服务实践中积累了相当多的经验知识。家底渐厚的社会工作开始冲出社会学这一母体的束缚，寻求独立"门户"，并不断推出自己的理论与实践模式。时至今日，越来越多的人已经将社会工作视做一个独立的专业。

尽管如此，社会工作与社会学之间依然存在非常密切的联系。一方面，社会学为后起的、注重应用的社会工作提供了知识基础。就像吉登斯所说的那样，社会学可以使人们从其他的而不是自己的主观观点出发来了解社会世界。如果我们能够正确理解别人是怎样生活的，那么我们就有可能更好地把握他们的问题。

在一个以黑人为主的社区工作的白人社会工作者，如果不能培养出对经常造成白人和黑人隔离的社会经验的差异的敏感性，就不能获得社区成员对他的信任。社会工作采用社会学的理论观点来了解人（特别是案主），分析人，了解人的社会关系与社会行为，分析案主问题，并应用社会学所发现的社会生活原理原则来帮助案主解决问题，克服困难，增进福祉；另一方面，社会工作者在工作过程中所获得的实际经验为社会学的研究提供了宝贵的第一手资料，并用实际工作来验证社会学家们所提出的社会理论。所以，学者白秀雄认为"社会学与社会工作之关系可比之两兄妹之关系"。意即社会学与社会工作虽然早已分家，但毕竟血脉相连，因此，常相往来，相互支持，也是很自然的事。

具体说来，社会学综合地研究社会生活、社会关系、社会矛盾、社会结构、社会管理、社会发展，探求不同社会制度的社会结构与功能。社会学是关系人类社会行为和社会关系的系统的科学，有助于社会工作者了解他们所处的社会的真实情况。社会工作可以运用这些理论来解决和预防因人们缺乏或丧失适应社会生活能力，社会功能失调而产生的社会问题，管理社会生活，进行社会服务，调整人际关系，改善社会制度。社会学的研究与调查手段可以直接为社会工作所借鉴。社会学的抽样调查、问卷调查、参与观察、田野研究、直接访谈、间接访谈、个案研究、社区研究、比较研究等研究方法也可以直接地为社会工作所借用。

综上所述，社会学与社会工作由最初的包含与被包含关系转变为既密切联系又相互独立的并列关系。社会学为社会工作提供重要的理论知识基础，社会工作拓展了社会学理论知识的应用平台，并在实践中检验与丰富社会学理论知识与方法。

(二) 社会学与社会工作的区别

社会学与社会工作在学科性质与地位、研究范围、任务、功能、价值理念与职业道德规范、研究与工作方法、学术语言方面都存在明显差异。

第一，社会学是一门具有基础性地位的具体社会科学。社会工作是一门助人专业，在社会科学体系中没有像社会学那样的基础性地位。

第二，社会学的研究范围比社会工作的范围要广泛得多。社会学不仅研究有问题的社会现象，更研究一般的社会现象，寻求社会变迁与发展的规律。社会学不仅对宏观社会现象有浓厚的兴趣，而且对微观社会现象也不放过，它把研究的触角伸向人类生活的每一个角落，创立了许多社会学分支学科。

第三，社会学的主要任务是解释社会，理论社会学试图创建具有普适性的社会理论，应用社会学则侧重于对具体社会现象做出中微观分析。社会工作的主要任务则是参与实践，提供专业服务，协助工作对象解决问题，助人自助，同时促进社会问题的解决，消除社会排斥，促进社会融合与社会和谐。

第四，社会学侧重研究，其主要功能是描述社会现象、分析与解释社会现象、预测社会现象发展变化的趋势。社会工作侧重于实务，其主要功能是恢复、预防、发展，包括对工作对象的功能和对社会的功能两个方面。前者包括提供物质帮助，给予心理支持，促进能力发展，维护合法权益等；后者包括促进社会稳定与社会和谐，促进制度建设与社会进步，增加社会资本与促进社会协调发展等。

第五，在价值理念与职业道德规范方面，社会学强调价值中立，对社会现象进行客观中立的研究；社会工作则崇尚人道主义。社会学用睿智的眼光观察社会，用冷静的头脑分析社会，为社会把脉诊断开处方，其职业道德就是客观中立；社会工作则高举人道主义的伟大旗帜，遵循着助人自助的道德原则，致力于促进社会公正，增加人与人类社会的福祉，营造一个充满人文关怀的人间天堂。

第六，在研究与工作方法方面，社会学关注研究方法，在进行理论分析的同时，特别注重实证研究；而社会工作则关注工作方法，其工作方法主要有个案工作、小组工作、社区工作等直接服务方法与社会工作行政等间接服务方法。

第七，在学术语言方面，在社会学领域，人们更多的是谈研究对象、理论视角与研究方法；而在社会工作领域，人们更多的是谈实务领域、工作原则与实践模式。

技能提升

如何学好社会学

一、学好社会学的方法

（一）以马列主义及其中国化创新理论为指导

习近平总书记在中国共产党第二十次全国代表大会上所作的报告中提到："十年来，我们坚持马克思列宁主义、毛泽东思想、邓小平理论、'三个代表'重要思想、科学发展观，全面贯彻新时代中国特色社会主义思想，全面贯彻党的基本路线、基本方略，采取一系列战略性举措，推进一系列变革性实践，实现一系列突破性进展，取得一系列标志性成果，经受住了来自政治、经济、意识形态、自然界等方面的风险挑战考验，党和国家事业取得历史性成就、发生历史性变革，推动我国迈上全面建设社会主义现代化国家新征程。"

我们学习、研究社会学，要创立有中国特色的社会学，重要原则就是要自觉地坚持以马克思列宁主义、毛泽东思想、邓小平理论、"三个代表"重要思想、科学发展观、习近平新时代中国特色社会主义思想为指导，以建设富强民主文明和谐美丽的社会主义现代化强国为目的。

毛泽东思想是马克思主义重要的运用和发展，是马克思主义的中国化。邓小平理论是马克思主义同当代中国实践和时代特征相结合的产物，是毛泽东思想在新的历史条件下的继承和发展。"三个代表"重要思想是加强和改进党的建设、推进我国社会主义自我完善和发展的强大理论武器，始终做到"三个代表"，是我们党的立党之本、执政之基、力量之源。以人为本、全面协调可持续发展的科学发展观深刻认识和回答了新形势下实现什么样的发展、怎样发展等重大问题。习近平新时代中国特色社会主义思想是对马克思列宁主义、毛泽东思想、邓小平理论、"三个代表"重要思想、科学发展观的继承和发展，是当代中国马克思主义、21世纪马克思主义，是中华文化和中国精神的时代精华，是党和人民实践经验和集体智慧的结晶，是中国特色社会主义理论体系的重要组成部分，是全党全国人民为实现中华民族伟大复兴而奋斗的行动指南，必须长期坚持并不断发展。

改革开放以来我国取得一切成绩和进步的根本原因，归结起来就是：开辟了中国特色社会主义道路，形成了中国特色社会主义理论体系，确立了中国特色社会主义制度，发展了中国特色社会主义文化。而发展中国特色社会学作为中国特色社会主义文化中的一环，自然也要以马列主义及其中国化创新理论为指导。

课后提升

从日常生活中发现社会学

接受高等教育对大学生意味着什么？也许有的人会说，大学教育可以帮助我们更顺利地实现自己的人生目标，达到"理想的彼岸"。但对于什么是"理想的彼岸"，不同的人可能会给出截然不同的回答。

有些人认为，"理想的彼岸"就是将来找一份好工作，待遇优厚，成家立业，置房买车，舒适一生。有些人认为，"理想的彼岸"就是找一份自己喜欢的，同时收入也不太低的工作，平淡而充实地生活。还有些人认为，"理想的彼岸"就是能够从事自己喜欢的事业，自由自在。

也许你会觉得上述对理想彼岸的认识与对前程的选择是个人的事情。就像在婚姻自由的当代社会中，我们选择结婚还是不结婚，什么时候结婚，与谁结婚一样，这些是个人决定的事情。

然而，真的是这样吗？我们来看看身边常见的例子。

以张三为例，他大学毕业后就职于一家软件开发公司，可他的梦想是周游世界，考察全球环境保护状况，并把自己所看到的拍摄下来，然后创办一个有关环境保护的公益网站。为了自己的梦想，四年来，他一直在积极地做着各种准备工作。至于结婚，还没有提到议事日程上。在父母再三追问下，他道出了自己的理想和至今未考虑结婚的真正原因。这可急坏了他的父母。张家世代单传，父母还等着抱孙子呢。张三的想法遭到了父母的坚决反对。拗不过父母，张三只得答应先结婚。

再以李丽为例，她是一个爱情至上主义者。面若皎月、身段苗条的她接受过良好教育，家境优越，工作轻松且待遇优厚。她认为自己的梦中情人也应当是一个爱情至上主义者。虽然追求她的人众多，其中也不乏才俊之士，但李丽一个也没看上。年复一年，身边的朋友一个个都结婚了，可是，快30岁的她依旧是孑然一身，孤家寡人一个。最后，在30岁那一年，她决定与一个自己虽然不是特别满意但也情投意合、门当户对的男子结婚。作为爱情至上主义者，李丽也许从未想过自己将来要去找一个门当户对的人结婚。但事实上，她作出了这样的选择。

作为社会中的一员，你会发现，你的许多选择就像张三与李丽的决定一样，不同程度地受到那只看不见的手的指引与制约。那只看不见的手到底是什么？

根据以上材料，回答下列问题：

1. 你认为那只看不见的手具体是什么？它对你现在的学习和生活又有什么影响？
2. 试着阐述一下当代的自由婚姻模式与封建社会包办婚姻模式的异同。
3. 作为一个社会学学者，你会怎么看待那只看不见的手？若作为一个社会工作者，你又会怎么对待那只看不见的手？

项目二

试用社会学视角
——戴上名为社会学的"眼镜"

导学图

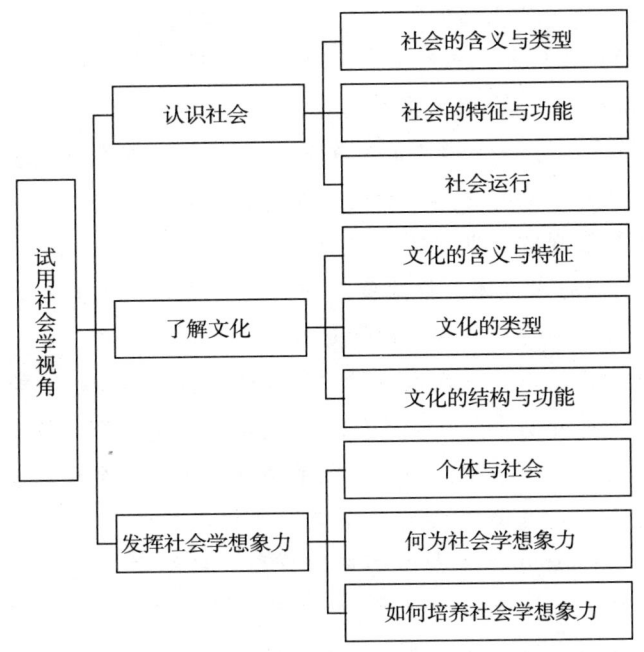

学习目标

1. 认识社会及其构成要素
2. 领悟文化的重要性
3. 了解个体与社会的关系
4. 培养社会学想象力

任务一　认识社会

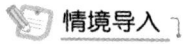情境导入

何为社会[1]

曾经有人在知乎网站上提问："请问，何为社会？"

这一问题收到了 7 个回答。大家对这一问题都有不同的见解。

"有人的地方就是社会。"

"有人的地方就有江湖，同样，有人的地方就有社会。很多人觉得出了学校，就是社会，其实不然，学校也是一个浓缩的社会。"

"人间就是！人心斗争！相互依存又相互斗争妥协！"

"开始重视并去维护你我他/她的关系。"

"社会，就是一群人聚在一起形成的一个集体。其中会有很多的爱恨情仇，很多有趣的东西，很多阴险的东西，只有你真正迈进这个地方，才有可能知道社会到底是什么。"

也有人站在整体和宏观的角度分析了这个问题：

"人类社会是个虚构的有机体，很像蜜蜂和蚂蚁的群体，不同的是它们是一种生理缺陷而形成的组织，而人类则是一种智理缺陷形成的组织。

至于智力，无论从哪里来，它都造成了一种失衡，技能方面，你会的东西别人不一定会，认知方面，每个人都受困于他所在的区域。人类社会是逐渐稳固的一种进程，当智力水平被某些组织抬高到一定水平后，个人就很难企及，社会也会逐渐固化。

但社会的基础无外乎人类群体的生存处境，当物质资源不断丰富时，整体则是向好的，每个人都可以得到因智力和体力而得来的分配，当然这是商品分配模式下的社会构成。然而随着机械代替人力，逐渐就倒向智力劳动分配。各个组织，例如政府、企业、家庭全都绑定在其中，必须为社会做些事情，因为只有这样才能得到分配的资源。金钱只是一个数字，它代表的是分配的额度。"

问题：我们口中常说的"社会"究竟是什么？组成一个"社会"必须要有什么要素？社会本身又有何作用吗？

分析

什么是社会这个问题，在一万个人心里可能就有一万个答案。大家对这个问题有着不同认识的同时，却也有着一些共识。比如社会得有人，有人的地方才叫社会；又比如社会得有规矩，大家按规矩办事才能共存；还比如社会上人得互动，不能是一个个的孤岛，否

---

[1] "请问，何为社会"，载知乎网，https://www.zhihu.com/question/374348163/answer/1049405085，最后访问时间：2022 年 3 月 30 日。

则就不叫社会……而社会学作为一门重要的研究社会的科学，自然也对"社会"给予了极大的关注。

本任务带领我们认识我们所处的社会，了解社会是什么，社会有哪些最基本的构成要素，社会本身又有什么功能，以及怎么判断一个社会是否良性运行。

 知识链接

一、社会的含义与类型

（一）社会的含义

社会是一个被我们广泛使用的词汇，报刊文章、广播电视、网络媒体以及我们的日常生活中，都会出现社会这个词，如社会新闻、社会问题、社会观察、社会现象、社会角色、社会建设、社会制度等。社会已经成为我们的大众用语，但是，如果突然有人问你：社会是什么？你该如何回答这个问题呢？

马克思指出"社会——不管其形式如何——究竟是什么呢？是人们交互作用的产物"，"生产关系总和起来就构成了社会关系，构成所谓的社会，并且构成一个处于特定历史上的社会，具有独特的特征的社会。"所以，社会是在人们相互交往过程中形成的，没有人们之间的交往，就没有所谓的社会。人们的交往需要建立在一定的生产关系之上，生产过程中的交往是其他交往的基础。

因此，社会是人们交往的产物，是各种社会关系的总和。在社会学中，社会指的是有一定联系、相互依存的人们组成的超乎个人的、有机的整体。它是人们的社会生活体系。

（二）社会学基本构成要素

社会是由相互联系的各种要素组成的，其中自然环境、人口因素、文化因素、政治因素及经济因素是社会的构成要素。这些要素在整个社会的各种单位中出现，发挥着巨大的作用。这些要素中，最基本的构成要素有自然环境、人口及文化，这是社会中所有系统所共有的最基本的要素，他们的发展状况对其他社会要素及其他社会系统都有非常重要的影响。

1. 自然环境。自然环境是指人类生存和发展所依赖的各种自然条件的总和，具体包括地形、气候、土壤、地貌、山林、河流、动植物和矿物质等。人类的生存离不开自然环境，自然环境为我们提供了所需的物质条件基础。自然环境是社会存在和发展的自然前提。人类社会是自然界长期发展的产物，而人类社会产生之后，自然环境又成为社会有机体的一个重要组成部分。人类需要自然环境，同时，人类也在不断地改造自然环境。人类的城市、工厂、交通等都是对自然界的改造。自然界也在深深地影响着人类的发展，各种因为过度改造自然环境所引发的环境问题，就是自然界对我们提出的警告。人类与自然和谐相处是人类社会可持续发展的前提。所以，自然环境既是人类社会发展所不可或缺的基本构成要素，也是人类社会需要珍惜和呵护的重要资源。

2. 人口。人口是社会物质生活的必要条件之一，是社会有机体的主体因素，没有人就没有人类社会。人口是一个内容复杂、综合多种社会关系的社会实体，具有性别、年龄、自然构成、多种社会构成和社会关系、经济构成和经济关系。作为社会的基本构成要素，人口数量的多少、人口质量的高低以及人口的增长速度和人口的种类及居住的密度都会影响到整个社会的发展。社会如果需要快速发展，就需要适宜的人口。

怎样规模的人口才是一个社会所需要的适宜人口呢？主要看这个社会的生产力发展水平。人类为了生存和发展，就需要不断地进行物质生活资料和生产资料的生产，需要大量的人口充当劳动力维持生产活动的开展。当一个社会物质匮乏，资源极为有限，而人口众多，超出了社会可以承载的范围，这时人口的数量就会制约社会的发展。社会要实现持续发展，就需要人口的数量及素质与当前的社会生产力水平相适应。

3. 文化。人改造自然环境满足自身需要是通过文化手段实现的。广义地说，文化指的是人类在社会历史发展过程中所创造的物质和精神财富的总和。举例来说，凡是与天然状态相对立的，带有人为痕迹的一切物质的、精神的东西都是文化。通俗点说，自然而生的一颗野菜不是文化，但若被人发掘、制成菜肴，便属于文化；山川河流本身不是文化，但被命名、被浏览、被吟入诗唱成歌，便成了文化；吃喝本身不是文化，如何吃喝却大有文化。因此，文化也是指一个国家或民族的历史、地理、风土人情、传统习俗、生活方式、文学艺术、行为规范、思维方式、价值观念等。

综上，自然环境、人口以及文化都是社会最基本的构成要素，任何要素的缺乏都不能称为社会。自然环境是我们生存的基本载体，为我们提供了物质基础，人是社会的主体，人类作用于自然，创造出属于人类的特有的文化。所以，自然中的人，只有开始懂得创造文化，才能创造出真正的人类社会。现在社会的文明就是文化发展的结果，人类社会就是一部文化史。

（三）社会的类型

"社会"是社会学研究中的一个最大单位。有人类存在的地方，就有社会的印记，总是在一定的时间和空间范围内存在。目前学术界还没有一个普遍认同的社会类型模式，社会学家在划分社会类型的方式上还未达成过共识。以下是关于社会类型几种有代表性的划分方式：

1. 以物质生产方式为依据划分社会类型。马克思以物质生产方式为依据将社会基本形态概括为：原始社会、奴隶社会、封建社会、资本主义社会和共产主义社会（社会主义是共产主义的初级阶段）这样五种由低级到高级并依次演进的不同社会类型。这是历史唯物主义的观点。

以社会赖以生存的方式为依据，可以把历史上存在的社会划分为狩猎采集社会、畜牧社会、园艺社会、农业社会、工业社会和后工业社会六种类型。

（1）狩猎采集社会。最早和最简单的社会，社会群体较小，没有专门的劳动分工，建立在血缘和亲属联系的基础之上，靠狩猎和采集果实生存。我国20世纪中期以前的鄂伦春人也处于这样的社会类型中。

（2）畜牧社会。出现于不适于耕作而适于放牧、饲养牲畜的地区。其特征是开始出现剩余产品、私有财产，以及等级、阶级、群体间的冲突和战争，社会的政治、经济、宗教、文化制度开始形成。

（3）园艺社会。群体规模有所扩大，出现第一批永久性社区，人类定居生活，以农作物种植为主，剩余产品和私有财产出现，有了农业和手工业、商业的初步分工。出现了社会不平等和阶级分化，奴隶制度产生。在今天的非洲和中东游牧民族中仍然存在。

（4）农业社会。人类的群体规模进一步扩大，完全定居，出现了城市，有较发达的农业生产和小作坊手工业生产。货币经济逐步发展，剩余产品大量出现，社会阶级体系和分层体系更加巩固，官僚制度、官僚阶层有了很大发展。

（5）工业社会。群体规模很大，大规模的工业体系开始形成，出现了人口向城市集中的城市化和有复杂的劳动分工体系的专业化，形成了现代官僚制度和现代社会机构与制度。家庭和亲属关系越来越不重要。社会关系逐渐取代了血缘的、亲属的社会关系。

（6）后工业社会。经济从生产产品性经济转变为服务性经济，知识经济成为主导型经济，自动化与信息技术普及和广泛发展，城市化水平很高，文化丰富多彩。专业与技术人员居于主导地位，理论知识处在中心地位，它是社会革新与制定政策的源泉。

2. 以社会组织形式划分社会类型。社会学家根据社会组织形式划分社会类型，德国社会学家费迪南德·滕尼斯提出了礼俗社会与法理社会的区分。

（1）礼俗社会。指传统社会或乡村社会，群体规模较小，劳动分工简单，角色的专门化程度不高，家庭是社会的核心单元，人的行为主要受习俗、传统的约束。社会关系或人际交往具有强烈的感情色彩，整个社会具有很强的同质性。

（2）法理社会。指现代社会或工业社会，社会群体规模大，劳动分工复杂，角色专门化的程度很高，各种社会组织取代了家庭的核心地位，社会关系或人际交往具有较多的功利色彩和非感情化倾向，人们的行为主要受正规的规章、法律等约束，社会具有很强的异质性。

3. 从文化的角度划分社会类型。从文化的角度把社会区分为无文字社会与有文字社会。无文字社会一般被称为原始社会，有文字社会则往往与文明社会相对应。例如，埃及人和阿兹特克人是有文字的，而秘鲁人则没有。

4. 从分工的特点划分社会类型。从分工的特点来区分，迪尔凯姆提出了机械团结的社会和有机团结的社会的区分。在机械团结的社会中，成员扮演着非常相似的经济角色，享有共同的价值观念，而在有机团结的社会中，成员承担着非常专业化的经济角色，相互高度依赖。

5. 以社会发展的过渡性为依据划分社会类型。我国社会学家以社会发展的过渡性为依据提出，在传统社会向现代社会的一个较长时期的过渡过程中，存在一种转型社会，这种类型的社会可以被看做是一种混合型的社会，它既有传统社会的明显特点，也有现代社会的特征表现。中国目前的社会就属于这种类型。

二、社会的特征与功能

(一) 社会的特征

1. 群体性。社会是由人群组成的，人是社会最基本的要素。自然界和人类社会最大的区别就是，人类社会由人组成，并且人们之间有交往和互动。人们通过生产劳动，改变自然界，创造出我们所需要的物质生活资料。而动物界虽然也有互动，但其互动并没有产生一些相互合作和分工的劳动，并没有产生物质产品，如交通工具、生活用品、工业用品等。

社会的群体性还体现在，人们之间能够形成认同和规范约束所处其中的群体成员。荀子说："人，力不若牛，走不若马，而牛马为用，何也？曰：人能群，彼不能群。人何以能群？曰分：分何以能行？曰义。故义能以分则和，和则一，一则多力，多力则强，强则胜物……故人生而不能无群，群而无分则争，争则乱，乱则离，离则弱，弱则不能胜物。"人类群体必须在一定的规范的约束和控制下进行，通过分工来进行生产。

2. 能动性。人具有能动性，这种能动性体现在人富有主动性、创造性和改造能力。人们积极地作用于大自然，创造出社会所需要的产品和文化。人类是社会的主体，让所处的社会充满了能动性。社会的能动性体现在以下几个方面：①社会能够依靠自身的力量解决社会内部存在的种种矛盾和病态。如通过对各种问题的平衡、调节甚至是通过暴力革命等形式，使社会问题得到解决。②社会能够对人类社会与自然界进行平衡。人类社会的历史，也是人类与自然界进行斗争的历史。早期人类强调征服自然界，现在人类社会强调与自然界和谐相处，都体现了社会在试图平衡与自然界的关系，是为了社会更好地发展。③社会的进步和发展。人类不断地创造新的物质条件，满足社会的生产需要。科学技术的进步和发展，使我们能够更好地发挥能动性，创造出更多的物质资料。所以，在这个过程中，我们身处其中的社会将会持续前进，社会的能动性也将得到更大的提升。

3. 系统性。系统是指由相互联系的子系统组成的具有一定结构和功能的统一整体。人类社会就是由许多子系统所组成的，它是一个由各种各样的人们（子系统）、人们所从事的各种各样的社活动（子系统）、人们在各种社会活动过程中结成的各种各样的社会关系（子系统），以及由各种社会关系所形成的各种社会结构（子系统）、各种社会规范与社会制度（子系统）各种文化（子系统）所组成的一个整体。

4. 多样性。人类社会除了具有群体性、能动性及系统性之外，还具有多样性等特征。多样性体现在不同的种族、不同的阶级、性别、年龄以及其他社会特性构成了多样化的社会。多样化的社会是由多种要素构成的，这些构成要素使我们的社会变得更加丰富多彩，学习和认识这些构成要素，也能增进我们对社会的了解。

(二) 社会的功能

功能是社会系统为实现系统目标和适应环境所发挥的作用。人类社会一经形成就要发挥作用，任何具体的社会在其产生和发展的过程中，都会通过内在调节机制对这一社会本身发挥重要功能。社会的基本功能主要有以下几个方面：

1. 整合功能。社会的重要使命之一就是把分化的社会个体和社会群体整合为一个社会有机体，社会整合概念是由美国社会学家帕森斯提出来的，它是社会学的重要范畴，社会将无数单个的人组织起来，形成一股合力，调整各种矛盾、冲突和对立，并将其控制在一定范围内，维护统一的局面。通常把社会整合称为"社会一体化"，指社会的各个部分、不同因素结合为一个统一、协调整体的过程。社会整合的主要功能包括五个方面：

（1）文化整合，文化整合的核心方向是价值观念的统一，它能使社会成员按照相对统一的价值观念协调一致地行动。

（2）规范整合，如道德规范的统一。

（3）制度整合，如政治制度、经济制度和法律制度统一与相互协调。

（4）意见整合，统一不同观点和意见，以避免社会冲突。

（5）功能整合，把各种不同的社会功能整合为一种统一的力量，达到社会的稳定与协调发展。

社会整合的作用是非常重要的，当前我国正处于剧烈的变迁时期，社会群体、社会关系、社会观念等方面的矛盾、冲突均较为突出，因此，发挥社会整合的功能就显得尤为重要。在社会规范方面，存在着各种各样的规范之间的矛盾和冲突，需要社会来解决和调整；在文化方面，存在着传统文化模式与新兴文化模式以及外来文化模式的矛盾和冲突，也需要社会来调整和解决。

2. 交流功能。劳动创造了人和社会，还创造了语言、文字、符号等人类交往的工具，人类只有通过互相交流，才能满足生活、感情的需要并繁衍与发展人类自身。同时，社会不仅为人类的交往提供了各种各样的场所作为交往的良好条件，而且为人类交往提供交往的规范，使人类的交往能合理地进行，使社会中的个人之间、家庭之间、群体之间、国家之间的交往成为可能，使人类互动能合理地、得体地进行。

3. 导向功能。社会的整合性决定了社会具有导向的功能，能够引导大众向着社会所认同的目标前进。社会通过统一的价值观念、行为规范和各种社会制度，维持正常的社会秩序，调整人们之间的关系，规定和指导人们思想、行为的方向。社会的这整套行为规范、导向可以是有形的，如通过法律等强制手段或舆论等非强制手段来进行，也可以是无形的，如通过传统习俗、民族习惯潜移默化地进行。通过引导，社会成员才知晓自己可以干什么和不可以干什么，其言行举止才能向社会认可的方向发展，正常的社会秩序才能得以维系。

4. 继承和发展功能。人类社会的继承是通过文化来完成的。每一个人的生命都是短暂的，人类社会只有通过世代更替，才能存在。人类创造的物质和精神财富通过社会的继承和发展功能，得以积累和发展，从而使人类社会得以进步。

三、社会运行

社会运行是构成社会现实的基本内容，也是现代社会学研究的一个重大课题。究竟什么是社会运行？什么是社会运行机制？

(一)社会运行的含义

按照系统论的思想来分析社会运行,如果把社会比作一台机器,它是一个包含若干个子系统和各种要素的有机整体,其中,子系统与子系统之间、要素与要素之间以及子系统与要素之间始终都处于相互影响、相互制约以及相互作用之中。社会运行是指社会有机体自身的运动、变化和发展。表现为社会多种要素和多层次子系统之间的交互作用以及它们多方面功能的发挥。

社会运行也可理解为社会运行中的协调与稳定,就是指社会基于自身内部的矛盾作用,而按照一定的轨道和程序不停地运动或发展。在这种运动或发展的过程中,协调和稳定是两种至关重要的现象或者运行状态。

社会的构成要素是多种多样的,可以分为环境要素、人口要素、心理要素、行为要素、群体要素、经济要素、政治要素、文化要素等八个方面。通常所有人类社会都会存在一些共同的基本要素(如自然环境、人口、文化等),这些是社会赖以存在和发展的基本要素,而社会运行的两个方面就是社会各个要素、社会各个系统之间的交互作用和社会的变迁与发展,即社会运行的基本内容包括纵向与横向两个方面。无论纵向运行还是横向运行,社会各要素与各系统都表现出相互联系、交互影响、交互作用的特点。

社会运行的基本内容包括纵向与横向两个方面。

社会横向运行是指社会发展到一定阶段,社会诸要素和社会诸系统的交互作用。横向运行表现出了一些基本关系。

第一,交叉与渗透的关系。整体社会中各要素、各系统的区分是相对的,而不是绝对的。

第二,制约的关系,即社会某些要素、子系统功能的发挥会限制和约束另一些要素与子系统的发展。

第三,促进关系。它是指一个系统功能的发挥对另一系统起着推动的作用。

第四,转化关系,即一种要素转变为另一种要素、一个系统的问题转变为另一系统的问题。

社会纵向运行就是指社会的变迁与发展。它有下述基本关系:

第一,继承和发展的关系,即后来的社会接受了过去社会所留下的东西。

第二,变异的关系。社会纵向运行虽然继承了过去的东西,但它不是一成不变地照搬过去,而是随时修改着、变化着。

第三,中断的关系。在社会纵向运行中,很多东西为历史发展所抛弃,其中原因多种多样。

(二)社会运行的类型

1. 社会运行类型划分应遵循的原则。

(1)综合性原则。对社会作多系统、多因素、多层次的全面、整体的考察。社会运行的状况最终要通过整体运动表现出来,整体效益是衡量社会大系统以及各子系统运行状态的重要依据。

（2）协调性原则。协调性原则就是社会系统及其各个社会要素之间的相互配合。社会运行的协调性包括三个方面，即结构性协调、功能性协调、结构与功能之间的协调。

（3）满足需要的原则。评价社会运行状态最终要用人类自身发展的状态来说明，最直接的标志就是人类需要满足的程度。它是前两个原则的落脚点。

2. 社会运行类型。社会运行大体可以分为三种类型，即社会的良性运行、中性运行和恶性运行。社会运行三种类型的差异见表2-1。

表2-1 社会运行三种类型的差异

良性运行	中性运行	恶性运行
1. 系统之间以及各系统内不同部分、不同层次之间的相互促进 2. 社会运行中的障碍、失调等因素被控制在最小的限度和范围之内	1. 社会运行有障碍 2. 社会运行发展不平衡 3. 包含许多较明显的不协调因素 4. 还未危害、破坏社会的常态运行	1. 社会运行发生严重障碍 2. 社会运行离轨 3. 社会运行失控

（1）良性运行。社会的良性运行，是指构成社会整体的各个子系统和子系统内部不同部分之间相互适应、相互促进，各种社会障碍、失调因素被控制在最小范围内和最低限度内的社会运行状态。这是社会运行和发展的理想模式。社会的良性运行表现出多样性。良性运行的社会在总体上既是稳定的，又是和谐的，呈现出协调发展的特点。

例如，中华人民共和国成立初期，我国社会老百姓安居乐业，党风优良，社会风气正，人民群众精神面貌好，生产恢复发展快，社会障碍等因素被控制在很小的范围内。

（2）中性运行。社会的中性运行，指构成社会整体的各个子系统和子系统内部不同部分之间存在着障碍，具有较多不协调因素，但是它们还未危害、破坏社会的正常运行。社会的中性运行处于社会运行的中间状态，是一种不稳定状态，有很大的风险。

中性运行的社会在总体上是基本稳定的，但内部是不完全协调的，呈现出模糊发展的特点。因为中性运行的社会具有不稳定性和过渡性的特征，既有可能走向良性运行，也有可走向恶性运行。

（3）恶性运行。社会的恶性运行，是指社会整体的各个子系统和子系统内部不同部分之间严重冲突，社会障碍丛生，整个社会离轨、失控的社会运行状态。恶性运行的社会在总体上既是不稳定的，也是不协调的，呈现出畸形发展的特点。

（三）社会运行的条件

社会学作为一门独立学科诞生以来，关于社会运行条件的问题探讨就受到很多社会学家的重视。中国社会运行的条件也是当今社会学家研究的重点。

对当前中国社会来说，要实现社会良性运行，应该注意创造哪些条件，研究哪些问题呢？对这些条件，郑杭生等学者在国家"七五"重点课题的总结性成果《社会运行导论——有中国特色的社会学基本理论的一种探索》一书中，做了较为详细和系统的阐述，这里只做简略的国内条件的介绍。

1. 人口条件是社会运行的基础条件之一。在一般情况下，数量适度、质量合格、结构合理的人口是社会良性运行的必要条件。就我国国情来看，我们面临严重的人口问题。人口过多、人口素质低、人口老龄化等一系列问题已经成为影响我国社会运行和发展的制约条件，对社会运行将产生不利影响，必须探讨解决问题的方法。

2. 生态环境条件是社会运行的另一个基础条件。人类与其生存环境的协调发展，同样是社会良性运行的必要条件。保护生态环境与控制人口一样，是我国的基本国策。我国面临经济尚未充分发展，生态环境却已遭到巨大破坏的严酷现实。因此，必须研究人类与其生存环境协调发展的种种问题，特别要研究如何实现人类与环境的协调。要实现这种协调，就必须科学地、合理地使用资源，保护好生态环境。

3. 经济条件是社会运行的决定性条件。要实现社会的良性运行，必须有生产力的巨大发展。在我国体制改革和从计划经济向社会主义市场经济转变的特定时期，有两个经济条件必须给予特别的注意：一是如何建立有秩序的经济运行体制，也即从无序转向新的有序的问题；二是如何完善我国的经济分配体制，特别是解决分配不公的问题。如何解决好这些问题，是争取我国社会走向良性运行最重要的经济保证。

4. 社会运行的政治条件。政治状况如何，对社会运行有直接影响。中华人民共和国成立以来的历史经验告诉我们，坚持一个中心——以经济建设为中心，两个基本点——四项基本原则和改革开放，坚持在中国共产党的坚强领导下走中国特色社会主义道路，是争取我国社会走向良性运行最重要的政治保证。

5. 社会运行的文化与心理条件。如果把人口、环境、经济等条件，视为社会运行的物质条件，文化心理条件则可视为一种精神条件。发展社会主义主文化对推动我国社会的良性运行有非常重要的作用，文化是社会存在和发展的基本条件，是社会整合的基础。就心理条件来说，它为社会良性运行创造优化的社会心理环境，以及可以更好地帮助人们把握社会变迁中的社会心理承受能力。

任务二　了解文化

情境导入

文化到底是什么呢？庞朴先生去拜访钱钟书，问他文化如何定义，他说："文化这个东西，你不问嘛，我倒还清楚，你这一问，我倒糊涂起来了。"

我们对"文化"这一词耳熟能详，但真要精确定义"文化"的概念，却难免会有可意会而不可言传之惑。

曾经有人问龙应台关于文化的定义,她的回答颇具特色:

文化?它是随便一个人迎面走来,他的举手投足,他的一颦一笑,他的整体气质。他走过一棵树,树枝低垂,他是随手把枝折断丢弃,还是弯身而过?一只满身是癣的流浪狗走近他,他是怜悯地避开,还是一脚踢过去?电梯门打开,他是谦抑地让人,还是霸道地把别人挤开?一个盲人和他并肩路口,绿灯亮了,他会搀那盲者一把吗?他与别人如何擦身而过?他如何低头系上自己松了的鞋带?他怎么从卖菜的小贩手里接过找来的零线?

如果他在会议、教室、电视屏幕的公领域里大谈民主人权和劳工权益,在自己家的私领域里,他尊重自己的妻子和孩子吗?他对家里的保姆和工人以礼相待吗?

独处时,他如何与自己相处?所有的教养、原则、规范,在没人看见的地方,他怎么样?

文化其实体现在一个人如何对待他人、对待自己以及自己所处的自然环境。在一个文化厚实的社会里,人懂得尊重自己——他不苟且,因为不苟且所以有品位;人懂得尊重别人——他不霸道,因为不霸道所以有道德;人懂得尊重自然——他不掠夺,因为不掠夺所以有永续的智能。

品位、道德、智能,是文化积累的总和。

显然,她对文化的解释偏重于文化中精神层面的含义。

问题:文化究竟是什么呢?它对于人类社会又有什么重要意义呢?

分析

其实,各种各样的"文化"既有物质的,也有精神的;既包括价值观念,也包括生活习俗;既涉及科学领域,也涉及艺术圈子。广义地说,文化指的是人类在社会历史发展过程中所创造的物质和精神财富的总和。它来自社会人,又反作用于每一个社会人。我们每一个人都生活在特定的文化背景中,这些文化背景既有各自的独特性,又有着这个时代共有的性质,它深刻地影响着我们,甚至在一定程度上塑造了我们。

本任务将带领我们理性地认识文化,了解文化的特征与类型,探索文化的结构与功能,深刻领会文化对每一个社会人的深远影响。

 知识链接

一、文化的含义与特征

(一) 文化的含义

"文化"是我们日常生活中使用最频繁的用语之一。有很多人一提到"文化",首先想到的是书籍、艺术、音乐等高雅的东西,把文化与品位、与修养相联系。人们也越来越多地把很多日常现象都称为"文化",如饮食文化、酒文化、茶文化等,甚至把青少年在T恤衫上的涂鸦也冠以T恤文化的头衔。那么,到底什么是文化呢?

"文化"一词,在中国古代是对朝廷所施行的文治和教化的总称。"文化"的英文是culture,这个词源于拉丁语,意为耕耘、耕作。从最初的意义上讲,包含着人类对自然界的开拓之意。

中外学者关于文化给出了不同定义。从这些定义中可以发现关于文化的如下含义：①文化是一切留有人为创造痕迹的现象；②文化是人类在社会历史发展过程中所创造的物质财富和精神财富的总和，特指精神财富；③文化是社会生产方式和社会生活方式的总和。

由此可以这样理解文化：文化是与自然现象不同的人类活动的全部成果，不仅包括人类所创造的物质成果，而且包括社会成员的思想意识、行为方式、价值观念等非物质成果。

与文化容易混淆的一个概念是文明。两者确实有着非常相近的意义，而且在某些方面甚至可以互换，比如物质文化与物质文明、精神文化与精神文明。但是文化的含义更加广泛，文明是文化的一部分。历史地看，文明一般是指文化的高级阶段。美国人类学家摩尔根将人类经历的历史，分为蒙昧时代、野蛮时代和文明时代。这表明，文明是人类进步到一定阶段才出现的状态。文化的历史和人类本身的历史一样漫长，至今已有300万年左右，但人类的文明史至多只有1万年左右。因此，文明特指人类社会的进步状态，它代表进步，不代表野蛮和落后。文化则是个中性的概念，饮食文化、酒文化之类的用语中的"文化"，就不可置换为"文明"。

(二) 文化的特征

1. 文化是普遍享有的。普遍享有是指某种被称作文化的思想意识、价值观念或行为方式，应当为某一社会集团的绝大多数成员所拥有或认可。中秋节吃月饼，绝大多数中国人都认为是应当的，并且也是这么做的，因此，这是中国的一种文化习俗。除夕吃饺子是北方人的共同行为，因此被看作是北方的一种文化习俗。文化的普遍享有的范围不同，所以文化有主文化和亚文化之分。如果某种行为方式仅属于某个个人所拥有，那么它只能被看作是个人习惯，而不能被看作是一种文化性质的东西。

2. 文化具有象征性。象征性是指文化的意义要远远超出文化所涉及的那个现象的本身，而具有的更多含义。比如，提到雄鹰，我们会联想到自由和征服；提到鸽子，我们会联想到和平与美好；梅兰竹菊不再是简单的植物，而被赋予高洁、优雅的人文品质；黄河、长江、昆仑山不再只是自然界的物体，而是我们国家的血脉、骨骼和气魄。在日常生活中，文化的象征性也无处不在。在正式场合，我们着正装；在非正式场合，我们着休闲装；参加婚礼，我们身穿喜庆服装；参加葬礼，我们着黑色服装。服装的样式和颜色的选择乃是由于它们包含着特定的文化含义。可以说，我们无时无处不生活在文化的象征性当中。

3. 文化具有传递性。传递性是指文化一经产生就要被他人模仿、效法、利用。传递有两个方面，纵向传递和横向传递。纵向传递指人类将文化一代一代传下去。横向传递指文化在不同地域、不同民族、不同团体之间传播。纵向传递是人类文化的积累和传承，横向传递则极大地促进了各地区各民族之间文化的交流和发展。当今"地球村"的形成，社会生活各方面日新月异的快速发展，都与文化横向传递的方便、快捷紧密相连。

4. 文化具有变迁性。文化不是静止不动的，而是时刻处于变化之中。一般认为，大规模的文化变迁由三种因素引发。其一，自然条件的改变。气候变迁、自然灾害、资源匮乏、人口变迁等都会引起文化的变迁。其二，不同文化之间的接触。不同国家和民族在科学技术、生活方式、价值观等方面的交流会引起文化变迁。其三，发明与发现。各种技术的发明、创造，引起文化的变迁。

（三）"文化滞后"

在研究文化变革的时候，美国社会学家威廉·奥格本提出"文化滞后"（culture lag）的理论。该理论认为，文化的各个组成部分是相互依赖的，当文化发生变革时，各部分变革的速度是不一致的，有的变革快，有的变革慢，结果就会造成各个部分之间的不平衡，出现差距或者错位，由此造成社会问题。该理论认为，一般说来，总是物质文化先于非物质文化发生变革。而非物质文化中的价值观念、风俗习惯、社会制度等的变革也总是有先行和落后之分。一般来说，制度首先变革，而且变革速度较快，其次是风俗、民俗的变革，最后才是价值观念的变革。人们新到一个地方，往往能较快地适应那里的地方规矩或者生活方式，但是，在价值观上很难融合，在感情上很难找到归属感，也就是这个道理。

二、文化的类型

（一）物质文化与非物质文化

物质文化是指物质世界中一切经过人的加工，体现了人的思想的东西。非物质文化又称精神文化，指制度、规范、观念等。物质文化与非物质文化的区分是相对的，物质文化也有精神的一面，如饮食文化是典型的物质文化，但同样会有很多精神的层面诸如审美观念、崇尚自然的观念等；而精神文化也具有物质的构成面，比如艺术其本质是精神的，但是其表达手段是物质的，绘画需要画笔颜料等，雕塑需要材料等，所以，物质文化与非物质文化常常是结为一体的。

（二）主文化、亚文化、反文化

1. 主文化。主文化是在社会上占主导地位，为社会上大多数人所接受的文化。主文化对社会上大多数成员的价值观、行为方式、思维方式的影响极大。

2. 亚文化。亚文化指仅为社会上一部分成员所接受的或为某一社会群体所特有的文化。亚文化可以围绕着职业种类发展而成，如医学界或者军事部门的文化。亚文化还可能基于种族或者民族的差异，如美国的黑人亚文化。所以，基于不同的原因，可以将亚文化分为几种类型：

（1）民族亚文化。我国是有着50多个民族的多民族国家，每个民族都有着自己所特有的语言、文字、风俗等，正是它们所特有的文化使得一个民族区别于另一个民族。

（2）职业亚文化。职业亚文化是指各种职业群体所特有的文化，每一种专业性较强或者职业性较强的职业都会有自己专门的职业术语、职业道德、职业习惯等，这样，不同的职业形成了不同的职业亚文化。比如，对于医生，救死扶伤是他们的职业操守；对于教师，为人师表则是他们的职业道德。

(3) 越轨亚文化。越轨亚文化指为一些反社会集团所特有的文化。比如，一些犯罪集团制定一些团体规范，确定每个人的角色、权利和义务，要求成员对群体首领效忠，在群体内部创造一套联络暗语或黑话等。越轨亚文化偏离主流文化的规范，是犯罪行为产生的根源，但是在犯罪团伙内部，这是被肯定的，遵守帮规会得到同伙的认可和赞扬，违反则被视为背叛或者不忠。

从发展的角度来看，主文化和亚文化的区分不是绝对的，两者都在发生变化，而且有可能会相互发生转化。随着历史的发展，亚文化有可能上升为主文化，所以，主文化和亚文化是两种类型的文化，并不一定代表某种价值判断，也就是说，不是所有的主文化就是好的文化，亚文化就是不好的文化，关键是要看其是否代表了社会进步的方向。

3. 反文化。直接对主文化的中心因素如价值观、信仰、观念、风俗习惯等构成挑战的文化，我们称之为反文化。这是根据文化在社会中的地位、作用，从对立冲突的角度对文化作出的区分。反文化往往产生于青年群体中，例如，产生于美国20世纪60年代后期的嬉皮士文化就强烈反对当时既有的生活方式，并直接对抗关于工作、爱国主义和物质财富的主文化。当然，反文化也不一定就是坏的，反文化的性质取决于它所反对的是什么样的文化。反对的是体现社会发展方向的进步文化，当然是有害于社会的，但如果反对的是阻碍社会进步的僵死文化，那么就是有益于社会的文化。比如，我国1915年兴起的新文化运动，它所反对的是封建专制和旧的礼教，它所提倡的是科学和民主，这种反文化就是有进步意义的。现如今的社会最显著的特点就是文化向多元化发展，各种亚文化、反文化的产生、存在和相互争鸣，繁荣了社会的文化。这要求我们，一方面对各种文化要持宽容的态度，能平心静气地面对不同的文化，另一方面又要有区分优秀文化与劣质文化的能力。

(三) 评比性文化与非评比性文化

1. 评比性文化。评比性文化是指有好坏、高下之分的文化，即在两种文化的比较中，可以评出孰优孰劣的文化。一般来说，评比性文化都是比较容易鉴别其价值的文化。例如，在美国文化中，先进的科学技术、发达的教育、优质的服务，以及价值观念中强调独立、自由、民主，提倡务实、创新、奋斗等，都是优秀的文化成果，是优性文化；而吸毒、赌博、卖淫、犯罪率高等所表现出来的颓废思想意识，则是其文化中的糟粕，是劣性文化。学习和吸收优性文化，剔除和摒弃劣性文化，是我们对待一切外来文化时应该坚持的态度。

2. 非评比性文化。非评比性文化也可以称为中性文化，是指在文化比较中没有优劣高下之分的文化。这类文化多与人们的行为方式、习惯和习俗相联系，如庆典方式、拜访方式、哀悼方式以及礼仪、姿态、禁忌、发式等。例如，中国人吃饭用筷子，西方人用刀叉，到底用什么本身并无好坏之分，只是不同的用餐习惯。再如，中国人通常用拱手或握手表示问候，西方人则习惯用拥抱和亲吻，这也没有优劣之分。承认非评比性文化的存在，意味着承认各民族的平等和尊重各民族的文化差异。

（四）传统文化与现代文化

1. 传统文化。传统文化是指在漫长的历史过程中逐步创造发展起来的文化。传统文化经过岁月的沉淀，凝聚了一个民族的道德、思想、价值观念等内容。比如，以儒家文化为中心的中国传统文化就是中华民族几千年文明的结晶，能够集中体现中华民族的文化特质和文化风貌。

2. 现代文化。现代文化是对传统文化的承传变革，是随着时代的发展表现出来的新的文化内容和形式。传统文化与现代文化是从历史发展的角度对文化所作的划分，两者并不是对立的。对传统文化要保护和传承，对现代文化要创造和发展，不能非此即彼，也不能顾此失彼。

一方面，要将先人创造的十分丰厚的文化遗产保护好、传承好、利用好，使之代代相传，始终勃发其灿烂的辉煌；另一方面，要站在先人的肩膀上，坚持与时俱进，创造出更多的与时代相适应的先进的新文化。当今时代不能没有传统文化，也不能没有现代文化；我们不能离开创新只谈传统文化的保护，也不能离开传承只谈现代文化的发展。

（五）中国文化与外国文化

按照国别来划分文化，则有中国文化与外国文化之分。对于两者的关系，要有正确的处理。要立足中国文化，借鉴外国文化。立足中国文化，并不排斥外国文化。借鉴外国文化，并不离弃中国文化。对于中外文化，都要取其精华，弃其糟粕，目的都是继承优良传统，繁荣当代创造，提供优质精神食粮，满足人民日益增长的文化需求，增添人类共同的精神财富。

中国是一个有着五千年历史的文明古国，在其漫长的历史长河中，勤劳勇敢的中华儿女创造了灿烂的中国文化，维系了中华民族的生存、繁衍和发展，是我们民族团结和国家统一的精神纽带。在经济全球化的今天，文化的"民族性"更显示出独特的魅力。所以，我们可以欣赏欧美日韩影视剧作，可以跟随全球潮流，但是，更应该深入理解我们自己的文化。

传统文化中既有精华，也有糟粕，应该秉承扬弃的态度来对待我们的文化，向世界上一切先进的文化学习。

中国共产党带领中华儿女奋斗百年，使中国大地发生了翻天覆地的变化，社会主义文化建设日新月异。如今，挖掘、继承和发扬、光大中国源远流长的和谐文化，已经成为建设和谐社会的精神支撑。这是当前中国文化工作的重要主题。

三、文化的结构与功能

（一）文化的结构

任何社会的文化都有其特定的文化体系，而不是一盘散沙。文化的不同要素和层次，构成文化的结构。社会学主要从文化特质、文化丛与文化模式三个方面来分析文化的结构：

1. 文化特质。文化特质是组成文化的基本元素，是文化中有着独立形态、功能和历史的最基本的要素。一个社会的文化就是各种文化特质的总和。文化特质可以是物质的，也可以是非物质的。比如，对于中国的书法来说，"文房四宝"中的任何一宝都是某一文化特质。饱含文化特质的笔墨纸砚具有物质的形态。又如，就中国的传统礼仪来说，拱手也是一种文化特质，它表达一种问候的意义，拱手是借助于手的物质形态表达出来的非物质文化符号。提到中国的传统文化，人们会想到仁、义、礼、智、信这一套观念。这些中国传统文化的文化特质，都是非物质的抽象概念。

2. 文化丛。文化特质的相互组合所形成的功能统一的文化特质聚合体，就是文化丛。文化丛也叫文化特质丛。文化丛有两种形式：一种是以某一文化特质为中心，其他文化特质围绕中心特质提供功能，并以该中心特质命名的文化丛；另一种是若干文化特质共同实现某一功能，文化特质之间地位平等的文化丛。比如，工夫茶是个有中心特质的文化丛。品工夫茶时，除了中心特质茶以外，还有很多别的文化特质，如茶盅、茶盘等。婚娶则是多个文化特质共同构成某种功能的文化丛，包含彩礼、订婚、迎娶、婚礼等多个文化特质，它们的功能是相互不能替代的。

3. 文化模式。多个文化丛组合在一起所形成的结构称为文化模式。文化模式的研究是将某种结构上的各个文化丛综合起来加以研究，因此，可以获得对于社会文化的总体认识。只有研究文化模式，才能认识到一个社会或民族的文化的优点或者缺点，才能进行文化比较。文化模式可以分为特殊的文化模式与普遍的文化模式。特殊的文化模式是指各个国家、民族、地区、社会群体的不同的文化结构及内容。特殊的文化模式的形成，受到各个国家、民族、地区、社会群体的多种因素的影响，包括物质环境如气候、地理条件、资源、人口等因素的影响，还包括社会环境如科学技术、社会政策、意识形态等因素的影响。

普遍的文化模式，是指各种特殊文化模式在基本结构方面所具有的共同要素及特点。美国社会学家 C. 威斯勒曾在《人与文化》一书中提出了普遍文化模式的九个方面：

（1）语言，包括言语、文字、符号等；

（2）物质特质，如饮食习惯、住所、衣着、器皿、工具、武器等；

（3）艺术，如雕刻、绘画、音乐等；

（4）科学，如自然科学的数学、物理、化学等，社会科学的经济学、政治学、社会学等；

（5）习俗，如各种各样的礼仪、礼节等；

（6）家庭与社会制度，如婚姻形式、继承制度、社会控制、教育制度等；

（7）财产的占有方式和交易方式；

（8）政府，如政体、司法、法律程序等；

（9）战争。

威斯勒的这个归纳并不周密，但通过他的概括，可以认识到世界上各个民族的文化模式中确实存在很多共同的东西。

（二）文化的功能

文化功能又称为文化价值，是指文化对社会成员的个体或群体，以及对整个社会所起的作用。文化功能包括以下几个基本方面：

1. 整合功能。整合是指社会内部各要素和全体成员的相互适应及和谐一致的状态。它是社会稳定有序最重要的前提。文化整合包括价值整合、规范整合与结构整合。

价值整合是文化整合功能中最基本、最重要的一种功能。任何社会中的人们在价值观上都存在差异，但经过统一的文化熏陶后，他们必然在社会生活的基本方面形成大体一致的观念。被社会文化肯定或否定的事物与行为，必定是社会绝大多数成员所追求或鄙弃的。规范整合是使规范内化为个人的行为准则，从而将社会成员的行为纳入一定的轨道和模式，以维持一定的社会秩序。结构整合是在统一的文化的作用下，使不同的社会结构形成一个协调的系统。

正因为文化对社会或社会团体具有整合的意义，所以，知名企业会特别关注"企业文化"的建设，具有品位的学校会特别关注"校园文化"的建设。校园文化是指学生借助学校这个载体所表现出来的文化生活形式的总和。即以大学生为主体，以教师为主导，以课外活动为主要内容，以校园为主要空间的一种特定的精神环境和文化氛围，是一种既具有社会主体文化烙印又体现浓厚学生色彩的亚文化类型。

2. 导向功能。文化的导向功能主要体现在价值导向和行为导向两个方面。文化塑造了社会的人，他的价值取向、行为方式与整个社会的文化紧密联系。人刚生下来的时候还只是一个生物人，没有思想，没有知识，怎么从一个生物人演变成一个社会人呢？最主要的就是逐步接受了社会的文化。在由生物人转变成社会人的过程中，文化起的作用最大。人接受社会文化的过程，也就是社会学所讲的人的社会化。

3. 负功能。因为文化有主文化、亚文化及反文化之分，所以文化不仅具有正功能，而且具有负功能。正功能保持社会体系的稳定，负功能则破坏社会稳定，使社会处于非整合状态。所以，运用文化的手段控制社会，是一种极为重要的社会政治手段。很多社会问题的产生，都可以追溯到文化失控上。

任务三　发挥社会学想象力

情境导入

邓文迪原系徐州女排队员，1997 年晚宴时，她将一杯红酒洒在"传媒巨头"默多克身上。3 年后，默多克不顾家人反对而与妻子离婚并迎娶她。4 年后她为默多克生下两个继承数十亿美金的女儿。他们的婚姻维持了 14 年。

2013 年，82 岁的传媒巨头鲁珀特·默多克向美国纽约州最高法院提交文件，申请与 44 岁的第三任妻子邓文迪离婚。这个美国现代版的"灰姑娘"童话也宣告破灭。那么，邓文迪在整个婚姻中到底扮演怎样的角色：她是为爱而默默付出的女性，还是为赢得人脉、关系、上流社会的位置而不惜牺牲声誉和青春的人，她对自己的定位是寄希望于婚姻与男人而改变命运的人，还是有自己的坚持和理想，愿意默默奋斗的人？

问题：邓文迪与默多克的经济及社会地位是平等的吗？你怎样看待他们的离婚案？

分析

通过上述个案，我们需要去思考：现在社会上的离婚案例有什么相似的地方？现在和过去相比有什么异同？这些不同与哪些社会因素有关呢？现代女性是如何定位自己，如何解释自己的成功与获得财富的途径；男性又是怎么定位自己，怎么看待女性的？为什么金钱至上越来越成为这个社会的普遍观念？这些观念又将怎样影响人类的行为、人与社会的关系？若以社会学的观点看待离婚，那它可能不仅仅与"感情不和"相关，更与男女两性的角色、经济状况、婚姻与家庭在社会中的位置有关。

与其他学科不同，社会学研究鼓励人们基于一定的基本概念和视角去发挥自己的社会学想象力，创造出丰富的文化，构建一个更富有活力的社会。社会学学者非常注重培养自身的社会学想象力，充分发挥社会学的学科优势。而学习社会学专业的学生如果希望更好地知晓人与社会的关系，深刻认识我们所处的社会，理解发生在我们身边的各种事情，也需要提升社会学修养，培养社会学的想象力。

本任务将帮助我们更全面、更深刻地理解人与社会的关系。通过培养历史视角、汲取不同学科知识、建立学习档案等途径，可以帮助我们培养社会学想象力。

 知识链接

一、个体与社会

社会与我们个体有着怎样的关系？如果你不了解你所处的社会，你是否能够真正地了解你自己？

（一）社会影响下的个体

身处不同的社会，就会表现出社会所赋予个体的不同特征。每个人都被自己所处的社会深深影响着。作为社会中的个体，我们享受有限的自由，比如我们可以选择吃些什么，玩些什么，看什么类型的书籍，买什么款式的衣服。但是，我们无法超越社会所能供给的产品而进行其他选择。每个时代的人，都拥有那个时代所赋予的个性特征。个体的选择会被所处的社会结构与社会文化所影响和制约。对单个个人来说，不存在一个社会关系的"零点"，每个人都被交织在一定的网络联系中。

（二）个体互动组成的社会

如果没有人与人之间的互动，也就没有我们现在的社会。人们之间的互动是通过文化来进行沟通和交流的，同时，人们之间的各种互动又形成了我们日常生活的内容。例如，人与人之间因交流而产生了语言，因物质的交换而产生货币，通过相互的学习而提升生存能力。人与人之间通过互动来推动社会的发展。人们能够把握并利用社会趋势，以互动的方式影响着我们的社会。

二、何为社会学想象力

（一）什么是社会学想象力

1. 一种心智品质。莱特·米尔斯在《社会学的想象力》中第一次提出了"社会学想象力"这一概念。米尔斯认为，社会学想象力是指一种心智品质，这种品质可以帮助人们利用信息增加理性，从而使人们能够看清世事，以及发生在人们之间的事情的清晰全貌。这种心智品质帮助我们在观察社会时，不是仅仅看到了表面的、单一的社会现象，而是以一种历史的、结构的视角去观察发生的事情。如果缺乏这种心智品质，会使人们不能领会个人与社会之间、个人生活与历史之间、自我与世界之间的相互作用。米尔斯指出：解决困扰的办法不仅仅是掌握信息，也不仅仅是依靠理性的思考，而是需要"社会学的想象力"。这是一种能够将微观的个人与宏观的社会想象联系起来并发现其中联系的一种能力。

例如，自杀看起来是一个人自己的事情，但是，社会学家通过对自杀现象的分析和观察，发现了其中的很多规律。社会学家并不研究自杀的生物学、传记学、人格学的功能，而是研究其社会功能。社会学家用其社会背景与环境来解释自杀个案。社会学家关注的焦点并不是个人行为，而是该行为赖以发生的社会环境与氛围。例如，迪尔凯姆并不把自杀看成是个人行为，而看成是"社会事实"，关注焦点放在该行为赖以发生的社会环境与氛围。他不想知道一个人为什么自杀，而是要知道为什么在某种社会文化环境中自杀率比其他地方更高或更低。通过对大量自杀的统计分析研究，迪尔凯姆发现：自杀率低的社会比自杀率高的社会更具有凝聚力、整合性或更紧的结合性。他还发现：群体主义强的社会自杀率低，个体主义占统治地位的群体自杀率高，因为缺少很强的群体目标的个人兴趣，常常使个人不足以有活下去的意志。他认为自杀是享有大量自由的人们付出的一种代价。迪尔凯姆认为，一个社会整合度太高或过低，都容易导致较高的自杀率。

2. 理解社会的工具。在生活中，我们总是习惯性地将自己的一些经历，比如把家庭中遇到的各种压力和突发事件，或者把学校中遇到的困难看成是所在家庭、学校和社区造成的影响。米尔斯则认为，我们可以尝试把这些问题放到我们所处的时代和社会结构中来理解。这种理解方式，可以让个人看清楚更广阔的历史舞台，发现一切杂乱无章的事情都是有章可循的。原本以为是个体的困扰，其实可以归结到整个社会的架构中，这也是一种社会学想象力。

为了帮助我们更好地理解社会，更好地理解自己日常的经历，我们需要经常思考如下问题：

（1）一定的社会作为整体，其结构是什么？它的基本组成成分是什么，这些成分又是如何相互联系的？这一结构与其他种社会秩序有什么不同？在此结构中，使其维持和变化的方面有何特定含义？

（2）在人类的历史长河中，该社会处于什么位置？它发生变化的动力是什么？对于人性整体的进步，它处于什么地位，具有什么意义？我们所考察的特定部分与它将会进入的历史时期之间是如何相互影响的？那一时期的基本特征是什么，与其他时代有什么不同？

它用什么独特的方式来构建历史？

（3）在社会的这一时期，占主流的是什么类型的人，什么类型的人又将逐渐占主流？通过什么途径，这些类型的人被选择，被塑造，被解放，被压制，从而变得敏感或迟钝？我们在这一定时期、一定社会中所观察到的行为与性格揭示了何种类型的"人性"？我们所考察的社会各个方面对"人性"有何意义？

全面地认识社会，才能更好地理解你所经历的生活。我们需要认真地去观察这个社会，将个体的问题和他人以及整个社会进行联系。拥有了社会学想象力，我们可以通过我们的研究，更好地认识我们身处的这个社会。

（二）为什么要培养社会学想象力

1. 走出狭隘的个人世界，更为全面地看待问题。小时候你可能认为世界是围绕着你转的，没有你世界便不复存在。初中后，随着你接触不同的人，了解不同的事情之后，你发现世界开始慢慢变大、变得复杂。现在，你也许觉得你已接触了很多人、经历了很多事，你对这个社会已经非常了解。但是，如果你始终以自己为中心去认识这个社会，你就无法真正客观地认识它。

人们通常会以从自己的家庭、邻里、朋友以及同事圈子所获得的经验来认识外部的世界。他们常常把在小圈子里认识到的经验，看成是可以推广至整个社会的经验。比如一些人从小所受到的教育是真诚待人，己所不欲勿施于人。自己的家人和朋友都是如此待人，大家都能生活得其乐融融。而有的家庭则遭遇了各种欺骗事件。这样，不同经验下成长的人对人与人之间的关系会有不同的感悟，甚至是大相径庭。那么人与人的交往现状是怎样的呢？朋友们告诉我们的经验是对的吗？这需要我们跳出自己所在圈子的限制，综合考虑整个社会的情况。认识我们的社会，不是道听途说，而是结合我们的经历和整个社会的现状，综合地加以考虑。

吉登斯在谈到社会学想象力的时候，曾经举了一个喝咖啡的例子。喝咖啡是一个日常生活中再普通不过的行为，社会学家发挥了他们的想象力，提出了我们在喝咖啡这个行为背后所能反映出的社会问题。

第一，咖啡并不仅仅是一种让人精神振奋的饮料。作为我们日常生活中的一部分，咖啡还具有某种想象价值。举例来说，早上喝一杯咖啡，在西方人眼中是一天的开始，象征着他们开始了一天的工作。当他们和其他人一起喝咖啡时，咖啡就成为一种社交的方式，是社交礼仪的一部分。中国人的喝茶、喝酒，也具有相似的象征作用。社会学家关注这样的行为背后所代表的象征意义，所涉及的社会要素。

第二，咖啡含有咖啡因，而咖啡因是一种毒品，对我们的大脑有刺激性作用，但是，社会不禁止人们喝咖啡。社会学家关心的问题是：为什么同样是咖啡因，吸食咖啡因被社会禁止，甚至强制帮助吸食者戒毒，但是，喝咖啡没有被社会禁止，甚至通过广告进行鼓励？这些都是社会学家感兴趣的问题。

第三，喝一杯咖啡使一个人卷入全球一系列复杂的社会与经济关系中。咖啡生产地大多数是贫穷国家，而消费地大多数是富裕国家。在国际贸易中，咖啡是最有价值的商品之一，具有非常大的经济效益。咖啡的生产链为大量工人提供了就业的机会。从咖啡豆的采摘和前期加工，到咖啡的生产、加工、运输和销售，涉及大量的工作岗位和工作机会，也为国家之间的交往提供了机会。在全球化的趋势下，所有的国家和社会相互影响，进入全球化的贸易网络中。研究这种全球化的贸易，也是社会学的一项重要任务。

第四，饮用一杯咖啡的行为足以推定过去社会和经济发展的全过程。咖啡和茶、香蕉、土石及白糖等，在西方人的影响下成为人所共知的商品是在18世纪晚期以后。咖啡产生于中东，大约在150年以前，西方国家的殖民扩张促使咖啡成为西方的大众消费品。虽然咖啡源于中东，但咖啡的消费是殖民扩张时期才开始的，那么西方人到底怎样看待咖啡？过去和今天的看法有什么不同？咖啡与世界贸易的发展有着怎样的关系？这也是社会学家感兴趣的问题。

第五，咖啡是当代关于全球化、国际贸易、人权和环境破坏争论的焦点。咖啡的种植已经变得十分普及，咖啡的贸易也变得非常频繁。但是，巨大的剪刀差导致咖啡的贸易中存在许多不公平的因素，人们甚至可能通过咖啡贸易来实现某种政治意图。

总之，社会学的想象力使我们能够把那些看起来完全是个体的事情，放到一定的社会经济背景中去，将其视为某种社会现象。

2. 帮助我们区分"个人困扰"与"公众论题"。运用社会学想象力可以帮助我们区分"环境中的个人困扰"和"社会结构中的公众论题"。

这里的"环境"是指与我们直接联系的社会生活，比如我们所认识的人、所参与的工作和体验到的社会生活。"环境中的个人困扰"，是指个人觉得困扰是一桩私人的事情，它只和我们所接触到的环境有关，问题的解决需要依赖于我们自己的改变，或者是我们所接触到的环境的改善。"社会结构中的公众论题"则意味着我们所面临的问题已经不是一个私人问题，仅仅靠一个人内心的改变，或者通过我们周围环境的改善是无法解决的。这时候，我们所面临的问题就是一个公共事务，这个困扰一定与我们所身处的社会结构有关。公众论题的本质在于它不可以根据普通人的日常生活环境来全面认识，往往需要了解我们的社会制度是否存在某种危机。

例如，米尔斯曾经用失业问题举过一个案例。每位同学都要面临工作和就业的问题，当然，也存在失业的风险。那么，我们如何去看待现在出现的失业情况呢？米尔斯说，当一座10万人口的城市只有一个人失业时，这是他个人的困扰。为了救济他，我们最好要了解这个人的品行、他的技巧和目前存在的各种机遇。但是如果是在一个有5000万雇佣大军的国家，有1500万人失业了，那么这个就是公众议题，我们不能指望在某个个人所能获得的机遇范围内找到解决办法。也就是说，这不是一个人的机遇问题，不能简单地归结为个人处境和品行，而是与我们社会的经济和政治制度有关的问题。

正如迪尔凯姆在《自杀论》中所发现的那样：人们是否自杀、如何自杀、什么时候自杀和在哪里自杀都是个体的事情，但是，把个体的自杀行为放到一定的社会经济背景中讨论，就具有了更加广泛的意义，就变成了一个公共议题。

又比如婚姻问题。我们会见到因为各种问题离婚的案例，离婚中的男人和女人都会面临各种困扰。我们时常会关注他们是因为什么原因离婚的，到底是男人的问题还是女人的问题，故事的情节到底是怎样的。但是，社会学家关注的是这个问题属于个人的困扰还是社会结构中的公众论题。例如，当离婚比例达到婚后不满4年，1000桩婚姻中有250桩离婚时，离婚的问题可能就与婚姻制度、家庭制度以及其他与婚姻和家庭制度相联系的制度有关，这个时候离婚就更多地成为公共论题。我们需要去寻找这背后的社会因素的影响，从而帮助我们更好地理解离婚的问题，以及寻找解决的方法和途径。

3. 社会是个大家庭，每个人的力量都很重要。1992年6月1日，在巴西里约热内卢召开的联合国地球环境高峰会议上，一位12岁的加拿大女孩珊文·古立斯-铃木（Severn Cullis-Suzuki），在冠盖云集的世界各国领导人面前，发表了一篇仅有6分钟的演说，却让整个联合国会场足足静默了5分钟，这个演讲不仅打动了在场的各国领袖、科学家，也感动了世界，因而在全世界广为流传，已被大家称作"6分钟里约的传奇演讲"。珊文演讲的主题是"用我们每个人的力量来改变世界"，作为一名儿童代表，她非常关心我们的社会，认为每个人的参与都十分必要。

珊文让我们思考的是，如果我们希望我们身处的社会变得更好，一定是通过每个人的努力，而不是仅仅靠几个专家学者的努力。很多同学总觉得自己对这个社会而言，微小得像粒尘土，微不足道。我们经常喜欢用"随大流"来形容一些喜欢盲从、缺少自己想法的人。如果我们的社会都是由这样一些缺少想法的人组成的，那么我们的社会必将难以前进。

其实，每一份力量都十分珍贵。学习社会学，培养我们的社会学想象力，可以帮助我们发现社会运行的规律，更好地参与到社会建设中。当拥有社会学想象力的人越来越多时，他们必然可以提出越来越多的想法和建议，那么我们一定可以迈向更好的社会。

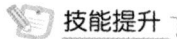 技能提升

如何在日常生活中培养社会学想象力

一、学历史，知现实

历史是曾经的现实，知晓历史的人，能够更深刻地理解现实。我们常说"以史为鉴可以知兴替"，就是说历史是社会发展的镜子，以历史作为借鉴，可以了解国家兴亡更替的原因。我们不仅要关注本民族的历史，还需要了解其他民族的历史。如果我们关注历史，便能知晓每个国家或地区在发展的过程中，可能都会遭遇相似的问题。比如，城市化的发展、大城市的污染、大学生失业等，我们会在其他国家的历史中看到非常相似的一幕。所以，培养我们的历史观，帮助我们将人与社会置于一定的历史中去理解，增强我们对社会本质规律的把握，及时地发现我们这个时代在人类历史的长河中处于什么位置，它发生变化的动力是什么。

二、勤思考，动笔头

爱思考是非常好的习惯，如果能够经常进行记录，可以帮助我们建立属于自己的独家记忆档案。将平时的笔记、读书摘要、计划、对社会问题的思考、自我的反思等内容进行记录和整理，可以帮助我们及时进行系统的思考。将别人的智慧加上自己的思考和认识，就形成了自己的知识储备。勤思考，加上勤记录，可以帮助我们储备更多的知识，提升我们的社会学素养。

三、洞察力，好帮手

洞察力是我们深入观察和理解事物的能力，帮助我们透过现象看到事物的本质。社会学想象力最有成效的工作之一就是能够区分出哪些是困扰个人的小问题，哪些是由于社会而引发的集体困扰。当某种问题已经影响了相当一部分人的共同生活，并且破坏了社会正常的活动时，我们称其为社会问题。及时地发现身边存在的社会问题和个人问题，能够让我们更好地做出判断及采取行动。面对他人因社会问题而引发的困扰时，我们不应该冷嘲热讽，而是需要给予更多的理解和帮助。

四、多学科，营养多

没有一门学科可以涵盖所有的知识，每一门学科都在积极地探索认识世界的方法。不同的知识为我们提供了不同的视角和方法，让我们更深刻、更全面地认清事物的本质规律。汲取不同学科的知识和营养，能够丰富我们的知识储备，解放我们的头脑，放飞我们的想象力。

课后提升

"内卷"与"躺平""摆烂"

2020年下半年，一些名校学霸拼命学习的程度震惊了一众"凡人"，就比如有的人边骑车边看书写论文，有的人在宿舍床上铺满了一摞摞的书。"内卷"一词也随之流行，人们在网络上这样打招呼："今天你卷了吗？"更有人把"宁可累死自己，也要卷死别人"挂在嘴边。如今"内卷"一词已经泛化到各个领域，比如"连饭团都开始内卷了""沙县小吃也内卷了"等。

那"内卷"一词究竟从何而来？内卷，英文 involution，来自于拉丁语名词 involutio，动词形式为 involvere，意为"包裹缠绕"（the act or an instance of enfolding or entangling）。内卷作为社会学概念，起源于美国人类学家克利福德·格尔茨（Clifford Geertz）1963年的著作《农业内卷化——印度尼西亚的生态变化过程》（Agricultural Involution: The Processes of Ecological Change in Indonesia），与内卷（involution）对应的是进化（evolution）。格尔茨使用这个概念，是要回答在印度尼西亚人口众多的爪哇岛，为何没有像距离邻近的其他岛屿那样向资本和技术密集方向发展，而是不断向劳动密集型方向发展。在这个宏观的层面上，"内卷"要回答的问题是一个地区的经济模式为什么没有"进化"。在印尼种植水稻，每个农民都很辛苦，日复一日艰辛劳作，但是粮食产量却增加得很有限。努力干活似乎也并不会多劳多得，反而很难满足家中增加的人口。

简单来说，只是低层次的激烈竞争，不能让行业进化到更高的阶段，这就是"内卷"。大家越努力，造成的无谓损耗反而越大，"蛋糕"还是原来那么大，吃蛋糕的人数和吃到蛋糕的难度却都增加了。

而今天我们谈到的"内卷"有点脱离了原本的意思，并不是指经济模式的进化问题，而是在描述当下生活的"难"：不仅指为了有竞争优势而付出太多，更指自己被迫做着许多无意义的事情。在内卷的世界里，大部分人不知道为什么要这样做，只是因为别人都在做所以自己也跟着做。"他们都在学习，我不学习是不是显得不合群？"经济学家薛兆丰说过："让你加班的不是你的老板，而是其他愿意加班的同事。"有人为了竞争，想升职，就选择主动加班，而其他员工害怕自己不加班显得不努力或者因此被炒，于是也跟着加起班来。如果公司业绩因此没有变得更好，大家并没有多挣到钱，还很累地日复一日加班，这种自我重复、自我消耗，正是"内卷"的体现。

而这种"内卷"，不止发生在学校、职场，更出现在生活的方方面面。有一网友曾经调侃："看电影，为了获得更好的视野，一个人先站起来看了，被他挡住的人不得不也站起来，最后大家都不得不站起来看电影，只有第一排的人坐着……抢火车票，一个人先用抢票软件，逼得其他人也用抢票软件，因为票没有变多，最后大家都回到了起跑线，但是开发抢票软件的人赚了；孩子上学，一个孩子上辅导班，逼得大家都去上辅导班，最后排名还是没变，但开办辅导班的人赚了……内卷是啥，就是大家都损失了，只有一小撮人赚了。"这足以看出，现在人们所用的"内卷"，更多是表达一种发泄，展现出对稀缺资源的无力，在主动和被动激烈竞争中的困苦，以及对竞争中恶意和荒谬之人的讽刺与无可奈何。

有趣的是，在"内卷"泛化的今天，也有不少人因为"卷不动"而选择"躺平"或"摆烂"。即部分人可能感到对工作、学习或其他领域的压力和负担过重，且感到对于现有的体制或环境无法满意，或者对于自身付出所带来的回报产生怀疑。这种情况下，个人可能选择放弃努力，表现出不积极、不负责任的态度。这种反应往往是对现实困境的一种应对方式，试图通过放弃来减轻压力和负担。然而，这种态度可能导致个人的成长和进步受到限制，对个人和社会都可能带来负面影响。

根据以上材料，思考下列问题：

1. 从辩证的角度来看，"内卷"与"躺平""摆烂"是相互联系的，三者看上去都是个人选择，但实际上受到了各种社会因素的影响，包括生产力发展水平、社会文化、社会结构与网络、人际互动等多方面因素的影响，请尝试发挥社会学的想象力，从各维度进行阐释。

2. 为解决"内卷"与"躺平""摆烂"所带来的负面影响，个人和社会分别应该如何应对？

项 目 三

掌握社会学的基本方法
——社会学"眼镜"的使用方法

导学图

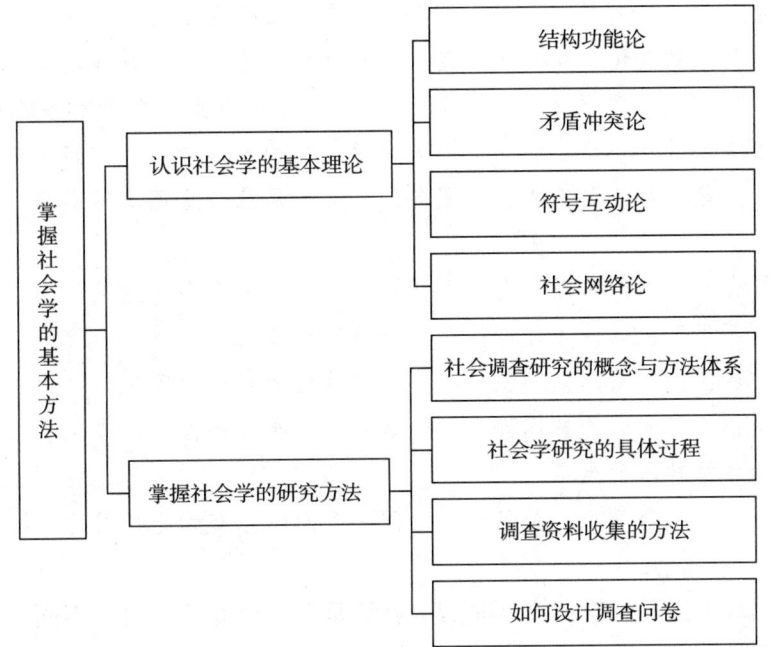

学习目标

1. 掌握社会学基础理论视角
2. 掌握社会学的研究方法
3. 学会进行专业的社会学研究

任务一 认识社会学的基本理论

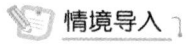 情境导入

从社会学角度看贫困

你不能凭富裕和繁华程度来判断一个社会的快乐程度,你必须了解贫困阶层的生活。

——阿玛蒂亚·森

贫困问题一直是社会的热门问题,不同学科对这一问题有着不同的见解和解决对策,社会学也不例外。有趣的是,就算同是社会学家,对这一问题的分析也有显著的差别。

有些社会学家认为贫困是社会分层的必然结果,在社会运行中发挥着积极功能。美国学者甘斯曾提出贫困功能论,认为贫困是社会发展的功能必需,具体功能包括:有了贫困者,社会就有了愿意从事低收入劳动的人,由他们完成脏累、危险和没有个人前途的工作;贫困创造了许多就业机会,许多职业如警察、福利工作者、当铺经营者、从穷人中吸收会员的宗教团体等,都是为穷人提供服务的;穷人是社会处理次等商品和提供次等服务的市场等。

另一部分社会学家认为贫困是各个群体在利益分配中争夺的结果。由于群体拥有的权力和占有的资源不平等,因此争夺到的利益也就不均等。

还有一些学者,如刘易斯则尝试从社会文化的角度解释贫困现象,他提出贫困文化理论,认为在社会中,穷人因为贫困而在居住等方面具有独特性,形成独特的生活方式,并被制度化,进而维持贫困的生活。

问题:同样都是社会学家,为什么对于同一个问题会有如此不同的见解?

分析

之所以会出现上述的情况,主要是因为就算是同一个专业,也有不同的理论流派,自然就有不同的分析逻辑。社会学从创立至今,已有近两百年历史,众多学者在学科发展过程当中都做出了诸多贡献,形成了不同的理论流派,增加了社会学的理论多样性和学术魅力。

本任务带领我们了解社会学基本理论流派,尝试掌握各流派的理论逻辑,学会用多种理论流派视角分析社会现象及问题。

知识链接

从早期社会学家的思想中,我们发现,社会学家对社会生活有不同的关注点和假设。斯宾塞、迪尔凯姆认为秩序与稳定比冲突与变迁更重要,马克思则持相反观点,也有社会学家更关心微观的人际互动。这些不同的理论视角限定了社会学家解释社会的方式。后期社会学家在早期思想的基础上,发展出3种主要的理论视角:结构功能论(功能论)、矛

盾冲突论（冲突论）和符号互动论（互动论），这三大理论被称为社会学三大基本视角，前两者为宏观理论，互动论则为微观理论。随着学科的发展，也有学者发展出了中观的分析框架——社会网络论，为社会学又增添了一个理论视角。在本任务中，你将了解每个理论或观点对社会生活如何做出不同的解释，并尝试运用它们分析生活中的常见现象。

一、结构功能论

功能论（Functional Theory）认为，社会是一个复杂的系统，它的各个组成部分协同工作，产生稳定和团结。根据这种思路，社会学应该研究社会各组成部分之间的关系以及这些部分与社会整体的关系。要理解社会，功能主义者主张应该同时注意结构和功能，结构即指社会的各个部分如何构成一个整体，而功能则指每个部分对社会的贡献，所以，功能主义也被称为"结构功能主义"。

功能主义可以溯源到早期的社会学家孔德、斯宾塞和迪尔凯姆那里。孔德和斯宾塞把社会类比为生物机体。他们认为：像身体的各个器官（比如四肢、心脏、大脑）一样，社会的构成部分（比如家庭、商业机构、政府）以系统的方式结合在一起，对整体发挥着积极作用。迪尔凯姆认为，当社会的各个部分都实现其功能时，社会就处于"正常"状态；如果不能实现其功能，社会就处于"不正常"状态或"病态"。

在功能论的发展上，美国社会学家塔尔科特·帕森斯（Talcott Parsons，1902~1979）和罗伯特·金·默顿（Robert King Merton，1910~2003）是关键的人物。帕森斯受到迪尔凯姆及韦伯等人的极大影响，同时他也被称为结构功能主义的集大成者。在他看来，整个社会是一个由各部门相互连接而形成的巨大网络，每一个部门都参与、协助、维持整个社会系统的工作。他的著作《社会行动的结构》被看作是美国社会学发展的一个分水岭。他先提出了"行动体系"的概念，又进一步提出了著名的AGIL模型，作为分析行动体系之结构的基本工具。他指出，人类是生活在由多个"单位行动"联结而成的行动体系中，行动体系是一种多层次的结构系统，每一层次都具有四种基本的功能需求，分别是：适应（Adaptation）、目标达成（Goal Attainment）、整合（Integration）、模式维持（Latency）。为满足这四种基本的功能需求，行动体系就必须分化为四个相应的子系统以执行相应的功能。这种AGIL分析模式可大可小，大可以解释整个人类社会，小可以解释某种社会制度。

默顿的功能主义主张影响尤其深广，他区分了显功能与潜功能，正功能与反功能。显功能（Manifest Function）就是特定社会活动类型中的参与者所认识到并有意显现的那些功能，而潜功能（Latent Function）就是参与者未曾意识到的那些活动后果。比如，大学的潜功能可能是降低失业率或者为认识未来伴侣提供场所，但这些潜功能不会在大学的简介中直接写明。

功能主义者也认识到，社会中并不是每个部分都是为维护社会的稳定而存在的，并不一定发挥正功能（Function）。如果社会结构的某一部分或过程会使社会体系崩溃或降低其稳定性，则被视为具有反功能（Dysfunction）。许多反功能的行为模式被认为是不适当的，如杀人、偷窃行为。但是，对反功能的评价也会因价值观和个人立场而不同。例如，"劫富济贫"的行为使富人利益受损，对社会管理产生负面影响，但是，劫富济贫者并不认为自己做错，在他们看来这种反功能促进了对富人的威慑。

作为社会学的重要理论视角，功能主义特别适合于研究稳定的、小规模的社会，例如中国的小城镇。它有助于我们理解人们怎样形成有秩序的生活，表现出强大的合作精神和高度的团结性。

然而，对功能主义观点持批判意见的人认为，功能主义不能合理地解释战争、叛乱和革命等事件。这与社会学的另一种理论视角"冲突论"形成了鲜明对比。

二、矛盾冲突论

从20世纪初开始，帕森斯提倡的功能主义主导了美国社会学发展约40年。随着功能主义对当时美国社会不稳定现象解释力的下降，冲突论等其他理论开始崭露头角。相对于功能主义者强调的稳定与共识的思考方式，主张冲突论的社会学家则将世界看作是持续不断的冲突过程。冲突论（Conflict Theory）认为，尽管现实生活中也会有联盟和合作，但更为根本的还是对权力的争夺。冲突不一定是暴力，它也可以由劳资协商、政党政治、宗教团体间对信众的竞争、文化中心主义等形式来展现。

冲突论建立在这样的假设之上：构成社会的各部分并不是平稳运行的，而是互相冲突。冲突论者往往把社会看作是由追求各自利益的不同群体组成的，而某些群体会比其他群体获得更多的利益。他们注重考察强势群体与弱势群体之间的张力，并试图理解控制关系如何确立、如何维持。马克思的思想是冲突论的重要来源。

马克思指出，人类历史的核心在于阶级斗争，自从有了私有制，控制着生产资料的群体就开始剥削和压榨没有生产资料的群体。马克思认为，在资本主义剥削劳工的前提下，阶级斗争不可避免。以马克思的理论为基础，社会学家认为，冲突不只是阶级现象，它在我们日常生活中更是普遍存在。因此，当社会学家在研究文化、组织或社会团体的时候，他们会试图探究谁是获利者、谁是受害者以及谁剥夺别人的利益来掌握主导权。以环境保护为例，冲突论者会考虑谁是环境保护的受益者，谁在积极推动环境保护，以及环境保护的破坏者是谁。

冲突论者关心不同群体之间的冲突，包括女性与男性、父母与子女、城市与乡村、白人与黑人。以冲突论流派中的女性主义为例，女性主义（Feminism）认为，女性在全世界范围内是一个受压迫、受歧视的等级，主张应该消除性别不平等现象。城乡二元化、民权运动、土地抗争、同性恋解放运动和群体犯罪等问题，都是冲突论关注的重点。

冲突理论家喜欢研究社会中的机制，包括家庭、政府、宗教、教育、媒体等，以及如何介入以维护特定群体的特权，并将其他群体置于被支配的位置。他们对社会变迁与资源重组的强调使得冲突论者比功能论者更"极端"也更"激进"。

三、符号互动论

另一种社会学理论视角也颇为引人注目，这就是互动论。与关注社会宏观方面的功能论和冲突论不同的是，互动论关注社会的微观方面，研究人们在日常生活中如何交往，如何使这种交往产生实质性意义。互动论者强调,人们总是处在创造、改变自己的生活世界的过程中,并探索人们的动机、目标和理解世界的方式。采用互动论视角的研究者有时被称为"微观社会学家",因为互动论倾向于研究个体和小群体而不是大规模的社会结构。乔治·赫伯特·米德(George Herbert Mead,1863~1931)被誉为互动论视角的奠基人。功能论与冲突论起源于欧洲,而互动论则肇始于美国。米德关注人类一对一或是小团体的互动情境。米德对一些极细微的沟通形式都颇有兴趣,如微笑、皱眉或点头,以及团体或社会如何影响个体的感受。此后,社会学家开始对互动论越来越感兴趣。

互动论也被称为"符号互动论"(Symbolic Interactionism),符号互动论源于对语言和意义的关注。互动论者认为,符号(Symbol)是人类沟通的最重要手段,一个社会中的所有成员共享符号与象征的意涵。比如说,在中国,作揖和鞠躬表示佩服和尊敬,当对方使用这些符号时,我们能明白他的意思。

欧文·戈夫曼(Erving Goffman,1922~1982)因"拟剧论"(Dramaturgical Theory,又译为"戏剧理论")的互动研究法而广为人知。拟剧论将日常生活与舞台剧的场景做比较,如同演员要表现出某些形象一样,我们每个人也都想展现我们人格的某些特质,并且隐藏另外一些特质。因此,在学校里,我们尽量表现得遵守纪律;但是在派对上,我们则希望自己看起来自在和友善。

互动论的观点使人们对日常生活的构成有了一种令人着迷的认识。这种观点揭示了一些很容易被其他观点忽略的基本的社会过程。不过,互动论的研究偏向使其忽略了对更广泛的社会制度以及社会稳定和社会变迁的过程的深入研究。

3种社会学理论视角的对比见表3-1。

表3-1 3种社会学理论视角的对比

理论视角	分析层次	分析的关注点	关键概念	代表人物
功能论	宏观社会学——考察大规模社会互动模式	社会各部分之间的关系,这些部分如何发挥功能	结构 显功能 潜功能 正功能 反功能	迪尔凯姆 帕森斯 默顿
冲突论	宏观社会学——考察大规模社会互动模式	社会中的群体为争夺稀缺资源而斗争,精英们如何利用权力来控制弱势群体	不平等 权力 冲突 竞争 剥削	马克思

续表

理论视角	分析层次	分析的关注点	关键概念	代表人物
互动论	微观社会学——考察小规模社会互动模式	面对面互动，人们如何使用符号来创造社会生活	符号 互动 意义 定义	米德 戈夫曼

四、社会网络论

社会学研究中的社会网络论即指关系视角。社会网络论，又称社会网络观是一种关于社会结构的观点和分析方法。它发轫于20世纪二三十年代英国人类学的社区研究，学者们发现，限定的社区界限并不能反映现实，因为现实生活中的社区往往与其他社区发生各种联系，社区的界限并非如主观判定的那样清楚。在这种背景下，社会网络分析应运而生，并在60年代的美国逐渐繁荣、发展起来。美国的社会网络分析是在两个不同的领域里平行发展的，其一是社会心理学的小群体研究。该领域采用社会计量学传统，以弗里曼为代表，分析人际互动、人们之间的交往和交换模式等。

另一个社会网络分析的领域是社会结构，以哈里森·怀特、格兰诺维特和林南为代表，他们的研究属于结构主义社会学的范畴。社会学者提出了两种社会结构观。一种是地位结构观，是从个人的群体归属和地位特征的分布来看社会结构，如年龄、性别、职业结构等，个人的这些特征值都对应着社会的一种地位分布。以年龄结构为例，60岁以上的劳动者就要退休，要让出位置来给更年轻的人，因为受到了来自年龄的结构制约。阶级分析和地位获得模型是与地位结构观相关联的重要的社会学理论和方法。

20世纪70年代之后，另一种社会结构观逐渐发展起来，即网络结构观，指的是从社会关系的角度看待社会结构。个人总是在社会关系中行动，社会关系或者说个人所处的社会网络也是一种结构制约，人的社会关系实际上是制约社会结构的重要因素之一，由此便产生了网络结构观。社会网络的视角把人与人、人与组织、组织与组织之间的纽带关系视作一种客观存在的社会结构，分析这些纽带关系对人和组织的影响。社会网络的视角认为，任何主体（人、组织）与其他主体的纽带关系都会对主体的行为发生影响。在个体的活动中，社会网络是现实存在，对获取信息、传递情感等方面发挥着重要作用的。社会网络的视角便是将网络作为社会结构，来看待社会网络对个人的影响的。网络结构观的代表性理论包括社会资本理论、弱连带优势理论、强连带优势理论、结构洞理论，等等。

综上所述，每种观点都是集中研究现实的某一个方面：功能论主要研究社会秩序和稳定性；冲突论主要研究社会紧张和变迁；互动论主要研究日常生活中的社会行为过程；网络论主要研究社会人际关系及社会结构。

每个理论视角都关注社会生活特定的某些特征并给出独有的解释，因而没有哪个单一的理论可以满足所有需要。综合这多个理论视角，我们可以对社会生活图景更加了解和具有洞察力。

社会学理论视角的多样性使我们清楚地认识到，社会学并不是有着严格定义和统一理论基础的学科。但是这种多样性也说明了社会学不是狭隘、封闭的学科。今天，很多社会学家将这种多样性看成是可以使其学科更重要、更具活力和更具冒险性的，这样一种多样性总是试图探索人类经验的深层意义。

现代社会学家代表一览表

帕森斯（T. Pasons，1902~1979），美国社会学家，结构功能主义的代表人物，结构功能主义是20世纪五六十年代占西方社会学研究主导地位的理论和方法论，著有《社会行动的结构》《社会系统》《经济与社会》等。

默顿（R. Merton，1910~2003），美国社会学家，结构功能主义的代表人物，提出著名的"中层理论"，是"科学社会学"的奠基人，著有《社会理论与结构》《科学社会学》《现代社会学》等。

戈夫曼（E. Goffman，1922~1982），加拿大社会学家，在其著作《日常生活中的自我表现》中开始了戏剧透视法的符号互动论研究。

科塞（L. Cosr，1913~2003），美国社会学家，社会冲突论的代表人物。

布劳（P. Blau，1918~2002），美国社会学家，主要从事社会学经验研究和理论建设工作，探讨社会结构、社会组织等问题，著有《社会生活中的交换与权力》《不平等和异质性—社会结构的原始理论》等。

科尔曼（J. Coleman，1927~1995），美国社会学家，著有《社会理论的基础》等。

吉登斯（A. Giddens，1938~），英国当代社会学家，以提出现代性理论、结构理论和对当代社会的本体论而闻名，著有《民族、国家与暴力》《现代性的后果》《现代性与自我认同》等。

哈贝马斯（J. Habermas，1929~），德国社会学家、哲学家。其思想庞大深刻，体系完备，被公认为是"当代最有影响力的思想家"，同时也是西方马克思主义法兰克福学派第二代的中坚人物，在西方学术界占有举足轻重的地位。提出"交往行为理论"。

布迪厄（P. Bourdieu，1930~2002），法国社会学家、人类学家、哲学家。开创了许多社会学术语，如文化资本、场域、惯习，著有《区隔：品味判断的社会批判》等。

哈里森·怀特（H. White，1930~），美国社会学家，社会网络学派的领军人物之一，用实证的方法测量了社会关系，引发了大量的后续研究。

格兰诺维特（M. Granovetter，1943~），美国社会学家，社会网络学派的代表人物，提出了著名的"弱联带理论"。

林南（Nan Lin，1938~），美国华裔社会学家，社会网络学派的代表人物，提出了著名的"社会资本"理论。

博特（R. Burt，1949~），美国社会学家，在社会网络的研究中提出著名的"结构洞"理论。

任务二　掌握社会学的研究方法

贫困

威廉·富特·怀特是美国芝加哥学派社会学家，美国艺术和科学研究院院士。1914年生于马萨诸塞州，1943年获得哲学博士学位，1982年曾来华讲学。《街角社会》是他的成名之作，是20世纪社会学中具有里程碑意义的著作，在美国被列为社会学的必读书。

在哈佛大学青年研究员基金的资助下，怀特于1936年至1940年对波士顿市的一个意大利人贫民区（即怀特称为"科奈维尔"的波士顿北区）进行了实地研究。怀特以被研究群体"街角帮"一员的身份，置身于观察对象的环境和活动中，对闲荡于街头巷尾的意奇青年的生活状况、非正式组织的内部结构及活动方式，以及他们与周围社会（主要是非法团伙成员和政治组织）的关系加以观察，并及时作出记录和分析，最后从中引出关于该社区社会结构及相互作用方式的重要结论。《街角社会》即是对这一研究过程、所获资料及结论的翔实而生动的记述，是最终研究成果的研究报告。

问题：怀特在社会学的研究程序的指引下，是通过哪些社会学研究的方法收集资料，最终得出这一重要的社会学经典著作呢？社会学研究的方法还包括哪些呢？

分析

《街角社会》之所以成为社会学的经典之作，在很大程度是因为怀特所使用的研究方法具有独特性或开创性。怀特使用的研究方法是社会学研究方法中的实地研究法，怀特的研究强调通过参与观察法进行资料的收集。虽然在怀特之前也有人使用过参与观察法，但是那时只是针对原始部落使用这种研究方法。而怀特把参与观察法的应用范围扩大到了对现代社会的研究。怀特深入研究了科纳维尔，这一项实地研究持续了3年多，积累了丰富且真实的一手资料。

在社会研究中，研究者还可以选择的研究方式主要有：调查研究，文献研究和实验研究。由于每一种研究方式的存在逻辑，所回答的问题类型，以及我们应用它们来研究社会现象及人们的行为时所具有的优点和局限性各不相同，因而在具体应用上也应有所选择。我们需要根据我们所选定的研究课题的特点来选择相应的研究方式。

本任务将介绍社会学如何进行一项科学的社会调研，包括研究全过程以及具体的技术方法。

知识链接

一、社会调查研究的概念与方法体系

（一）什么是社会调查研究

要正确地认识社会、预测社会变迁的趋势、提出应对策略，就要了解现实社会。社会调查研究是运用科学的方法，系统、直接地收集有关社会现象的真实情况，并对所得资料进行整理、分析，科学地阐明社会的状况及其变动规律的认识活动。

社会调查研究实际上由两个互相连接的活动组成：社会调查是直接接触社会生活，收集有关资料的活动；研究则是对所获资料的分析，是对调查所获经验材料的概括和加工。这两个部分是密切地联系在一起的。社会调查研究的基础工作是调查，没有调查就谈不上对资料的分析。同时，研究活动是调查活动的必要延续，因为只调查不去研究分析资料内部所包含的意义，就不可能深入地了解社会现象的本质特点，也不可能认识它进一步变动的趋势及规律，更无从谈起对策和建议。因此，没有社会调查就不能对现实社会作认真的研究，不对调查所获资料进行认真研究，社会调查也就失去了它的重要意义。

（二）社会调查研究的特点

社会调查研究作为一种认识社会的科学方法和手段，它有其明显的特点：

第一，直接从现实社会生活中收集资料并对之进行分析。社会调查研究是面对现实的，它的一个重要特点就是掌握第一手资料，这是对社会现象的直接感性的认识。在此基础上通过资料分析。

第二，科学的方法。所谓科学的方法是指经过很多研究者使用的、有效的认识社会的方法。社会现象是十分复杂的，没有科学的方法就难以对社会现象作科学、客观、深入的了解和认识，也就不能达到社会调查研究的目的。这样，社会调查研究就与人们的日常观察和不做认真准备的随便的实地考察不同。社会调查研究所依赖的科学方法既包括所采用的具体调查研究方法，也包括一套行之有效的调查研究程序。这些是我们贴近现实，客观地认识现实的手段。

第三，以认识社会现象的规律为目的。社会调查研究的对象是现实的社会生活，是社会现象。其目的是通过对社会现象的了解来分析认识社会。尽管社会调查的领域和对象十分广泛，但是，通过研究某具体现象而认识社会则是所有社会调查研究的共同点。

（三）社会调查研究方法体系

1. 社会调查研究方法的层次结构。社会调查研究的方法体系分为三个层次：第一层次是方法论，它是认识论、社会理论在社会调查中的应用；第二层次是调查研究的方式和方法，它是调查研究中人们收集资料的行为类型或模式；第三层次是具体技术，它是收集、整理和分析资料的实用技巧。

上述三个层次是有机地联系在一起的。没有方法论的指导，调查研究可能会有很大盲目性，从而降低调查研究的水平。没有合适的调查研究方法就难以去系统地、有条理地进行调查研究工作。没有科学的调查研究技术，就不可能准确、有效地收集资料和科学地分析资料，也就不可能有真正科学的社会调查研究。因此，只有把方法论、调查研究的方法和技术结合起来，才能保证社会调查研究的有效进行。

2. 社会学研究的方法论。方法论是关于方法的理论，它是人们在认识社会现象时采取某种方法的基本理由，即人们在认识某种社会现象时为什么采取某种方法而不采取其他方法的基本道理。社会学研究的方法论主要有实证主义方法论、反实证主义方法论和马克思主义方法论等。

实证主义是社会学产生的方法论基础，在社会学研究中也是占主流的思想。实证主义方法论认为，社会现象有其规律，因此可以采用自然科学式的、用经验事实来检验假设的方法进行研究，实证主义把自然科学的方法论作为自己的基本原则，认为科学的假说必须由经验事实来检验，某一理论只有当它得到经验证据的完备支持时才可以接受。实证主义方法论认为，虽然社会科学在方法、技术的运用上有其特点，但它在理论建构、证据搜集与分析、理论检验等方面所运用的方法与自然科学方法无本质区别。按照实证主义方法论，社会调查研究要注重资料的客观性、真实性、准确性，在方法上比较注重实验、社会测量等方法。

反实证主义方法论认为，社会现象不同于自然现象，因为社会现象是人的活动，社会现象对社会行动者来说是"有意义"的，而这种"意义"是不能用自然科学的所谓"客观、科学"的方法来研究的。反实证主义方法论认为，实证主义忽视了社会行动者的特殊性，忽视了历史、文化和意识的作用。这样，反实证主义学派就反对实证主义的定量主义，主张通过理解社会现象的特殊含义来认识它。在调查研究方法上，反实证主义注重深度访问和观察体验，把调查研究的对象（社会现象）放在一个大背景下思考，以真正理解研究对象赋予其行动的意义。

马克思主义认识社会的方法论是历史唯物主义，它认为社会现象是可以被认识的，经验先于理论而存在，强调知识来源于实践。在对社会现象的认识上，马克思主义方法论强调整体与联系的观点，历史与发展的观点。

（四）社会学研究的基本伦理[1]

在社会学研究中，使用任何研究方法都会涉及研究伦理的问题。在实施研究的过程中，我们要在社会学研究伦理的约束下开展研究。

美国社会学协会（ASA）于1971年首次出版专业的社会学规范《伦理规约》（Code of Ethics）中提出了以下基本原则：

第一，维持研究的客观性和完整性。
第二，尊重被研究对象的隐私与尊严。
第三，保护被研究对象，使之不受到人身伤害。
第四，研究必须保密。
第五，参与研究或研究的行为涉及隐私时，需获得被研究对象的同意。

---

[1] [美]理查德·谢弗：《社会学与生活》，刘鹤群、房智慧译，世界图书出版公司2006年版。

第六，要说明所获得的合作与协助。

第七，公开所有研究资料的来源。

韦伯（1904，1914）提出并呼吁的"价值中立"，成为后来社会学研究者认同和遵循的研究伦理。价值中立（Value Neutrality）是指研究人员在诠释资料时所保持的客观性，即确保对资料的诠释不受到个人感受的影响。韦伯承认，个人的价值观对社会学家选取研究问题会有影响，但这不代表研究人员的感受应该影响其对资料的解释。价值中立意味着研究人员也有道德和义务去客观呈现和分析资料，并接受由此得出的研究成果，即使该结果与研究者的价值观，现存理论或是社会普遍接受的信仰有所冲突。例如，迪尔凯姆提出自杀的社会决定论（而非超自然因素决定），就是在挑战当时的社会常识。

二、社会学研究的具体过程

任何研究都需要有程序的指引，社会学研究也有自己的一般程序。

（一）选择课题阶段

课题是否恰当，关系到后面的研究工作是否能够顺利开展。所以，选择课题是社会研究的起点，是开始整个研究工作的第一步。确定好研究课题就为后面的研究提供了指引。提出一个问题往往比解决一个问题更为困难。选题时需要考虑如下几个问题。

1. 是否有必要性。进行一项社会学研究会耗费大量的人力和物力，所以选题需要对社会有所贡献。社会发展亟须解决的问题就是我们需要优先考虑的问题。例如，当前我国经济快速发展，但是我们的公共服务无法配套，我们需要研究如何提高我国的公共服务水平使之与经济发展水平相匹配，这是一个比较重要和有现实意义的研究课题。而如果我们把时间和精力都花在研究我国是否需要进行改革开放、是否需要市场经济，就无法满足现实的需求。当然，并不是说其他的研究不可以进行，而是我们在资源有限的情况下，需要优先去考虑目前最需要、最紧迫的研究。

2. 是否具有可行性。研究课题的选择需要根据现实情况，并基于研究者的资源和能力。比如：你想做一项关于所有华人对中华民族归属感的研究。这一研究就不具有可行性，一方面并不是所有华人都愿意配合你的研究，同时凭你的能力和资源也很难找到所有的华人并对他们实施研究。那你可以做一个小范围的调查，如唐人街华人对中华民族的归属感研究，以抽样的方式，选取一定数量的华人进行研究。如果人力和财力都非常有限的情况下，你可以直接将题目定为《华人对中华民族归属感的个案研究》，以生活史的方式进行深入的个案研究。对于缺乏经验的调研者来说，如在校的学生群体想要进行一些社会研究时，可以选取非常小的题目，在积累了相关的经验和资源之后再进行大范围的研究。如刚开始可进行针对班级同学的调查研究，后面可以针对所在学校甚至扩展到周围社区。

3. 是否有创造性以及是否具有适当性。创造性是指能够填补研究的空白，创造出一个新的领域或者发现一个新的研究视角，这就是你选择此课题的创新性。适当性是指你的研究课题选择是否与你所想解决的问题相匹配，如你想要了解高中学生课余时间的利用情况，但是提出的研究课题是《高中学生对课堂所学内容的兴趣与掌握情况的关系》，就无法达到调查的目的。

这三个方面的考虑，一是要联系实际，思索该选题是否妥当；二是要查阅相关文献，通过前人的研究，增进对主题领域的了解，在充足的文献回顾基础上，不仅能使选题更合理化，更能使调查研究在方法、程序与内容上更进一步提升。

（二）研究设计阶段

确定了需要研究的问题之后，就要针对所要研究的问题再进行相应的研究设计。研究设计阶段要确定研究的思路、策略、方式、方法以及具体技术工具等各个方面，确保之后的研究能够顺利进行。

1. 界定概念。研究课题中会涉及一些关键的概念，但是对概念的理解经常会因人而异。所以，研究者需要提前对这些概念进行界定，通过调查研究将一些不明确的概念界定清楚。

2. 分析单位。分析单位是指一项社会调查中所研究的对象。研究对象的层次一般分为整体和个体两个部分。整体是指分析的对象是3人以上的群体，当研究分析的对象是单个的个人或把多个研究对象独立并分别进行分析时则被归为个体。我国社会学研究的对象大多是整体，针对个体的研究相对而言较少。

3. 研究假设。选择课题之后，有了研究的方向和目标，还需要建立一系列假设。建立假设是指试图去对所要研究的问题进行解答，但是这种设想还未获得充分的证据，因此需要在调查研究中加以证明。

研究假设不是随意猜想，而是基于前人研究和对事实的观察和理解。需要符合如下几个条件：①不能够与该领域已经被证明是正确的理论相违背；②不能与已知的和验证过的事实发生矛盾；③假设需要借助一定的想象力；④假设必须是可以通过接下来的研究进行验证的。

我们在进行社会学研究时，未必都要建立研究假设，在一些探索性的研究中可能并不提前进行假设。在进行解释性课题的研究时，需要我们提前提出研究假设，帮助我们去发现事物间的关系，去证明我们的假设是对的，或者证明我们的假设是不成立的。

社会学调查研究设计简易模板

一、导论

二、研究背景与研究目标

（一）研究背景

1. 现实背景

2. 理论背景

（二）研究内容与研究目标

1. 研究内容

2. 研究目标

三、文献回顾及研究框架

（一）文献回顾

1. 概念界定

2. 现状

3. 原因

4. 建议

（二）研究框架

1. 对文献回顾的反思

①对问题研究的不足之处

②研究缺乏的理论视角

2. 研究框架

四、研究方法

（一）采用该方法的理由

（二）资料收集的抽样方法

1. 采取方法（具体介绍该方法）

2. 资料收集地区

3. 抽样的过程

五、研究时间进度与经费计划

参考文献

（三）研究的实施阶段

研究的实施阶段，也被称为资料的收集阶段。这个阶段研究者根据研究设计阶段所确定的方法、策略来实施研究。具体而言，研究设计的实施可以通过相应的方法进行。这个阶段将会运用社会研究的基本方法收集所需信息。社会研究常用的方法主要有社会调查、实验研究、实地研究、文献研究等方法。社会调查比较适合社会生活状况的调查、社会问题的调查、市场调查、民意调查、学术性调查等领域，通过问卷、统计报表、访问等具体方法收集资料。实验研究适合心理学、犯罪学等领域，通过问卷、观察、量表测量等具体方法收集资料，通过实验的设计了解变量之间的因果关系。实地研究是一种非常重要的研究方法，适合于深入研究某一现象或问题，如进行个案研究、社区研究等，可以使用的具体方法有参与观察、访问等。文献分析法也是社会调查实施阶段经常使用的一种方法，通过收集文献原始数据来收集所需信息。

（四）资料分析阶段

资料分析阶段的主要工作任务是对我们在研究实施阶段所收集到的信息进行分析，具体可以通过收集鉴定、整理、归类、统计和分析的方法，帮助我们找出最终的结果并得出结论。

(五) 得出结果阶段

我们在资料分析阶段所综合和归纳出来的内容需要形成文件材料,如研究报告。对于一项社会学研究,研究报告是最后的成果体现,用来传达信息及进行成果交流。因此,研究报告撰写的质量需要得到保证,才能较好地展示出社会学研究的内容和成果。

一项社会学研究从课题的选择、研究设计、研究的实施、资料的分析,到最终形成一份研究成果展示报告,这一过程中每个阶段还会涉及非常多的内容,包括具体的方法和工具的使用。任何的社会学研究都需要在这一程序的指引下进行。

三、调查资料收集的方法

社会调查的中心任务是收集到准确、有用的资料,这需要采取科学的收集资料的方法。常用的社会调查方法包括访谈法、问卷法、观察法和文献法等。

(一) 访谈法

访谈法是指调查员同调查对象接触,通过有目的的谈话收集资料的方法。

根据调查员同调查对象的接触方式,访谈可分为直接访谈和间接访谈。前者是面对面的访谈,后者则是借助某种通信工具进行的访谈。

在我国的实际调查中,当面访谈是访谈的主要方式,也有一些调查公司使用电话调查方法。访谈包括访问和座谈两种。

对于访问来说,按照访谈时调查员是否遵循一个既定的、较详细的提纲或调查表,访谈有结构性访谈和非结构性访谈之分。结构性访谈是按照事先制定的调查提纲进行,在调查中对问题的解释和说明也是标准的。因此,结构性访谈的特点是比较规范。非结构性访谈没有事先制定的较详细的提纲,只有访谈题目或它所涉及的几个方面。调查员只就调查的主题提一些笼统的问题,求得调查对象的回答。甚至有些问题是在访谈中形成的,访谈沿着实际的发展深入下去,这就是深度访谈。非结构性访谈适用于事先对调查主题知之不多,或希望深入了解调查对象的情况。相比而言,深度访谈得到的资料比较具体、细致、全面,它所花费的时间也比较多。

(二) 问卷法

问卷法是通过填写问卷(或调查表)来收集资料的一种方法,也是现代社会调查使用得最多的收集资料的方法之一。

1. 问卷的类型与结构。

(1) 问卷的类型。问卷是用问答的方式收集资料的卷子,它由一系列相互关联的具体问题组成。问卷可以分为封闭式和开放式两种。封闭式问卷是把所要了解的问题和可能的答案全部列出的问卷形式,即对每一个问题都给出答案。这样,在实施调查时只需调查对象从已给出的答案中做出选择即可。如果问卷中只提出问题,不给出可供选择的答案,那么,这就是开放式问卷。实际上,也有在一份问卷中一部分问题用封闭式,另一部分用开放式的情况,但一般以封闭式为主,只是在确实难以给出有代表性的答案时才使用开放式提问。

在现代社会调查中，封闭式问卷使用得相当广泛。这是因为社会调查研究对现代统计技术的运用，实证主义被推崇，数量分析被高度重视等因素造成的。另外，封闭式问卷具有答案标准化、使用方便、可在较大范围内运用等优点，也使它受到欢迎。

开放式问卷也有其优点，主要是可以用于调查研究者对之尚不太了解和比较复杂的问题。开放式问卷的缺点是收集到的资料不标准、不规范，难以量化处理。

（2）问卷的结构。一份问卷由封面信、问题和答案几部分组成。

封面信是一封写给调查对象的短信，它的作用是向他们介绍此次调查的目的、意义，以求得对方的合作和支持。封面信中要简要地说明调查者的身份，概括地说明本次调查的大致内容和进行这次调查的目的。最后要说明调查对象的选取方法和对调查结果保密的承诺。封面信中或在其后还应该说明正确填写问卷的方法、要求和注意事项等。封面信不应太长。

问题和答案是问卷的主体，它主要包括三个方面的内容：①调查对象的基本资料，如性别、年龄、职业、文化程度等，对于组织来说可能包括组织性质、规模、成立时间等。②有关行为方面的问题，即调查对象在所调查的问题方面做过什么。③调查对象有关态度方面的问题。当然，不同调查对象、不同任务，问卷的内容结构也不同。

2. 问卷的设计。

（1）问卷设计的步骤。一份好的问卷是调查成功的基础，因此要花力气设计好问卷。问卷实际上是将调查研究的问题用一个个小问题表示出来。因此，设计问卷首先要明确总体思路，实际上研究假设就是这一思路的集中表现，然后根据操作化原理将问题具体化。一般地，可以先按调查提纲将每一问题具体化，然后再整合到一起，进行总体安排、调整和修改，形成问卷初稿。再通过试用或请教专家等办法，评估问卷是否科学和符合要求，再次修改后定稿、印制。

（2）问卷设计要注意的问题。首先，问卷一般不宜太长。有的研究者以为进行一次问卷很不容易，所以想借机获得更多资料。这种出发点不错，但实际效果可能并不好，因为所提问题过多，占用时间过长，可能会使得调查对象不愿合作。

在设计问题时要注意以下几个方面的问题：①提问的语句要简短，使人一目了然。②避免提带有双重含义，即一题两答式的问题。③提问题不应带有倾向性，因为带倾向性的问题可能造成诱导。④不要提胁迫性问题，即由于社会价值、社会文化等压力使调查对象不得不作某种回答的问题。⑤不要直接提敏感性问题。⑥不要问调查对象超出其知识范围的问题。

在排列问题时要坚持先易后难，先一般后敏感，先封闭后开放的原则。把调查对象比较熟悉的问题放在前面，较生疏的问题放在后面；把容易回答的放在前面，难答的放在后面；把能引起调查对象兴趣的放在前面，把开放式问题放在后面。当然，在排列问题时，首先要遵照逻辑性原则，即按照事情发生的前后顺序将问题排列起来，这有利于调查对象回答问题。

(三) 观察法

1. 观察法的特征与类型。

(1) 观察法的特征。观察法是调查者通过耳闻目睹收集和积累具体、生动的感性资料的方法。这里的观察不同于随便看看,"走马观花"。科学的观察具有以下特征:①观察者必须有一定的研究目的或假设,有目地去观察。②观察者事先划定了一定的观察范围,包括观察内容和空间。③实地观察要有系统、有组织地进行,即事前要有详细的观察计划方案。④对观察到的情况要客观地记录。⑤对观察到的现象和结果,必须通过验证才能下结论。

(2) 观察法的类型。第一,参与观察和非参与观察。参与观察是调查者亲身加入调查对象所处的社会群体之中"成为"其一员,直接参与该群体的活动,同时又保持着客观态度进行观察,以获得资料的方法。参与观察还可以进一步分为研究人员公开身份和不公开身份两种。非参与观察是调查员以旁观者的身份对调查对象进行观察的方法。参与观察了解资料深入、细致,但调查者受到的约束也多。非参与观察受约束少,但了解的情况比较表面。

第二,结构式观察和非结构式观察。结构式观察是按照事先制定好的观察计划进行的观察。其特点是观察过程标准,获得的资料比较系统。非结构式观察则事先对观察范围和程序不作严格规定,而是根据现场的实际情况随机决定的观察方法。结构式观察适用于对调查对象有较多的了解,调查对象及其行为较为稳定的情况,这时研究人员可以对观察进行预先设计。非结构观察则常用于对调查对象了解不多的情况。

2. 观察法的优缺点。使用观察法收集资料有许多优越之处,这主要包括:①使用观察方法可以准确地记述发生的事情,获得的资料比较详细。②获得资料一般不受观察对象能力的限制。③观察法简便易行,灵活性较大。

观察法也有不少局限和缺点:①它不太适用于研究大范围、大规模的社会现象。观察也很少通过组织一个观察者队伍来进行。②观察的精确度难以测量,往往凭观察者个人的经验来判断。③观察者的存在可能会影响观察对象的行为,从而影响研究效果。特别是参与观察更是如此。④观察者对所要观察的事件有时是可遇而不可求的,所以使用观察法常常占用时间较长。

观察法是获得感性资料、深入认识社会现象的有效方法。要保证观察法达到预期效果,就要求观察者有敏锐的观察力、准确的判断力、良好的记忆力和周密的思维。而这些能力的获得又要通过大量观察实践培养起来。

(四) 文献法

文献法是用科学的态度考察文献资料,从中获得真实地反映社会现象的资料的方法。它不是通过实地调查获取第一手资料的方法,但在社会调查中经常采用。

文献法常常是作为实地调查的辅助方法而出现的,当第一手资料不够用或不可能取得第一手资料，而又有第二手资料可用时常常使用文献法。当然，在对过去的事件进行研究时，文献法可能会成为主要的调查研究方法，因为在这类研究中除了访问调查外，一个重要的部分是进行文献调查和研究。

在文献研究中，可供利用的文献包括：有关著作、历史档案、研究对象的自我记录资料，其他有关记载。使用文献法时，要利用资料检索工具查找资料。在找到资料后，要进行鉴定，判断资料的可信程度，并从众多资料中选出有用的资料。然后摘录资料或复印资料。摘录时要注明资料的出处，以便核对和引用，但不应断章取义。

使用文献法获取资料比较方便，且省时省力，但其中的关键是要辨别文献的可靠性。还需要注意的是，不能直接把二手文献里的调查数据当作一手调查资料来使用，会使研究结果容易出现偏差。

技能提升

如何设计调查问卷

问卷是我们进行调查研究中非常关键的工具，而如何设计问卷则是社会调查研究员的一项基本技能。这是同学们在今后的社会学研究中最经常接触到的工具。

一、问卷设计

问卷是我们进行调查研究中收集资料的主要工具。我们日常生活中经常接触到的各种问卷，在形式上主要是各种问题和表格，内容围绕问卷的设计者希望获得的信息。除了纸质问卷，现在应用比较多的是网络上出现的各种电子表格问卷，不仅利于填写，也非常利于后期的资料分析。

（一）封面语

封面语是一封致被调查者的短信，向被调查者说明调查的目的、调查者的身份、保密措施、成果的应用范围等。封面语要简洁，两三百字即可。如下：

亲爱的同学：

您好！

我们是××专业的学生，为了了解我校食堂就餐满意度的现状，为相关部门提供真实的资料参考，方便更好地改进我校食堂，我们特开展本次食堂就餐满意度调查。本调查问卷不记名，对您提供的答案绝对保密。您的真实意见和建议对我们非常重要。希望能得到您的支持和协助。谢谢！

××专业调查组

××年××月××日

（二）指导语

指导语是对问卷填写方法的说明，如下：

填表说明：

（1）在填写问卷之前，恳请您务必阅读前面的"封面语"和本说明。

（2）请您在每一个问题的后而选上适合您自己情况的答案选项。

（3）请您在填写问卷时不要与他人商量。

（4）所有的答案没有对错之分，您只需按照自己的真实情况和第一感觉填写即可。

（5）如有不清楚之处请向访问员询问。

（6）现在您可以开始填表。

（三）问题及答案

问题和答案是问卷的主体。问题分为特征问题、行为问题和态度问题三类。特征问题用以测量被调查者的基本情况；行为问题测量的是调查者过去发生的或正在进行的某些行为和事件。特征问题与行为问题统称为事实问题，它们是有关被调查者的客观事实。态度问题用以测量被调查者对某一事物的看法、认识、意愿等主观因素，态度问题是揭示某现象产生的直接原因和历史原因的关键一环。一个问卷中不一定必须同时具备三种类型的问题。三种问题如下：

（特征性问题）你的性别：□男　□女

（行为问题）您是否用过手机银行：
□没用　□经常用　□偶尔用

（态度问题）这个产品令我满意：□非常不同意　□有点不同意　□既不反对也不同意　□有点同意　□非常同意

问卷中除了封闭式的问题之外，也可以在结尾处加上一两道开放题。如"你对提升大学生就业率的建议"等。

（四）编码及其他资料

在以封闭问题为主的问卷当中，因为问卷数量比较多，需要将被调查者的回答转换成数字，输入计算机中进行处理和定量分析，赋予每个问题和答案一个数字作为代码。除了编码之外，有的问卷还需要在上面印上问卷编号、调查日期等内容。

二、问卷案例

以《专业人才需求调查问卷》为例：

尊敬的企业领导：

您好！为进一步提高我院办学质量，及时了解社会各界对专业人才需求的信息，我们组织了本次问卷调查。

您的仔细填答，将帮助我们了解与您有着类似情况和想法的企业信息，及时调整本专业办学思路，提高教学质量，使我院毕业生能更好地为社会、企业所接受。调查问卷中所列的每个备选答案都没有对或错之分，我们只想知道您自己的真实情况和想法，请按照填答要求尽量回答每一个问题，调查结果只对数据作整体统计分析，您的回答我们将严格保密。

答题的方法是：请在符合您实际情况或想法的选项前划"√"或补充写上相应的意见或建议。

衷心感谢您对本次调查的合作与支持！

徐州建筑职业技术学院
二〇〇八年十一月

1、您及您企业的基本状况

    A. 您的文化程度：（1）研究生以上　（2）大学本科　（3）高职高专
               （4）其他

    B. 您在单位中所处的位置：（1）高层　（2）中层　（3）其他

    C. 单位性质：（1）机关事业单位　（2）国有企业　（3）三资企业
          （4）私营企业　（5）其他

    D. 单位成立时间：（1）5年以内　（2）5年~10年　（3）10年以上

    E. 单位规模：（1）200人以下　（2）200—500人　（3）500—1000人
         （4）1000—3000人　（5）3000—10000人　（6）万人以上

2、您企业是通过何种方式引进人才的？

    （1）社会招聘　（2）大中专或职高、技校毕业生自己来企业应聘

3、您在工作中，对员工的要求是：

    （1）开拓创新、尽善尽美　（2）符合领导的意图、让领导满意　（3）就事论事、照章办事　（4）不出差错就行　（5）其他（请写明）

4、您认为决定成功的最重要因素是什么？（最多可选三项）

    （1）健康　（2）文化水平　（3）处理人际关系的能力　（4）勤奋，有恒心　（5）品德　（6）外貌　（7）亲友和家庭的社会背景　（8）创新能力　（9）机遇　（10）领导的重视和使用　（11）拥有一定经济实力　（12）其他（请写明）

5、您企业目前的专业技术人员知识水平、业务能力是否适应？

（1）完全适应　　（2）基本适应　　（3）很不适应

6、您认为影响技术人员发挥才能的主要问题是什么？（最多可选三项）

（1）个人发展机遇　（2）工资待遇　（3）人际关系　（4）领导重视与否问题

（5）自身能力问题　（6）其他（请写明）

7、您企业经常组织员工进行业务或其他培训吗？

（1）经常　　（2）偶尔　　（3）从来没有　　（4）还没注意到

8、从企业发展的实际需求来看，您企业当前更需要的专业人才是：

（1）大学本科生　　（2）高职高专生　　（3）中专技校生

9、以下对高职高专培养人才的定位您认为哪一种较合理：

（1）初级技能型人才　　（2）高级技能型人才　　（3）高级开发型人才

10、我校目前对高职学制的安排是三学期工学交替，您认为是否合理？

（1）较合理　　（2）不太合理，应当延长实习时间

（3）不太合理，应当缩短实习时间

11、我院目前对学生专业课程都有相应实训课程配套，您认为是否合理？

（1）不太合理，挤用了理论知识学习时间　　（2）较合理，理论知识时间可以简化

12、为增强学生的实际动手能力，我院每个专业已建有3~5个校外实训基地，如果我院希望在您企业设立实训基地，您是否愿意接受？

（1）愿意接受　　（2）只要安排得当，愿意接受　　（3）影响生产，不太愿意接受

13、由于招生上的原因，有的专业毕业生多，造成就业困难；而有的专业毕业生少，企业又招不到人，为解决这一矛盾，如果我院采取订单式培养，您是否愿意接受？

（1）愿意接受　　（2）不太愿意接受

14、目前很多高校实验室实行和企业合作共建，并以企业的名称及品牌命名，以达到互利目的，如果我院拟和您企业共建实验室，您是否愿意？

（1）这是扩大企业知名度的有效途径，愿意接受

（2）投入与收益不成比例，不太愿意

15、如果实行订单式培养，您企业是否愿意加盟？

（1）愿意接受　　（2）不太愿意接受

16、您企业目前主要需求哪类专业毕业生，什么原因？你认为哪些专业的毕业生存在着过剩，什么原因？_____

_____

本问卷到此为止，再次感谢您的合作！

课后提升

如何用社会学的方式研究新生入学适应性问题

大学阶段是人生中最美好的时光之一，是成长和成才的重要阶段。对于很多大学新学

生来说，从高中到大学是一个巨大的飞跃，不仅生活环境发生了很大的变化，而且学习环境也变得与中学完全不同，所以一部分的大学新生遭遇了新生入学适应性的问题。从生活到学习到人际关系再到人生目标，新生们都感受到了转变带来的巨大压力。那么这些压力具体包括什么，产生的原因可能又是什么，可以用什么方式解决呢？

根据以上材料，请你利用本章节学到的方法和技巧，构想设计一份有关大学新生入学适应性问题的社会学调查研究设计。

模块二　了解社会化与社会互动

项目四

理解人的社会化
——从生物人到社会人

导学图

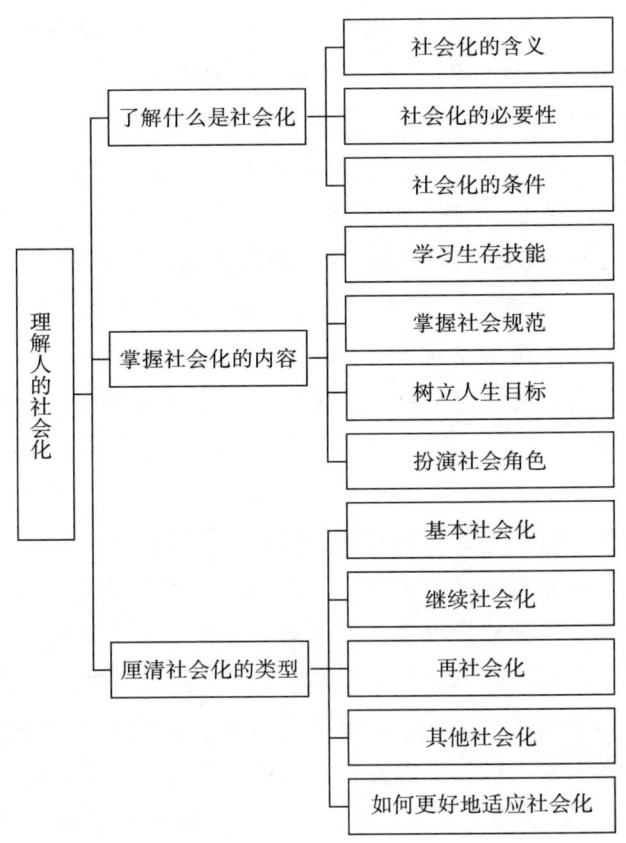

学习目标

1. 认识社会化的含义、必要性与条件
2. 掌握社会化的内容
3. 能区分社会化的各种类型
4. 掌握适应社会化的技巧

任务一　了解什么是社会化

情境导入

　　1919年,一个印度人在狼窝内救出了两个小女孩,小的女孩约2岁,大的女孩约8岁。当她们被领进孤儿院时,一切生活习惯都同野兽一样,不会用双脚站立,只能用四肢走路。她们害怕日光,在太阳下,眼睛只开一条窄缝,而且,不断地眨眼。她们习惯在黑夜里看东西。她们经常白天睡觉,一到晚上则活泼起来。每天22点、1点和3点循例发出非人非兽的尖锐的怪声。她们完全不懂语言,也不发出人类的音节。她们两人经常动物似地卷伏在一起,不愿与他人接近。她们不会用手拿东西,吃起东西来真的是狼吞虎咽,喝水也和狼一样用舌头舔。吃东西时,如果有人或有动物走近,便呜呜作声去吓唬人。在太阳下晒得热时,即张着嘴,伸出舌头来,和狗一样地喘气。她们不肯洗澡,也不肯穿衣服,并随地便溺。小的女孩不久就死去了,大的女孩却活了下来,人们给她取名卡玛拉。

　　第二年,人们把卡玛拉送进孤儿院,但是改变她的生活习惯是很艰难的。教了她两年,她才学会两腿站立;经过4年,她才学会独立行走。经过人们近10年的抚养教育,到了17岁,她虽然学会了晚上躺着睡觉,用手拿东西吃,用杯子喝水,但智力仅相当于4岁孩子的水平,并且一直没有学会说话,只能听懂几句简单的问话,勉强学会了几个单词。由于她终究适应不了人类的生活方式,17岁那年就去世了。

　　这种现象表明,人的行为、思想感情、语言、生活习惯等都不是天赋的,而是后天习得的。即使不是与野兽生活在一起,但只要与人类社会生活隔绝,人也不能成长为正常意义上的人。

　　有两个在与世隔绝的情况下长大的孩子,安娜和伊莎贝拉。安娜是一个私生子,被她母亲藏在一间屋子里。当她六岁半被人找到时,还不会走路说话,不能自己进食和洗漱。她没有情感,对人冷淡。当她被发现后,人们把她送到一个疗养所,后来又送到一个照顾孤儿的家庭。她逐渐学会照料自己,到她11岁那年已经开始学说话了。伊莎贝拉也是个私生子,被她的聋哑母亲藏了起来。虽然她不会说话,但她和她母亲互相用手势来交流。和安娜一样,她也是在六岁半时被发现的。当人们发现她时,都说她的行为就像"野生动物"。不管怎样,她还是和安娜不同,收养她的人们对她进行了耐心细致的训练。几年以后,伊莎贝拉就已经达到和她同龄儿童一样的正常发育水平。

　　问题:人是怎样适应社会的?人类的基本生存能力和其他东西是从哪里来的呢?

分析

　　刚出生的婴幼儿是一个极其脆弱的存在。在自然界中,大部分的动物自出生不久,便能掌握基本生存本能,例如刚刚出世的长颈鹿很快就能站立起来,并寻找食物;一只鸭子只要一出世,就会根据本能去找水、游水。而刚刚出世的人类孩童,如果没有外界的帮助，则会很快死亡。那么，人类的基本生存能力和适应社会生活的能力是从哪里来的呢？社会学给了这个问题一个非常简洁的答案，就是"社会化"。生物人通过学习来获得能力、获得人格，并使自己成为社会中的正常一员，这就是"社会化"。

人之所以为人，同人的社会化程度息息相关。人类生活是社会性的共同生活，从根本上说，人类社会得以生存和发展，在于社会成员达到相当程度的一致，即人们追求生存目标和实现生存目标的手段的一致。这是人类社会生存的重要条件之一。作为社会中的个体，每个人如何与社会达到一致，又以何种方式发生联系从而达到一致呢？人一出生并非是真正意义上的人，而是在社会环境中逐渐成长为人，每个人其实都是社会的产物。人的社会化涉及一些我们时常会思考的问题：是什么决定了我们成为什么样的人？是生物性因素还是我们赖以成长的社会因素呢？我们如何从一个懵懵懂懂的幼儿成长为一个社会人，让自己能不断地适应社会环境的发展和变化？

本任务告诉我们：社会化是个体由生物人向社会人转变的过程，是个体通过学习习得社会价值标准、学习角色技能、适应社会环境的过程。

 知识链接

一、社会化的含义

人的社会化是指人接受社会文化的过程，即自然人（或生物人）成长为社会人的过程。刚刚出生的人，仅仅是一个生理特征上具有人类特征的生物，而不是社会学意义上的人。在社会学家看来，人是社会性的，是属于一种特定的文化，并且认同这种文化，在这种文化的支配下存在的生物个体。刚刚出生的婴儿不具备这些品质，因此他必须渡过一个特定的社会化时期，以熟悉各种生活技能，获得个性和学习社会或群体的各种习惯，接受社会的教化，慢慢成人。

从文化角度看，人的社会化是文化延续和传递的过程，个体社会化的实质是社会文化的内化。著名美国社会学家 W. 奥格本对社会现象中的文化因素进行了深入探讨，他认为人的社会化过程就是个人接受世代积累的文化遗产，保持社会文化的传递和社会生活的延续。这种观点反映了人的社会化在文化延续中的重要性。

从个性发展角度看，即把社会化看做人的个性的形成和发展的过程。美国社会学家米德（Mead）认为，把别人的态度内化，并能按照社会上其他人的一般期待判断自己行为的过程，就是社会化的过程。

从社会结构角度看，学习、扮演社会角色是社会化的本质任务。塔尔科特·帕森斯（Talcott Parsons）曾说，社会没有必要把人性陶冶得完全符合自己的要求，而只须使人们知道社会对不同角色的具体要求就可以了。他认为角色学习过程即社会化过程。在这个过程中，个人逐渐了解自己在群体或社会结构中的地位，领悟并遵从群体和社会对自己的角色期待，学会如何顺利地完成角色义务，其功能在于维持和发展社会结构。

综上，所谓社会化，是指个体在与社会的互动过程中，逐渐养成独特的个性和人格，从生物人转变成社会人，并通过文化的内化和角色知识的学习，逐渐适应社会生活的过程。在此过程中，社会文化得以积累和延续，社会结构得以维持和发展，人的个性得以健全和完善。社会化是一个贯穿人生始终的长期过程。

二、社会化的必要性

人是社会中的人，社会化是人走向社会生活的桥梁，人要在社会中生活，就必须进行社会化。下面从三个方面谈谈社会化的必要性与意义：

第一，促进人格形成和发展，塑造完善的自我。对个人而言，社会化的意义是多方面的。其中，塑造健全的人格和自我是个体社会化的最主要的内容。从社会化的角度来看，人格是指通过社会化而形成的观念、态度、习惯和性格等，是一个比较稳定的生理、心理素质和行为特征的总和。人格是人的社会化的产物，人的社会化不仅培养了人的共性，也培养了人的独特性，这种独特性一般表现在人的兴趣、能力、性格等方面。在正常的社会化过程中，这种独特性是符合社会价值评价标准的。人格的核心内容及其形成和发展水平的标志是自我。自我也称自我概念或自我意识，是个体对自己存在及存在状况的觉察，是对自己生理、心理状况的认识，其中包括自我评价、自我感觉、自尊心、自信心、自制力、独立性、自卑感等一系列涉及认识自己的内心活动。自我是在一定的社会文化环境中，通过主体与他人的相互作用形成的，是社会化的必然产物。同时，一个人的自我意识形成之后，就能够指导自己的行为，知道应该做什么和怎样做，从而影响个人的社会化选择。因此，在社会化过程中培养或塑造个体怎样的自我概念，对个人和社会来说都是极为重要的。自我的发展贯穿社会化的始终，它的形成和完善对个人的学习和工作有重大的推动作用，对态度形成和转变起着调节甚至是决定性的作用，对人在社会生活中的活动具有自我调控功能。

第二，内化价值观念，传递社会文化。推动社会发展文化既是一种历史现象，也是一种社会现象。每个社会及社会发展的每个阶段都有与其相适应的文化。从广义上讲，文化是指一定物质资料生产方式基础上精神财富的总和。由于社会文化的纷繁复杂，个人社会化的过程中所内化的社会文化只能代表特定文化中最核心的、最基本的内容。

一般来说，社会文化的这些核心内容包括价值体系、社会规范两大部分。价值体系指社会民族或群体中存在的比较一致的共同理想、共同信仰及较为持久的信念，在社会文化中的核心地位表现为对个人社会行为所起的定向作用和稳定作用。社会规范是社会文化的另一项核心内容，教导和学习社会规范是内化社会文化过程的主要组成部分。社会规范是维持社会秩序的工具，表现为一种标准或规定，它包括道德规范、法律规范及各种各样的生活规则。社会规范比价值体系具有更大、更明确的强制性和制约性，但要使其发挥作用，仍需要通过社会各种形式的教育和舆论的力量，把它内化为人们的信念、行为方式和行为习惯。对于个人来说，学习和掌握社会文化，或者说社会文化的内化，属于正常的社会化过程中的重要组成部分。经由这一过程习得的社会价值和社会规范是个体社会学习过程的重要内容，这对于个体的人格和自我概念的形成、发展以及个体在特定社会结构中的角色扮演具有重要意义。此外，社会文化的内化对于社会的文化继承、传递和延续意义更为深远。个人通过社会化过程将社会价值观念内化，学习和掌握社会规范，这事实上就是传承和保存了社会的文化。在社会心理学看来，社会文化的传递和延续，以及在传递和延续当中必然要出现的变化就是社会发展，所以社会化也推动和促进社会的变化和发展。

第三，掌握生活技能，培养社会角色人的社会化过程无论多么复杂，最后都要体现为个人对社会角色的扮演。所谓社会角色，简单地说，就是社会平台上特定角色的表演者，即有着特定权利、义务、行为规范的人。社会化的任务就是要培养出符合社会要求的社会成员，使其在社会生活中承担起特定的责任、权利和义务。社会化过程就是角色学习的过程，角色学习又必须以基本生活技能和某些专门技能的掌握为基础，特别是在科学技术日益发展的现代社会，这些技能的学习和掌握对于包括成年和未成年人在内的所有个体具有同样重要的意义。正是在这个意义上，角色学习过程应当包含基本生活技能的学习和专门技能的发展，以及与此同时出现的对角色的理解。

三、社会化的条件

（一）个人生物基础条件

人所具有的特殊的生物条件是其进行社会化的生物基础，这些生物条件主要包括思维能力、语言能力、较长的依赖生活期等方面。

1. 思维能力。人有发达的大脑，有高级神经活动系统，有形象思维、逻辑思维、抽象思维的能力，有能动地反映外部客观世界的能力。因此，人类学习和积累社会文化的能力是其他动物所没有的。例如，刚生下来的黑猩猩在最初几年内比同龄人类婴儿学习速度要快，但由于不具备抽象思维能力，只能看到事物之间的表面联系而认识不到事物之间的本质联系，因此，它们的"学习"只能是简单的模仿。

2. 语言能力。社会活动和交往的最重要媒介是语言、文字，借助语言、文字，人们可以在广泛的范围内交往，在交往中相互深刻理解，在深入、广泛的交往过程中学习社会文化。

3. 较长的依赖生活期。人能够进行社会化的另一生物条件是有较长的依赖生活期。动物都是在母胎期就完成了其发展的最重要阶段，一诞生，它们的感觉器官、运动器官及其机能已经趋向成熟，来自本能的许多行为方式已经固定化。因此，新生动物适应环境的能力很强，不需要多长时间，它们就能独立生活，而人却不行，人类的最基础发育时期不是在胎儿期，而是在出生以后。人的感觉器官、运动器官及其机能，人的大多数行为方式都是在出生后，在外部环境影响下形成的。一个人生下来，生理上几乎完全不能自理，不能不依赖父母及其他养育者的照顾。一个人生理和心理上的成熟，要从乳儿期一直延迟到少年期甚至青年期。至于脑部结构，人要到十三四岁才基本成熟，进行比较完备的高级神经活动。这就决定了人出生以后，必须经过长期的依赖生活，决定了人具有可塑性。而恰恰是这种长期依赖生活的特点、可塑性的特点，使人能够充分学习社会文化。人在第二信号系统的基础上学习和掌握语言文字的能力也是动物所没有的。

（二）外界社会环境条件

人的社会化除了要具备生物基础条件以外，还要具备必要的环境条件。社会化过程中的环境因素，主要包括家庭、学校、同龄群体、工作单位、大众传播媒介等。

1. 家庭。家庭是影响个体思想观念、心理特征和行为方式的最初社会环境条件，我国素有"三岁看老"的说法，即从一个侧面说明了早期的家庭教育对个人一生的行为规范、心理特征、价值观念、生活方式以至个性、气质、品德等方面塑造的重要作用。

家庭对个人社会化的影响大致有三个：首先，家庭教育和家庭环境影响一个人社会化的开端，家庭环境因素对个人的观念、心理和行为习惯会发生潜移默化的深刻影响。其次，对儿童的感情和爱的培养。家庭环境对个人而言，作为感情交流和体验爱的主要场所，无疑较其他社会环境重要得多，丰富的感情交流对一个人感情和心理的正常发展，有着至关重要的作用，而这种感情的社会化在大程度上取决于他所处的家庭感情交流的程度如何。最后，家庭中父母的权威对儿童的社会化产生重大影响。家庭中父母的权威形象和亲子之间的感情交流，使家庭社会化对个体的心理和观念具有强大的渗透力和塑造力。

2. 学校。学校是比家庭更具有道德形象和说服力的社会化外在环境，它会给尚处于人格初步形成或尚未形成阶段的未成年人带来巨大的塑造性影响。

学校作为社会化的社会环境条件之一，其特点主要有两个：首先，学校是专门为社会化目的而设立的学习机构。在这个特定的学习环境中，学校给学生提供了有组织、有目的的系统化受教育的各种条件。其次，学校是一个有组织的机构。学校有一系列规章制度，学生必须学习和遵守这些行为规范和准则，按照规范的要求去扮演自己的社会角色，并理解和把握这种有组织群体中的人际关系，从而培养个体的合作性和独立性。

3. 同龄群体。同龄群体是指由那些在年龄、兴趣爱好、家庭背景等方面比较接近的人所自发结成的社会群体。当儿童逐渐长大，发现自己的一些兴趣爱好在家庭和学校不能得到满足时，便开始寻找同龄群体。在童年时期，随着年龄的增长，同辈群体的社会化影响也日益增加，在青少年时期，这种影响力甚至会超过父母和学校。今天的父母会明显感受到自己的孩子更愿意向同龄伙伴倾诉而不是向自己。作为非正式群体，同辈群体成员是由个人自由选择的，有较高的心理认同感，有自己的价值标准，在社会化中极少带有强制的性质。由于同龄群体是行使脱离成人控制的独立性的一个重要的活动场所，它常常会成为反主流文化的背景。

4. 工作单位。当一个人结束自己的学校生活后，就要进入社会，在工作单位开始自己的职业生涯。这个过程并不意味着个人社会化的结束，而是社会化在工作单位这一新的社会环境中又开始了一个新的阶段。工作单位在社会化中的作用主要表现在两方面：首先，工作单位是个人进行职业社会化的主要场所。个人要在工作单位的职业活动中学习职业技能、遵守职业规范、学会扮演职业角色等，从而确立个人的社会地位，实现个人的人生理想和价值，并形成个人的能力、品格、气质、性格等心理特征。其次，工作单位是检验和发展家庭及学校社会化成果的场所。在工作单位接触的价值观念有可能与在家庭和学校习得的价值观念相冲突。

5. 大众传播媒介。大众传播媒介是指社会组织为广大社会成员之间传播信息、互通情报而采用的各种通信手段。大众传播媒介为人们理解和接受社会价值观念、行为方式等提供了宽阔的平台。随着大众传媒的日益发达，它在人们社会化方面的影响显得日益重要，对人们的价值观念具有导向作用，对人们的行为活动具有暗示作用。例如，广告和市场调查引导人们的消费行为；电视剧中正面人物形象的塑造引导人们的价值观念和行为方式；对非法迷信活动的报道，引导人们拒绝迷信，相信科学。

在各种大众传播媒介中，网络对人的社会化尤其是对未成年人社会化的影响明显，原因有两个：首先，未成年人在网上吸收了很多零散的、不易选择的甚至可能是经过夸张、扭曲的东西，他们尚不能完全评判出现实与虚拟的差别，便使得网络用其教化功能将各种思想渗透进未成年人的人格中去，成为原始理念的一部分，参与未成年人的社会化进程；其次，未成年人自制能力弱，而猎奇心强，无法理性地评判网络带来的多元化思想体系。可以认为，未成年人尚处于社会化的初步阶段，并未形成强有力的意志品质，也不具备完整的判断能力。他们往往会出于好奇或冲动而刻意在网上寻求诸如色情、暴力等庸俗化的信息，最终必然会弱化未成年人的道德意识，产生心理错位，甚至导致人格偏差。

任务二　掌握社会化的内容

情境导入

河南省信阳市罗山县朱堂乡有一个叫杨锁的小伙子，因其是家中独子，自出生起，父母就将全部的爱倾注在他的身上，为了把孩子永远留住，专门给孩子起名为杨锁。在杨锁8岁时，父母出门还把他用担子挑着，不让他走路，读书不写作业还要责怪老师。在父母的长期溺爱下，杨锁变成了一个好吃懒做的人，在他13岁的时候，他的父亲患上了肝癌，花光了家中的所有积蓄也没有挽留住他父亲的生命。父亲去世后，他的母亲承担着一切农活和家务，结果积劳成疾，在杨锁18岁时去世了。母亲去世没多久，杨锁便卖光了家里所有值钱的东西，最后到村里各家讨饭吃。村民描述："他从来不洗衣服，穿脏了就扔掉再换一件。村里人给他的肉、菜他都挂到屋檐上，一直放臭也不做来吃。""吃到一顿饱饭后，他就一直睡，有时还能睡一两天。饿到不行的时候，他再出门讨饭。"2009年12月，杨锁的堂哥觉得他可能好几顿没吃饭了，就提着饭、拿着被子到他家去，结果发现他已经饿死在家中。

问题：人类的社会化应该具体有哪些要求？

分析

一个人从出生到老年会参与多种社会生活，也就需要学习多种知识。罗伯特·哈维格斯特（Robert Havighurst）在《人类发展》中将人的一生分为六个阶段，并指出了各个阶段所要完成的任务。人在幼儿期，主要学习吃饭、穿衣、走路、说话，形成有关社会与事物的简单概念，学习区分善恶；在儿童期，通过游戏学习一些动作技能，学习与同伴建立良好的关系，学习文化知识，发展道德感；在青年期，要与同龄男女交往，准备选择职业，为结婚和组织家庭做准备，学习作为行动指南的价值与伦理体系；在壮年初期，要结婚、生育、教养孩子，选择并从事职业；在中年期，要养家糊口，对下要帮助子女成为能被人信赖的人，对上要照顾年迈的双亲，自己则要适应中年期生理上的变化；到了老年，要适应退休和收入减少的生活，适应配偶死亡带来的影响，并与同龄人建立良好的关系。哈维格斯特指出了人类在生命的各个阶段面临的任务和所负有的责任，任何一个人都不可能自然而然地具备完成这些任务的技能。

本任务告诉我们：人要顺利成长和发展，就要掌握相应发展阶段所必需的知识和技能，这就提出了人的社会化要求。

知识链接

人的社会化是一个长期的过程，但主要指从出生到青年阶段的社会化，这阶段的社会化有如下基本内容：

一、学习生存技能

一个人出生之后有相当长一段时间在生活上不能自理，无论衣食住行，都要靠别人的帮助才能完成。一个人连基本生活都不能自理，更谈不上广泛参与社会生活和创造社会财富。因此，作为一个人，其首要任务就是学习衣食住行方面的基本技能。对于吃饭、穿衣、走路这些与人的基本需要密切相关的技能，人并不能在短时间内学会，这与个体生物机能的发育相关，也与人的智力发展相关，一般需要几年时间。应该指出的是，衣食住行技能并不是简单的动作，而是一种文化，这些活动包含了人们赋予其的某种意义。比如，中国人吃饭用筷子，西方人吃饭用刀叉，穿衣要整洁，走路要规矩，都是包含文化意义的。

作为一个社会成员，人不但是一个消费者，还应是一个生产者。人不但要通过生产自食其力，而且要为家庭和社会做出自己的贡献。这样，人就必须学会谋生的技能，即通过劳动创造财富。不同时代人类通过劳动获取财富的方式不同。在农业社会，人们的主要生产方式是在自然条件制约下的农业耕作；在工业社会，机械化生产乃至自动化生产成为主导的生产方式。显而易见，在不同生产方式下，人们学习谋生手段的内容、过程和方法也是不同的。在自然经济条件下，家庭是基本的生产单位和生活单位，一个人学习谋生手段常常是通过自幼跟随长者耳濡目染或模仿，这一过程可以在十几岁时完成。在工业社会，生产技术变得越来越复杂，一个人谋生技能的获得需要通过正规的学徒、学校的学习和职业培训，这一过程一般到二十多岁才能完成。无论如何，人们必须通过学习才能获得这些谋生手段，这是人的社会化的一项重要任务。

二、掌握社会规范

社会规范是一定群体和社会的成员所要遵守的行为准则。为了保障群体生活的有序进行，人们通过长期摸索形成了与特定的群体活动相适应、说明其成员应该如何或不该如何行动的成文或不成文的规定与共识，这就是社会行为规范。社会行为规范是人们进行群体活动的伴生物，并作为一种潜在结构指导着群体成员的行为。在群体生活和人的社会活动中，行为规范是无处不在的，这也是人类社会性的证明。群体和社会的性质不同，活动的领域和情境不同，指导社会成员的行为规范也不同。比如，在传统家庭中，家庭成员应该遵守一系列基本规范，这些规范在儒家思想那里有明确的表述。对现代家庭来说，行为规范的弹性则比较明显。朋友圈子有大家默认的行为规范，国家则有法律、法规等各种规定来规范、指导公民的生活和活动。

社会行为规范是人们在共同生活中创造出来的，但是，并非所有的行为规范都是当事人创造出来的。对于后来者来说，社会行为规范是先于他们而存在的，他们必须学习和遵从这些规范才能有效地参与群体生活。学习和认同了这些行为规范，人们就会减少由其生物性所驱使的非规范行为，能与他人进行良好的沟通与合作，更有效地参与社会生活。

三、树立人生目标

对于群体和社会来说，促进成员社会化的一项重要任务是向其灌输主导的人生观、价值观，引导其树立人生目标。任何群体和社会都对其成员寄予较高期望，这种期望主要表现为对其价值观、人生观的培养，即希望后来者成为群体所期望的人，这些集中表现为对人的生活目标即基本的生活目标的指点。这种生活目标的指点常常具体地表现为群体中的权威者对后来者未来人生道路和职业的指点，通过对人生意义和具体职业优劣之评价来引发后来者对某种人生道路的认同及对某种职业的兴趣和好感。在宏观上，这种指点则表现为对后来者人生发展方向的引导。群体对后来者生活目标的指点受群体目标、群体中权威者对自我人生历程的反思和社会发展趋势以及社会价值系统的影响。

四、扮演社会角色

社会角色是指与社会结构中的具体社会位置相一致、社会对占据该位置的人的权利和义务的规范性期望的体系。具体地说，社会角色是指一定群体和社会中有特定权利和义务、按照特定行为规范活动的人。比如，老师、学生、母亲及儿女等都是既抽象又具体的社会角色，他们都代表着社会所期望的一系列权利和义务以及行为规范。社会角色是社会结构中具体位置的表现，一个具体的社会就是由一系列相互关联的社会角色结合而成的。

从综合的角度来看，人的社会化就是要培养社会角色，即将一个人培养成群体和社会认为合格的角色。比如，父母希望儿女能够成才、成家立业，为家庭发展做出贡献；老师希望学生全面发展、成为优秀学生，将来成为社会栋梁。在这里，好儿女、好学生都是人们所希望的角色。社会化的基本任务就是培养人按照要求成为合格的社会角色。

社会角色是与社会结构、社会位置、社会关系相联系的，人参与一种社会生活，进入具体的社会和社会关系，就占有了一个社会地位或社会位置，也就要扮演与之相适应的社会角色。这样，群体和社会对后来者的教导和指点就是在培养一种社会角色。实际上，群体和社会关于生活技能、谋生手段、社会规范和生活目标的教导都是培养社会角色的组成部分。

任务三　厘清社会化的类型

情境导入

北宋时期，金溪平民方仲永，世代耕田为业。仲永长到五岁时，不曾认识书写工具。有一天忽然哭着要这些东西。父亲对此感到诧异，借邻居家的给他，仲永立即写了四句诗，并且题上自己的名字。这首诗以赡养父母和与同一宗族的人搞好关系为内容，传颂全乡的秀才观赏，从此，指定物品让他作诗，仲永立即完成，诗的文采和道理都有值得看的地方。同县的人对此感到惊奇，渐渐地以宾客之礼对待他的父亲，有人用钱请仲永题诗讨取仲永的诗作。他的父亲对此感到有利可图，每天拉着仲永四处拜访同县的人，不让他学习。由于整天跟着父亲东家进西家出，方仲永的学业荒废了，他在诗歌方面的才华，由于没有选择一个正确的方式加以培养，也渐渐地枯萎了。方仲永长大后，人们从他身上再也看不见一点当初神童的影子。

问题：神童为何变成普通人？社会化对人的发展有什么影响？

分析

人的社会化是指个体与社会的互动过程中，逐渐养成独特的个性和人格，从生物人转变成社会人，并通过社会文化的内化和角色知识的学习，逐渐适应社会生活的过程。作为生物体的个体并不是自足的，即不可能满足自己的需要，从个体发展角度来看，人必须社会化，个人想要发展，就需要不断学习人们创造的新经验、新知识、从而在社会之中获得发展。迄今为止，社会学把人的社会化根据不同的阶段区分为基本社会化、继续社会化、再社会化及其他社会化。在这些类型中，有的是人生必须经历的，比如基本社会；有的不一定会经历，比如再社会化。

本任务告诉我们：人类处于不同的成长阶段，相对应的社会化都会对人的发展产生积极影响。

知识链接

一、基本社会化

基本社会化是指个人生命早期的社会化，是从幼儿到青少年生活阶段的社会化。主要内容包括学习语言和其他认知本领，获得基本的生活知识，培养适应和接受社会习俗、规范以及文化价值观的能力，正确理解某些角色期望和要求，等等。基本社会化是整个社会化过程的基础。

二、继续社会化

继续社会化也称发展社会化，主要是指成年人为了适应社会生活和角色要求而继续进行的社会化过程。比如，个人进入职业生涯以后，为了不断提高自己的工作能力，在专业技术上的学习和培训；个人因生活环境的转换，要增加新的人际关系和文化知识；成年人学习和掌握新的社会规范、法律法规，等等。

三、再社会化

再社会化是指一个人全面放弃以前已经习得的价值标准和行为规范，重新确立新的价值标准和行为规范的过程。再社会化与继续社会化有本质的不同：从内容上看，继续社会化着眼于人的完善，而再社会化着眼于人的改造；从形式上看，再社会化一般比继续社会化显得更为剧烈。如移民在新国家面对的文化环境，或罪犯通过改造接受新的价值规范等，都是比较典型的再社会化。再社会化过程有些是正面的、主动的，也有一些是负面的、强制性的，要依具体情形而定。

四、其他社会化

1. 预期社会化。预期社会化是这样的一种形式：人们在此过程中学习的不是现在要扮演的角色，而是将来要扮演的角色。比如，学生在大学里学到的知识、掌握的技能都是为将来在工作中所要扮演的角色做准备，这种学习过程就是预期社会化。预期社会化大量地发生在青年时期。

2. 逆向社会化。社会化长期被认为是一个单向过程，即长辈将社会规范和文化知识传授给晚辈。现在，社会学家普遍认为社会化是一个双向过程，即不但有长辈传授知识和规范给晚辈，也有晚辈传授知识和规范给长辈，这就是逆向社会化。在传统社会中，逆向社会化很少见。在现代社会中，社会变迁速度快，知识更新速度也快，一些成年人往往跟不上形势，他们要想不落伍，就必须接受逆向社会化。

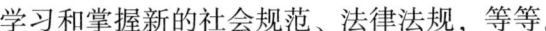

如何更好地适应社会化

个体社会化的途径有两条：一是社会教化；二是个体内化。社会教化是从外部社会环境入手训练个体社会化，而个体内化则是通过个体自身能动性实现社会化的目标。二者相辅相成，共同完成社会化的过程。

（一）社会教化

1. 家庭

家庭是社会教化的起点，是生物个体进行社会化的第一个场合，这个场合有着极其重要的影响，个体社会化成功与否与家庭的父母教化有着直接关系。

首先，童年时期是人一生的关键期，儿童在这一时期的智力水平、人格特征、社会品质的形成和发展，对以后的社会化有着举足轻重的影响。其次，儿童时期无论是在心理还是生理上，都对家庭依赖程度极高，此时父母对儿童有着不可动摇的权威与支配作用。最后，家庭是社会结构中的一个基本单位，各种社会关系都通过家庭得以反映，并传递给儿童。从最初的基本生活知识到生活经验与生活态度，儿童都从父母的言传身教中获得。

因而，准父母提前做好婚育规划，提升自身抚养人的角色意识，使儿童得到良好的家庭教育，可以使其社会化得以顺利进行。

2. 学校

学校是有计划、有系统、有目的地向人们传授知识、技能、价值观念、社会规范的专门机构。当个体进入学校后，学校对其社会化的影响逐渐上升到首要地位，成为最重要的社会化执行者。学校通过教学、教师、学生和各种组织活动等对学生的社会化发生作用。因而，学校如何进行有序高效、丰富多彩的教学与课外活动，以及如何帮助个体适应校园生活，顺利完成基本社会化则至关重要。

3. 大众传播

大众传播是以印刷媒介（报刊书籍等）和电子媒介（互联网、电影、广播、电视等）为工具，面向多数社会成员沟通信息的方式。大众传播，特别是互联网在现代社会占有重要地位，它除了每天迅速地向人们提供大量有关社会事件和社会变革的信息外，还向人们提供、宣传各种不同的角色模式、角色评价、价值标准、行为规范等，潜移默化地对人们进行教育，成为个体社会化的执行者。

4. 同辈群体

同辈群体是由地位相近，年龄、兴趣、爱好、价值观念等基本相同的人组成的关系亲密的非正式群体。如同家庭、学校，同辈群体也是一个极其重要的社会化执行者。尤其是个体进入青春期后，同辈群体对个体的影响日趋显著，有时甚至超越父母和家庭的影响。

同辈群体作为社会化的重要一环，有着以下四个特点。第一，同辈群体是一种非正式群体，个体可以自由组合和自由选择，并在平等的基础上与同伴互动。家庭和学校则与此相反，个体往往处于服从的地位，是非平等的互动。第二，同辈群体成员之间在兴趣、爱好上相近，完全根据自己的意愿来安排活动。第三，同辈群体有自己的行为准则、价值标准，成员往往以此要求自己，并指导自己的行为。第四，同辈群体注意满足成员的心理需求，使成员可以相互倾吐自己的思想、看法、情感，并从中得到安慰、支持、同情，使心理上获得极大满足。

同辈群体的影响往往是不易察觉而又重要深远的，常言道"近朱者赤，近墨者黑"，通过甄别同辈群体中的积极与消极部分，可以帮助个体更好地实现合乎社会预期的社会化。

（二）个体内化

社会教化是个体的社会化的外部动因，外因必须通过内因起作用。个体必须接受社会影响，并把外部现实转变为内部现实。这个过程称为个体内化。观察学习、知识加工、角色扮演、主观认同、自我奖赏是个体内化的主要方式。

1. 观察学习

观察学习也称模仿学习，其对于个体的社会化具有重要意义。个体在成长过程中时常观察他人行为，并尝试进行模仿。被模仿的对象称为榜样，榜样对个体的作用表现为直接的模仿与反模仿，产生模仿效应与反模仿效应。

直接的模仿是个体及时地或者在环境条件有利的情况下复制榜样的行为。这通常是在

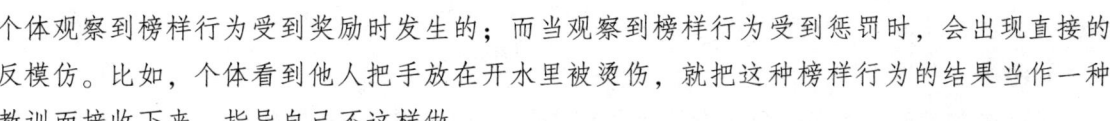

个体观察到榜样行为受到奖励时发生的；而当观察到榜样行为受到惩罚时，会出现直接的反模仿。比如，个体看到他人把手放在开水里被烫伤，就把这种榜样行为的结果当作一种教训而接收下来，指导自己不这样做

模仿和反模仿并不只限于榜样的具体行为，它们也适用于与所观察到的行为相类似的行为。如儿童看到兄弟姐妹因早起而受到表扬，赖床而受到批评。虽然他观察到的是具体行为，但他可能不仅仅只会早起，而更会自觉地按父母的要求去完成其他事情。这就是模仿效应与反模仿效应。

观察学习并非简单的学习过程，而是一种复杂的学习过程。但仅仅通过观察学习是不够的，观察学习更多的是一种直接学习的过程，而对于不能直接观察的东西，还需要以其他的方式进行补充。

2. 认知加工

认知加工是个体通过感知、记忆、想象、表象、思维等心理活动，把现实世界内部化的过程。个体对现实世界的反映，不是像照镜子那样简单机械。每个人的经验不一样，认知能力和认知方式也不一样，因而进入人脑的现实世界也不一样。比如，对于同一处景色、同一种声音、同一道菜肴或者同一种行为模式，有的人认为好，有的人认为不好，也有的人觉得无功无过。个体认知加工的意义，就在于对现实世界无法选择是否接受，而只有选择在内部改造个体的知识经验

3. 角色扮演

角色是社会对个体的期望，包括个体对自己的期望。个体在社会中总是按照一定的社会期望和自我期望行动。因为期望不是单一的，因而个体在不断地扮演各种角色。在家里可能是父亲或儿子，在单位可能是领导者或被领导者。角色扮演是一个综合性的学习过程，是在人际相互作用中进行的。

角色扮演有三种情况：一是扮演真实角色，比如生活中"孩子""爸爸""妈妈"等角色，而学龄前儿童最主要是通过游戏的方式，尝试饰演各种角色，从而掌握一定的社会规则和知识技能；二是扮演假想角色，比如日常生活中常常听到的"假如我是谁，我怎么样""如果是我，我将怎样"；三是暂时充当某一角色，如代职或冒充。代职是社会所认可的，比如一个作家为了了解士兵，可以通过合法的手续穿起军装，过军营生活，这是代职；而如果这个作家欺骗别人，说自己是军长，这就是冒充，冒充并不符合社会期待。

4. 主观认同

主观认同是个体把自己类属于某一个体或群体，并在行为模式上向其看齐的过程，这一过程也称自居。

认同的个体称为"重要他人"。以父母自居，那么父母便是个体生活中的重要他人，这个重要他人便成为个体效仿的榜样。与父母认同是婴幼儿的一种主要的内化方式，但当年龄稍长，个体就与他的同伴、好朋友相认同。

个体与群体认同，那么，这个群体则被称为参照群体，参照群体的行为标准与价值观

念，一般会自觉地为个体所内化。

5. 自我奖赏

当个体在某项活动中达到自定的标准而给自己以报酬时，便是自我奖赏。这种报酬可能是满意的评价或是一定的实物回馈。自我奖赏也是自我内化的一种方式。通过自我奖赏的方式，个体能实现对外部控制的自我强化，这与外部奖赏的作用类似，都能起到正强化的作用，帮助个体养成合乎社会期待的行为模式。

观察学习、认知加工、角色扮演、主观认同及自我奖赏，在个体内化的过程中互为关联又相对区分，共同实现个体的社会化，即外部现实的内部化。通过内化而实现的社会化，对个体产生的影响比单纯的外部传输社会化更持久更深远。

课后提升

如何处理青少年社会化过程中的问题

材料一：

现代社会，网络已经成为人们必不可少的一种工具，青少年作为其中很重要的一个群体，他们既得益于网络的便利，又容易受控于网络的操作主义。

网络的发展将青少年带入了一个全新的领域，对他们产生了诸多积极的影响。主要表现在以下四个方面：第一，互联网为青少年提供了求知和学习的广阔空间。第二，互联网为青少年获得各种信息提供了新的渠道。第三，互联网有助于青少年不断提高自身技能。第四，互联网有助于拓宽青少年的思路和视野，加强青少年之间的交流和沟通，提高青少年的社会参与度，开发青少年的潜能。

它对青少年的影响既有其积极的一面，也有其消极的一面。随着越来越多的青少年逐渐接触和深入网络空间，负面影响日趋凸现。

第一，互联网对青少年的人生观、价值观和世界观的形成构成潜在威胁。随着信息全球化高速传递，西方资产阶级意识在政治、经济、文化、生活方式等各方面的观念将大量充斥其间，暴力、金钱、色情、享乐主义、拜金主义等消极、颓废的内容也将被大量渲染，这对青少年的危害极大。长此以往，对于我国青少年的人生观和意识形态必将起到一种潜滋暗长的作用，对于国家的政治安定显然是一种潜在的巨大威胁。

第二，互联网中的不良信息和网络犯罪对青少年的身心健康和安全构成危害和威胁。首先是网络犯罪的低龄化。据调查结果显示，在日益严重的计算机网络犯罪案件中，犯罪年龄在18~40岁之间的青年占到80%左右，平均年龄为23岁。与此同时，网络的过度使用也给青少年的身心发育带来了不可估量的负面影响，使其对网络产生强烈的心理依赖。

第三，互联网使许多青少年沉溺于网络虚拟世界、脱离现实，虚拟世界使得不少青少年宁可整日沉溺于虚幻的环境中而不愿面对现实生活。

另外，网络的过度使用也使一些经常上网的青少年产生恐惧心理和网络孤独症。网络在为"性格内向"的青少年提供展示自我的平台的同时，也使他们在"网下"变得更加内向和自我闭锁。

材料二：

枫叶中学最近新来了一名 13 岁的初二转学生，叫张迪。由于刚来到一所新学校，陌生的环境让他有点孤独与不适应，这时坐他左前方的肖骁主动和他搭话，很快他们就成了好朋友。肖骁是一名网络游戏爱好者，张迪跟他相处久后也开始爱上网络游戏，并且两个人越发沉迷，甚至为了逃脱游戏防沉迷系统，不惜撒谎拿长辈的身份证注册游戏，不分白天黑夜地打游戏，导致精神不振，学习成绩严重下滑。

学校社工小陈，发现这一情况后，迅速介入，先分别找张迪和肖骁展开会谈，随后致电其家长建议加强对孩子的督促，与班主任和校方商讨如何避免这种情况再次发生，努力营造一个学习氛围浓厚、课外生活丰富多彩的校园环境，并制作了一个如何摆脱游戏沉迷的小视频，通过公众号的方式进行宣传。最终在多方的共同努力下，张迪和肖骁恢复了正常的学习与生活状态。

根据以上材料，回答下列问题：

1. 材料一反映了当前青少年社会化过程中出现的什么问题？如何解决？
2. 试运用社会化的知识分析材料二中学校社工的做法。

项 目 五

挖掘社会角色的真相
——社会人如何立足于社会大舞台

导学图

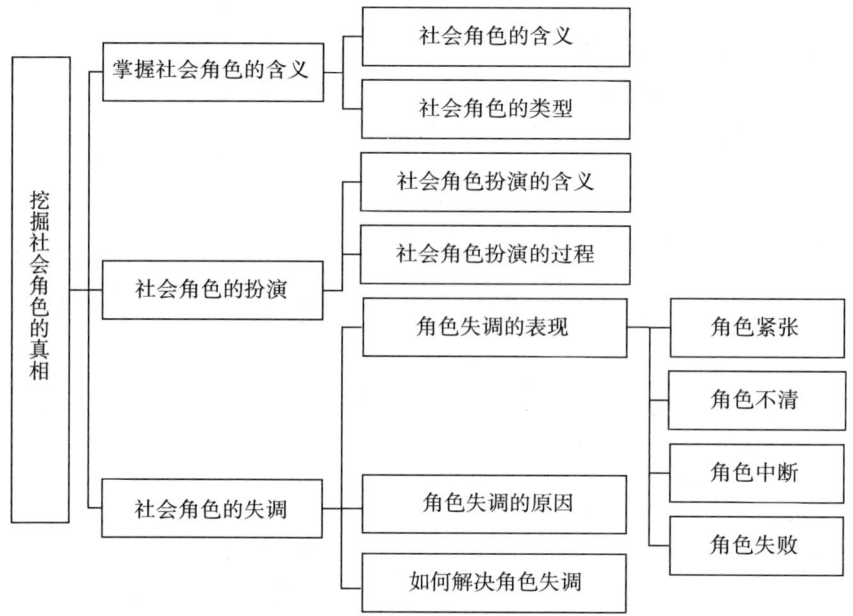

学习目标

1. 认识社会角色的含义、必要性
2. 掌握社会角色的扮演
3. 能理解社会角色的失调
4. 掌握提升社会角色扮演的技巧

任务一　掌握社会角色的含义

情境导入

近年来，娱乐明星、直播带货的大V博主偷税漏税的新闻不断，社会各界议论纷纷。

范冰冰，著名女星，是当今最具影响力的公众人物之一，曾经获得很多种荣誉，是众多年轻人和部分中老年人心中的偶像与明星。2018年国庆期间，因偷税漏税问题，税务机关依法对其作出税务行政处理处罚决定，追缴税款及罚款共计8.83亿元。

郑爽，年轻女星，曾主演多部电视电影，因2021年涉嫌签订"阴阳合同"、拆分收入获取"天价片酬"、偷税、漏税、逃税等问题被上海市税务局第一稽查局调查，并依法作出对其追缴税款、加收滞纳金并处罚款共计2.99亿元的处理处罚决定。

薇娅，直播带货的大v博主，名声在外，2020年9月29日，被中华全国妇女联合会授予"抗击新冠肺炎疫情全国三八红旗手"称号。2020年11月28日，被中国经济传媒协会评选为"2020中国经济新闻人物"。2020年12月2日，被《财富》中文版评选为2020年财富最具影响力商界女性，2020年12月7日，被中国网络社会组织联合会聘为"2021年度网络诚信宣传大使"。这样的成功人士却在2019年至2020年期间，通过隐匿个人收入、虚构业务、转换收入性质、虚假申报等方式偷逃税款，税务机关依法对其作出税务行政处理处罚决定，追缴税款、加收滞纳金并处罚款共计13.41亿元。

问题：运用社会角色相关理论，分析公众人物的偷税漏税行为。

分析

完成了社会化，"人"走到了社会的前台，具有了相应的地位，也被赋予了各式各样的角色。在社会中，我们为什么会感到压力、迷茫、困惑，其重要原因是我们每个人都有多重的角色。一位女医生，在家庭里，她是妻子、母亲、女儿；在医院里，她是医生、主任、党员；在日常生活中，她是顾客、乘客、邻居；在国家生活里，她是公民、市民、选民；等等。众多的角色胶着于一体，相互冲突着。如何化解自己的角色紧张情绪，减少矛盾？经过社会化的成员是怎样认识自己，又是如何看待别人的？这些看法是否具有普遍性？人们在交往中的言谈举止又是如何受上述看法影响的？人们的自我评价与别人的态度之间是否具有一致性？如果一致，那么这种一致性所具有的社会意义是什么？这些都是我们在现实中应认真思索、正确回答的问题。

本任务告诉我们：人们完成社会化后，被赋予社会角色，也决定了个体在社会中应有的责任与行为。

知识链接
一、社会角色的含义

"角色"(role)原本是戏剧中的名词,它指的是演员扮演的戏剧人物。这些角色各具特点,相互配合而演绎一个故事。在戏剧中,演员按照剧本的设计进行角色扮演。戏剧一般是以现实生活为基础的,因此我们也可以把社会看作一个大舞台,人们在这个大舞台上进行表演。

关于角色的研究在学术上有两个传统,即社会心理学的传统和人类学的传统。把"角色"作为一个学术概念来使用,首先源于米德的社会心理学研究。米德在研究儿童自我意识的发展时指出,儿童自我意识的发展要经历玩耍阶段、游戏阶段和概化他人的过程,其核心是模仿和扮演角色。符号互动论在后来的发展中广泛使用了"角色""角色扮演"等概念,而戈夫曼的拟剧论在发展角色理论方面的作用更加突出。

在人类学方面,拉尔夫·林顿(Ralph Linton)把社会角色同人们在社会中的地位联系起来,即把角色同一定的社会结构或社会制度中某种社会地位的权利和义务联系起来。这种研究角度得到了结构功能主义社会学家的支持和发展,帕森斯是其代表。虽然这两种研究角度的关注点有很大差异,但现实生活将它们统一了起来。

角色也称社会角色。综合地说,社会角色是人们在社会生活中形成的与其在社会关系体系中所处的地位、社会期望相一致的一套行为模式。

社会角色是人的社会地位的表征。这里所说的社会地位是指人们在社会关系体系或社会结构中所处的位置。人们生活在一定的社会中,总会有自己的位置或地位,这种地位是由于人们之间的相互关系而形成的,它必须靠这种关系才能表现出来,而具体表现方式则是角色。比如,教师的社会位置只能通过扮演相应的角色来显现。社会角色是一套行为模式,人们的角色不同,其行为方式、行为模式也不同。这种行为方式、行为模式是与人们在社会结构中的地位或位置相联系的。

角色是一套有关权利和义务的规范。只有在一定的社会关系中,人的行为才是社会性的,人们的合作形成了权利和义务关系,并且会以一定的行为表现出来。特定的人之间表现权利和义务的行为的定型化同时也是行为规范的形成过程,这些规范的集中化就形成角色,角色是集中反映权利和义务的方式。教师和学生是相关的角色,这些角色反映的是他们之间相互的权利和义务。

角色是人们对处于特定位置上的人的行为的期望。行为模式是人们共同活动经验的积累和结晶,当某种行为模式被认为是有益和有效时,它就逐渐被人们固定下来,成为指导人与人之间关系的规则。这些规则产生于现实生活,又是有益和有效的,所以它也具有社会期望的特征。

社会角色(social role)是在社会系统中与一定社会位置相关联的符合社会要求的一套个人行为模式,也可以理解为个体在社会群体中被赋予的身份及该身份应发挥的功能。换言之,每个角色都代表着一系列有关行为的社会标准,这些标准决定了个体在社会中应有的责任与行为。例如，一位教师，在学生面前应该为人师表，处处以老师的规范约束自己。每个人在社会生活中都在扮演自己应该扮演的角色，这里不仅意味着占有特定社会位置的人所完成的行为，同时也意味着社会、他人对占有这个位置的人所持有的期望。

社会角色主要包括了三种含义，①社会角色是一套社会行为模式；②社会角色是由人的社会地位和身份所决定的，而非自定的；③社会角色是符合社会期望（社会规范、责任、义务等）的。因此，对于任何一种角色行为，只要符合上述三点特征，都可以被认为是社会角色。

二、社会角色的类型

（一）先赋角色与自致角色

先赋角色，亦称归属角色，指个人与生俱来或在成长过程中自然获得的角色，它通常建立在遗传、血缘等先天的或生物的基础之上。一个人从出生就被赋予了种族、民族、家庭出身、性别等角色。一个生为男性的婴孩只有按男人的角色去发展才是正常的，因为生理性别是先赋的，不能随便更改，否则会出问题。1963年，一个叫大卫勒米尔的男婴因烧伤被迫做了变性手术，被父母当作女孩抚养。结果导致"她"的反抗——拒绝穿裙子，站着小便，受尽生活折磨与心理煎熬，不到38岁选择了自杀。还有一些角色是由社会规定的，如封建社会中通过世袭制所形成的皇帝、亲王、郡王、公爵等角色，也属于先赋角色之类。它们一般不经过角色扮演者的努力而由先天因素决定或由社会决定。

自致角色，亦称自获角色或成就角色，指主要是通过个人的活动与努力而获得的社会角色。自致角色体现了个人的自主选择性。比如，选择的职业，组成的家庭，成就的事业，取得的学历，这些都是个人凭借自己的素质、才能，不断努力达到的，显示了社会的进步，是很光荣的事情。而现实中一些人热衷于先赋角色，如靠父母的关系获得某种角色，这是不光荣的。

（二）自觉角色与不自觉角色

自觉角色是指角色承担者明确意识到个人所作的角色表演，因而尽力用行动去感染周围的观众，如讲演者等。不自觉角色指角色承担者并未意识到角色表演，而只是按照习惯方式去做。一般来说，自觉角色的出现常与下列因素有关：首先，一个人在刚刚充当某一角色时，往往容易表现为自觉的角色，如刚入伍的新兵、刚入校的大学生、刚上任的干部等，所谓"新官上任三把火"就是这个道理。其次，在他人在场或他人对此角色提出了明确希望的条件下，容易出现自觉的角色，如集体活动、集体工作常有助于实现自觉角色。再次，特定的环境与任务容易使人表现出自觉的角色，如一位接受记者采访的人、一位谒见上级领导的人、一位出席某个重要会议的人，他们在特定的环境与任务下，往往能自觉地意识到自己的角色。最后，经常的自我提醒也是实现自觉角色的重要条件。一般说来，形成自觉角色的因素不存在时，人们就容易形成不自觉的角色。一个人在长期充当某一角色后，就容易从自觉走向不自觉。例如，当官当久了就容易使人忽视自己的特殊角色，根据这一原理，任期制有助于增强干部的自觉性。一个人在没有他人在场、没有特定环境与任务、没有经常自我提醒的情况下，也容易仅仅按习惯行事。

现实中，究竟是自觉角色好还是不自觉角色好，并不能一概而论。自觉角色固然能使人较好地遵守这一角色的行为规范，但是，如果总是考虑着自己特定的角色，就容易出现做作、不真实或缩手缩脚的现象。不自觉角色虽然具有容易使人松散、有时甚至偏离角色行为的缺点，但是，一个人经过长期的，严格的社会化训练后，当他所负担的角色的规范已经融化到了他的每一项行动之时，尽管他没有经常感到自己在扮演角色，却能出色地表现这一角色。这是一种比较理想的不自觉的角色。

（三）规定性角色与开放性角色

规定性角色，是指有比较严格和明确规定的角色，即对此种角色的权利与义务、应当做什么、不应当做什么都有明确规定。属于这类角色的，如警察、法官、各级党政干部、党员、团员等。人们在充当这类角色时，其行为要受到较大的限制。例如，一位法官在处理案件时，定罪量刑要以法律规定为唯一尺度，而不能徇情枉法。

开放性角色，是指那些没有严格、明确规定的社会角色。这类角色的承担者可以根据自己对角色的理解和社会对角色的期望而从事活动。例如，父母、夫妻、子女、亲戚、朋友、同学、顾客、乘客等大量日常生活中的角色都是开放性的。人们在扮演这类角色时，有很大的选择余地。

（四）功利型角色与表现型角色

功利型角色，是指以追求经济效益和实际利益为目标的角色，如商人、企业家、经营者等，这种角色在社会上主要发挥实现效率目标的功能；表现型角色是指不以获得经济效益为目的，而以表现社会制度与秩序、社会价值观念、思想信仰或道德情操等为目的的角色，如艺术家、教授、宗教信徒、公务员等，这种角色在社会上主要发挥实现社会公平的功能。这只是一种大体的划分，两类角色之间没有一条截然的界限。许多功利型角色在某种场合下会具有表现型的成分，如商人捐资建希望小学；作为职业角色的表现型角色也要计算工作的报酬，如作家的稿酬，教授的工资、津贴等。

任务二　社会角色的扮演

情境导入

××市的一位陶姓女工被××区检察院以诈骗罪批准逮捕。据报道，这位女工前一段时间假冒企业名义在社会上集资，以到期可以获得高额利润为诱饵，骗得一些市民共计两万余元的钱款。根据报纸上的介绍，这位女工之所以金钱诈骗，既不是为了自己挥霍，也不是用于自己的正常消费，而是为了给自己孩子所在的学校提供赞助。其目的是儿子在学校中可以得到教师的热心照料和重点辅导。

问题：陶姓女工在社会角色扮演中出现了什么错误？

分析

社会角色是人们在社会生活中形成的、与人们在社会关系体系中所处的地位相一致、社会所期望的一套行为模式。任何社会角色总是与其特定的权利和义务相联系。角色是人们对于处在特定地位上的人们行为的期待。

其次,社会角色的扮演不是随心所欲的,而是必须经过人和某种标准的认可才能扮演的。也就是说,要进行角色确定,答复"我是谁"的问题。来确定自己的实际地位、与别人的关系,从而充当该角色。

本任务告诉我们:社会角色扮演要经历角色确定、角色领悟、角色学习及角色扮演四个程序,每个阶段都会出现问题,还需及时调整。

 知识链接

一、社会角色扮演的含义

一个人承担某种社会角色,并按这一角色要求的行为规范去扮演角色。"角色扮演"这一概念最早是由米德提出的,米德从社会化的角度分析角色扮演对于儿童成长的意义,认为儿童的各种游戏(一般的玩耍或"过家家")都是在扮演角色,这有利于儿童的自我的形成。正如前面已提到的,社会是一个大舞台,任何社会成员都面临角色扮演的问题。人们承担一种角色就会以某种形式去扮演。这是社会对社会成员的要求,也是他们获得应有权利、履行应尽义务的机会,是社会得以正常运行的基础。

社会角色扮演的内涵,从以下三个方面进行解释:

角色权利。角色权利是角色扮演者所享有的权力和利益。角色权力是指角色扮演者履行角色义务时所具有的支配他人或使用所需的物质条件的权力。角色权益是指角色扮演者在履行角色义务后应当得到的物质和精神报酬。如工资、奖金、福利、实物等属于物质报酬,表扬、荣誉、称号等属于精神报酬。

角色义务。角色义务是角色扮演者应尽的社会责任。角色义务包括角色扮演者"必须做什么"和"不能做什么"两个方面。

角色规范。角色规范是指角色扮演者在享受权利和履行义务过程中必须遵循的行为规范或准则。角色规范包括不同的形式:从范围上可以分为一般规范和特殊规范;从具体要求上可以分为正向规范(即扮演者可以做、应当做和需要做的行为规范)和反向规范(即扮演者不能做、不应当做的各项行为规定);从表现形式上可以分为成文规范(法律、法规、制度、纪律等)和不成文规范(风俗习惯等)。

二、社会角色扮演的过程

(一)角色确定

确定社会角色,就是要回答"我是谁"的问题。在社会舞台上,人们并不能随心所欲地扮演任何角色。这与戏剧中一位演员要担当某个角色,首先需经导演及有关人员认可和确定一样。现实生活中,角色确定不当的事情经常发生,这类失误大致有以下几种情况:

第一,能力不胜任。即一个人不具备担当某一角色的素质、能力与水平,却被安排或任命到这个位置上。

第二，角色不匹配。即某些具有一定才能与条件的人未能被安排到与之相适应的角色上，有可能是大材小用，也有可能是"此材彼用"。之所以发生这种情况，有可能是其才能尚未被人们发现，也有可能是受排挤而不能担任该角色，还有可能是过于谦逊而不敢承担该角色，这些都应尽力予以避免。

第三，角色不适当。人与人之间的关系不止一种，一个人在某一种场合所能扮演的角色也不止一种。例如，两位曾在一起上学的同乡，后来一个做了政府要员，另一个仍是平民百姓，这样，他们之间就有了几对角色可以选择：老乡、同学、朋友、官民。两人相见时，如果一位以大官自居，另一位就会感到不舒服。

第四，角色确定的有效性问题。回答"我是谁"的问题固然重要，但是仅仅凭自己的回答并不能解决这种回答是否符合实际、是否被别人承认，即是否有效的问题。人们总是希望扮演那些为自己所憧憬的、比较好的角色，但他们是否能被确定为这些角色，不是由他们自己主观决定的，而是由社会来确定的。吹牛大王、诈骗犯就常常是自己委任自己的角色，结果无不栽了大跟头。要想当人大代表，就要经过选民投票认可；要想入党就要经过党组织的考察，经过党支部表决的认可。一般说来，角色确定的有效性是一个人长期努力、坚持不懈的结果，而不是一朝一夕就能实现的。如，想实现博士角色的有效性，就要经历多年的"寒窗"之苦。但是角色的有效性常常不是永恒的。当一个人考上大学或研究生后，如果不再努力，甚至急剧退步，就有可能失去大学生、研究生这种角色的有效性。

（二）角色领悟

1. 角色期望。人们在承担了某一种社会角色时，首先遇到的就是社会或他人对于这一角色的期望。无论是承担了父母、子女等家庭角色，还是承担了干部、工人等职业角色，哪怕只是承担了一些微不足道的角色，都会感到社会对这些角色的限制和要求。因此，尽力了解社会或他人对这一角色有哪些要求与期望是承担角色的首要任务。

2. 角色领悟。社会或他人对角色的期望是一种外在的力量，它还不是角色承担者自己的想法。人们对角色的扮演虽然受到社会期望的影响，但是在更大的程度上取决于他们自己对角色的领悟，即个体在特定的社会关系中对自己所扮演的角色的认识、态度和情感。个体对角色的认识和理解往往是按照他人的期望和反应来不断进行调整和完善，最终形成自己的角色观念的。一般而言，角色领悟就是要知道"我是谁"，具体要弄清楚四方面内容：

（1）对角色地位的领悟。是指个体对自己所处地位的认识。

（2）对角色义务的领悟。是指个体对自己所应履行的角色义务职责的认识。每个人扮演一种角色，就要履行一定的权利和义务，角色义务观念集中地体现了角色的社会价值。一般来说，谁能履行自己的角色义务，谁就是合格的角色扮演者；谁能履行自己的义务角色，谁就是优秀的角色扮演者。

（3）对角色行为的领悟。是指个体对自己所扮演的角色的行为模式的认识。任何角色都是按照不同的行为模式去行动的。如教师的行为应端庄而有教养，法官的行为应严肃公正等。如果角色扮演者不依照既定的模式去行动，而按另一模式去行动，就会发生角色混乱。

（4）对角色形象的领悟。是指个人对自己所扮演的角色所应具有的思想、品格和风格方面的认识，也就是说，在与别人的互动中，应以什么样的形象出现。

（三）角色学习

角色学习是角色扮演或角色实践的基础和前提。角色学习就是学习角色技能，大多数的角色技能都是在社会化过程中通过学习得到的，它与人的生活经验和适当的训练密不可分。角色学习包含多方面的内容，对于个体是否能够成功扮演角色非常重要。但是要明确，角色学习和角色扮演并不是一个过程的两个阶段，两者往往是同时进行的。个体往往在角色扮演过程中来了解人们对角色的期待，领悟角色和学习应用角色技巧；同时，也根据这些认识到和了解到的信息来调整自己角色行为的实施方式和强度。对于角色学习，可以从以下三个方面来把握：

第一，角色学习是综合性学习，而不是零碎片段的学习，因为角色是根据它所处的地位而由各种行为方式组合起来的一个整体，任何零碎的、片段的角色学习都可能导致角色错位、角色混乱和角色冲突。

第二，角色学习是在互动中进行的学习。没有相应的角色伴侣，没有参照个体或参照群体作为角色学习的榜样和楷模，也就很难体会角色的权利、义务和情感。因此，角色学习是在社会交往活动中实现的。

第三，角色学习是随着个人角色的改变而进行的学习。一个人在一生中，会不断地随着自己本身和社会环境的变化而变换自己的角色，这就需要不断地学习，以适应新的角色的要求。

（四）角色扮演

角色扮演，即角色实践，它是角色确定、角色期待和角色领悟的发展，是个体按照其特定的地位和所处的情境表现出来的行为。有关角色扮演的具体而完整的论述是由戈夫曼提出的。戈夫曼在《日常生活中的自我表演》一书中阐述了其角色观点。他从角色概念出发，将社会与舞台进行了广泛的比较，从而提出了他的"戏剧理论"。

1. 布景与道具。与舞台上的表演需要装饰一样。社会表演也需要布景和道具，所不同的是社会舞台上需要的是真景实物。布景和道具既有象征作用，如医院的红十字，象征着医院承担的救死扶伤的人道主义角色活动；也具有实用性，即它们是某些角色的实际活动所必需的物质工具，如黑板、粉笔、板擦就是实践教师角色所需要的物质工具。

2. 衣着仪表与言谈举止。个人的衣着、打扮、仪容、外表往往会给人们留下深刻印象，并能引起人们对其内在品质的联想。而言谈、举止、姿态和风度等，在角色表现上占有更重要的地位，在一定程度上反映着人们的内在品质。因此，前者是角色的外部表现，后者是角色内在品质的反映。

3. 注意台前、台后角色表现上的配合。在角色表现上，应注意台前与台后之分。台前表现是指人们正在充当这些角色时的表演。台后表现是指表演某种角色以前的准备活动。在人们的生活中，这两种行为是有区别的。例如，当我们正在家中休息时，忽然有人敲门，是一位客人来了，我们就要赶快把衣着整理一下，把屋里十分零乱的物品尽快收拾一下，然后去迎接客人。随着客人的进来，我们就会表现出一套与刚才台后的行为迥然不同的、温文尔雅的待客举止。由于台前的表现与台后的表现有很大差异，台后的一些表现是人们不希望拿到台前去的，因此，我们在角色表现的设计、安排上就要注意将两种场合区分开来。例如，大饭店的服务员，其服务准备活动应在顾客见不到的另一个房间里进行。

要使角色有出色的表演，还必须实现角色之间的配合，这与成功的戏剧演出需要全体演员的配合是一个道理。在一组社会角色中，如果有某一个角色表现极差，常会破坏了全体角色的表演效果。例如，一个家庭要想在邻居中赢得较高的威望，夫妻、父母、子女、亲戚等多种角色就应相互配合。如果其他角色都表现很好，却有某一个角色不务正业、偷盗、打架，这样就会将整个家庭的表现都被破坏了。其他群体，如企业、机关、学校，也莫不如此。

任务三　社会角色的失调

情境导入

一家老年福利院新入住了一位75岁的王大爷，他自入院以后每天只是独自静坐，不思饮食。院方为了王大爷的健康，想尽了一切办法为他做出各种各样的美食，甚至很多服务人员也从家里带来许多小吃，想诱发王大爷吃饭的欲望。但一切的努力都付之东流，眼看着王大爷迅速消瘦，身体状况一天比一天差，院方请来了王大爷的儿子进行说服。王大爷的儿子在听完院方的说明后情绪非常激动，在训斥了老人后竟然强行给王大爷喂饭，被院方阻止，经过多方了解，王大爷是一位离休干部，原来是一位非常自信的人，而且性格开朗，通情达理。但离休后，性格开始发生变化，特别是在两年前老伴去世后，情绪比较低沉，而且还被医院诊断为患有冠心病和高血压，经常发病。由于子女每天忙于工作，特别是白天无人在家照顾王大爷，怕疾病突发时家中无人而得不到及时的救治，所以在考虑再三后，将王大爷送到了福利院。

问题：请用社会角色理论分析王大爷的行为，作为一名专业社工，该如何介入？

分析

人们在具备的多重社会角色中，常常会出现社会角色失调问题。角色失调会给人们带来困扰，危害人们的身心健康。

本任务告诉我们：角色失调的表现主要集中在角色冲突、角色紧张、角色不清、角色中断和角色失败这五种表现上。

 知识链接

一、角色失调的表现

人们在角色扮演中不会是一帆风顺的，常常会发生矛盾，遇到障碍，甚至遭到失败，这就是角色失调。常见的角色失调有角色冲突、角色不清、角色中断及角色失败。

1. 角色冲突。在现实生活中，每一个人都是一个角色丛。而每个个体的角色行为不仅与他自己的社会地位或由此决定的身份相关，而且与和他互动的其他人的社会地位或社会身份相关，这种相关造成了角色的多重性和复杂性。处于一定社会地位上的个体通常不只是扮演一种角色，而是要同时扮演好几种角色，这造成了角色失调，也成为角色冲突的重要根源。

角色冲突，即在角色之间或内部发生矛盾、对立，妨碍角色扮演的顺利进行，它指占有一定地位的个体与不相符的角色期望发生冲突的情境，导致个体不能执行角色提出的要求而引起冲突的情境。或者说，是角色扮演者在角色扮演中出现的心理上、行为上的不适应、不协调的状态。事实上，我们每天都在扮演很多角色，而且一些角色肯定会产生冲突的需求。比如法官的角色规定要有一种情感中立的、客观的态度，父亲的角色则需要情感的投入。通常这些角色相互冲突的需求不会有什么问题，因为一个人在一段时间内一般只扮演一种角色。但若有人同时要扮演这两种角色，即当法官发现他的女儿成为法庭上的被告时，则会有冲突。

角色冲突可分两种类型：角色内冲突与角色外冲突。前者表现为两种形式：①个体对理想角色的认识与其实际角色行为的认识发生矛盾。比如大学生刚入社会对自己在工作中的理想价值认知与实际工作角色扮演的冲突；②个体变换角色时产生的新旧角色冲突。比如刚有了孩子的年轻夫妻，角色转变成年轻父母，这往往会令年轻夫妻手足无措。后者也表现为两种形式：①不同角色地位的占有者对特定角色缺乏共同认识产生的冲突。比如恋爱中，伴侣双方对彼此角色应尽义务无法达成一致就会产生冲突；②个体同时扮演几个角色时产生的多重角色冲突。比如前文提到的法官父亲例子。

2. 角色紧张。这是社会学常用概念，指的是对单一角色所衍生出的不同要求之间产生的失调，或者说是由某一单一角色的对立要求而引发的个人压力。即个体所承担的某一角色内部所规定的各种行为规范间的不相容，从而使个体感到精力分配或情感上的矛盾状况。比如一名员工，作为下属在工作中某一场合既需要表现才华得到上司赏识，又需要保持谦卑不抢上司风头。又比如，一位教师，既需要对学生严格要求，又要和蔼可亲、循循善诱。综合上述两点，可以简单地将角色冲突理解为，对角色期待或者两个及以上角色不同要求产生的对立、冲突。而角色紧张是一个角色它本身内部由于一些特定条件产生对立的要求从而给人带来紧张、压力。一个对象矛盾导致角色紧张，两个对象矛盾才能产生角色冲突。

3. 角色不清。在社会与文化急剧变迁的时期，很多社会角色的行为规范都超出了过去人们习以为常的范围。在变迁中，当一组新角色初次出现，社会还没来得及对其权利、义务作出规定时，就会造成角色不清。社会大众或角色的扮演者对于这些角色的行为标准不清楚，不知道应该做什么、不应该做什么和怎样去做。例如，当代中国的私营企业主是应该成为一个成功的追逐利润者，还是应该成为社会责任的承担者，在快速变迁的社会转型期，容易出现角色不清的状况。

角色不清还会使行为者表现出角色不当的行为，常使角色扮演者在一个特定的场合错误地扮演了其他角色。例如，当毕业几十年的同学聚会时，大家应该扮演的是同学角色，有的人将自己的职业角色带进来，以高级干部、大老板的身份出现，对当年的同学保持一种居高临下的态度，会引起同学的反感。

角色扮演通常与一定的情境相联系，某种情境中的角色行为不能用于另一种情境中。人们承担着多种角色，当他们活动的领域发生变化时，其角色行为也发生相应的变化。但是，人们有时会由于习惯于某种情境中的角色关系，把这种角色行为带进另一种场合，从而发生角色混淆。比如，有的人将工作中的上下级关系移至业余时间，导致下级在非工作场合仍然对上级毕恭毕敬。有的人将工作中的角色行为模式带入家庭生活，或将日常生活中的行为模式带入工作中，不能随着活动场合的变化而改变自己的角色行为。在社会活动中未能及时"转场"是造成角色混淆的重要原因之一。

可以发现，角色混淆主要是人们在角色社会化方面出现了问题，一个人如果未能完成某一角色的社会化，对角色的了解和认知不足，或缺乏扮演角色的经验和技巧，就可能发生角色混淆。

4. 角色中断。角色中断是指处在某一角色地位的人，由于种种原因不能将该角色扮演到底，出现中途间断的现象。这可能是由于人们在承担角色之前没有为履行角色义务作好充分准备，如企业职工突然失业。也可能是因为角色的前一阶段的一套行为规范与后一阶段所要求的行为规范直接冲突，如进入另一文化圈的移民。

5. 角色失败（亦称角色崩溃）。角色失败是一个人未能或无法成功地扮演某种角色的现象，这是角色承担者严重不称职或已不能继续扮演某种角色的情况。角色失败有两种情况：一种是角色承担者未能有效地按照社会的期望进行扮演，从而导致角色行为失败。为人父母者未尽到教育子女的责任而导致未成年子女违法犯罪，干部因贪污腐败而成为罪犯，学生因各种状况中途退学等，都是角色失败的例子。另一种是角色关系解体，即角色承担者无法继续扮演原来的角色。干部因贪污被开除公职，夫妻因种种问题难以相互适应而离婚，企业家因企业破产而不得不到其他企业打工等，也都是角色失败的例子。从角色扮演的角度来说，角色失败大多是因为角色承担者自身能力不足。人们在角色扮演中遇到问题是正常的现象，但是要尽量避免产生严重问题。一方面，当事人要通过学习和实践增强角色扮演能力；另一方面，社会组织对其成员的工作安排应尽量顾及他们角色扮演中可能遇到的困难，为其创造较好的工作条件。

二、角色失调的原因

造成角色失调的因素是复杂多变的，侧重于个体的角度综合分析，大致有以下几个方面：

1. 角色准备不足。角色学习是一个连续的过程，如果早期社会化不完善，没有充分的角色准备，那么个体在今后的社会生活中，遭遇角色失调的可能性会很高。

2. 多重群体的社会化。在社会生活中，不同的群体所持有的标准、规范和价值观是不尽相同的。如果个体参与的社会群体过多，在不同群体的社会化过程中，必然会发生不同规则和价值观的冲突。

3. 角色人格与自然人格的冲突。每一个角色都需要一连串的特定人格特质，例如，从事外事工作的人员需要很好的语言表达能力和沟通能力，做事稳重又不失风趣幽默。这些角色所要求的人格特质如果与承担角色者的人格特质不相符，比如性格比较内向，不善沟通交际，那么也势必造成角色失调。

4. 边际人的角色冲突。所谓边际人，是指介于两种不同文化系统或两个不同社会群体边缘的人。由于两种文化系统或社会团体在组织方式、信念、价值观等方面都有较大的区别，角色的扮演者很容易发生角色失调，如移民和青少年就是两个较易发生角色失调的人群。

三、如何解决角色失调

不论是哪一类型的角色失调，都会妨碍人们的正常生活。社会生活的多重性和复杂性决定了我们不能完全消除角色失调，但是可以通过角色协调使角色失调降至最低限度。

1. 角色规范化。不同社会群体和组织对不同地位的角色的权利和义务都有较明确的规定，这是现代社会体系中保护角色和避免角色冲突的有效手段。社会体系中角色的权利和义务划分清晰，角色冲突就会减少到最低程度，这种对角色权利、义务的明确划分就是角色的规范化。经过规范化的角色，就会要求角色按照如此规范去履行社会的角色期待。

2. 角色合并法。当一个人同时持有两个以上角色并发生冲突时，在有些情况下，可以将两个相矛盾的角色合二为一，发展为一个具有新观念的新角色。例如，当一个人既是一名烘焙爱好者，又同时需要承担经济创造者的角色，这时为了弥合这两个角色间的冲突，可以将这两者合并，成为一名家庭手作烘焙师。

3. 角色层次法。如果发生了角色失调，角色持有者可以将相互冲突的角色按"价值"进行分层，也就是将这些角色按其重要程度进行排列，将最有价值的角色排在首位，第二次之，依次进行角色重要性的心理分类，然后选择对自己来讲最重要的角色。角色层次法类似于社会心理学家 W. 古德的角色选择法。古德认为，个体首先应该从许多角色中挣脱出来，把时间和精力用到那些对其更有价值的角色上。古德认为，层次法类似于社会心理学家 W. 古德的角色选择法。取舍角色的标准有三个方面：一是该角色对个体的意义；二是不扮演某些角色可能产生的积极的和消极的后果；三是周围的人对拒绝某些角色的反应。

4. 角色地位变化法。当角色扮演者对本身所持有的角色不满意而且也不能接受本身角色的观念时，为了避免情绪上的反感和内心的矛盾冲突，可以采取更改角色地位的方法。例如，一个喜好艺术并具有天分的学生，所学专业却不是艺术类专业，那么就可以通过转换专业来消除这种冲突。

以上的这些具体方法在某种程度上能够缓解角色的失调，但是它们只适用于某些特定的情况，要从根本上缓解角色失调，角色学习、技能的培养和训练至关重要，它们能帮助我们提高协调处理各种不和谐角色期待的能力。同时，我们也要努力协调统一角色互动对象对角色的各种期望，使他们对某一角色采取合作的态度和行为。

技能提升

如何提升社会角色扮演的能力

在生活中，每个人的角色都不是孤立存在的，而是与其他角色联系在一起的。每个人在人生的不同阶段都扮演着不同的角色，就算在相同的阶段我们也在扮演着不同的社会角色，我们现在在学校扮演学生角色、在家里我们扮演子女角色、我们也可能扮演着男女朋友等诸多的社会角色，那么我们该如何扮演好自己的社会角色呢？如何在诸多的角色中找到一个平衡点呢？

1. 正确认识自我

要扮演好自己的社会角色，我们就要对自己有一个全面、深刻的认识，认清自己是一个什么样的人，既看到自己的长处，又看到自己的不足，睿智地从过多的社会角色中解脱出来，扬长避短地把时间、精力运用于适合自己、又能胜任的角色上来，有所为，有所不为。

2. 认清不同的角色的共同点、差异及要求

每个角色之间或多或少都会有一点共同点，但更多的是差异，不同角色之间的要求也不尽相同。要扮演好不同的角色，我们就必须要对我们所扮演的角色有充分的认识，充分了解角色的要求，明确什么该做什么不该做，对症下药，根据角色的要求不断地调整自己的行为，端正自己的心态，轻松快乐地扮演好自己不同的社会角色。

3. 要适度锻炼

俗话说："身体是革命的本钱"，要想在不同的角色中游刃有余，一个好的身体是不可缺少的，现代生活方式五花八门，但适度锻炼绝不可少。适度锻炼意味着要有自己的业余爱好、社交圈子和文体活动，这有助于排遣因"角色冲突""信息超载"所带来的焦虑、困惑、紧张，克服厌倦、冷漠的心态，提高大脑对挫折的承受能力。

4. 学会角色换位

要扮演好我们的角色，免不了要与各种各样的人交往，也免不了和别人有些冲突。而学会角色换位是消除社会角色冲突的有效方法。我们在考虑和处理问题时，如果能够站在对方的立场上，将心比心地思考，多一分宽容与谅解，许多因为角色的差异而导致的矛盾便会迎刃而解了。比如，丈夫站在妻子的角度上，就会理解妻子持家的辛苦；下级站在领导的角度上，就会明白多一份权利意味着多一份责任；孩子站在父母的角度上，就会明白

父母的打骂都源于恨铁不成钢；学生站在老师的角度上，就会理解他们的训诫出自一番好意；等等。

 课后提升

如何处理社会角色扮演失调问题

材料一：

一名歹徒在公共场所持刀抢劫行凶，这时一位身穿制服的警察恰巧在场，但他没有立即挺身而出与歹徒搏斗以制止犯罪。在场民众对该警察的"不作为"必然十分愤怒，并对其进行强烈谴责，再一经媒体广泛传播，尤其是经过网络上"有图有真相"式的渲染，更会引起社会舆论的轩然大波，使警察形象受损蒙尘。但真实情况是，该警察只是一名负责网络安全的警察，虽然工作上兢兢业业、技术精湛，生活上却是一名文弱书生，并不具备与歹徒搏斗的身体素质和专业技能。

材料二：

小张是北京某著名高校的大三学生，在学生会任职两年，已经做到了部长职务。但就在这个时刻，她却断然离开了学生会。"学生会工作很繁琐，两年来已经牵扯了我很多精力，现在最初的新鲜感已经消失了，我也该退出来好好反思一下了。"小张告诉记者，大一刚入学时，还是顶着父母的压力进的学生会，"他们都担心这些活动会耽误学习，不过我觉得这是一种新的尝试，既锻炼口才又锻炼能力，就参加了。"

两年后她再回忆起自己进学生会的初衷，不由得感慨当时的单纯："现在想想，学生干部经历不仅锻炼了我的能力，还学到了一些书本上学不到的东西。"小张所说的"书本上学不到的东西"是指学生干部们饭桌上的应酬。

小张说，通常在一项活动办完或进行中，学生会各级干部都会凑在一起吃个饭，但这顿饭吃得并不简单，首先从座位的安排上，什么人该对着门坐，什么人该坐在中间位置，都有讲究。为部长倒酒，给上级盛汤，这些也都是干事的必修课。敬酒也是有说法的，从哪一位开始敬起，该说什么话，这些功课经过多次的历练，基本上每一位干事都能熟记于心。"吃饭的时候酒是一定要喝的，如果别人怎么敬你都不喝，估计下次就不会带你玩了。"

小张的同班同学小杨告诉记者，这样的吃喝应酬在学生干部中很普遍，职位越高频率也就越高。尤其是到了"换届竞选的季节"，请老师和各相关部长吃饭也成了公认的常态。"即使你不明说，别人心里也明白这顿饭的目的，大家都是心照不宣的。"

对于小张来说，学到的还不止这些。从大一起，她就逐渐明白了，不要和自己的上级唱反调，因为即使说了，他也不会采纳，还会对你有看法，最好是完全服从；有事想找老师商量，最好先通过主管的上一级干部，不要越级汇报，不然他会觉得你不把他放在眼里；不要得罪与老师关系亲密的干部，不要显得很有想法，锋芒毕露……等等。这一系列都让小张觉得，大学已经不再是她心目中的那个象牙塔了，而是一个五脏俱全的小社会。

根据以上材料,回答下列问题:
1. 试运用社会角色理论分析"网警偶遇行凶事件"。
2. 试运用社会角色失调相关知识分析材料二中高校学生干部群体表现。

项目六

认识社会互动的重要性
——无互动不社会

 导学图

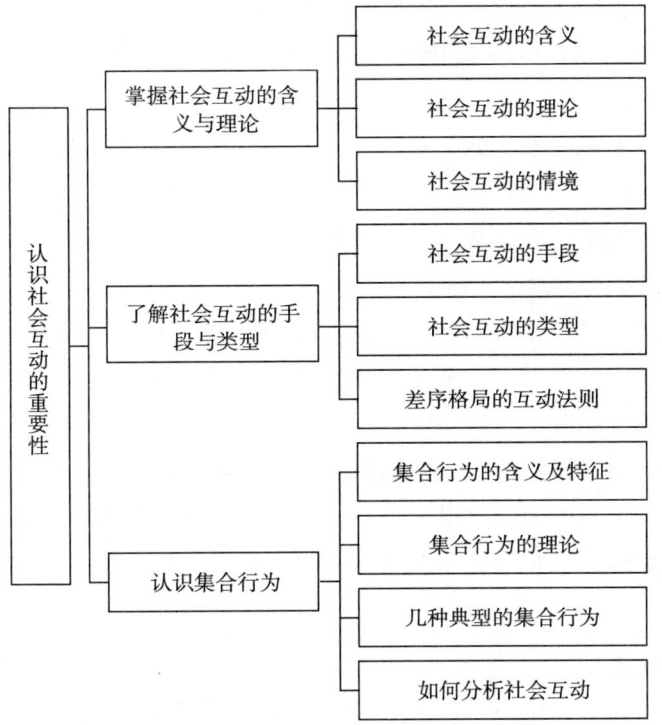

 学习目标

1. 了解社会互动的含义、理论以及集合行为
2. 理解社会互动的情境
3. 能区分社会互动的不同手段和类型
4. 掌握如何参与社会互动的方法

任务一 掌握社会互动的含义与理论

情境导入

假设你收到了一家大公司的面试通知，你欣喜若狂，非常希望自己能够成功通过面试。接下来你会做些什么呢？首先，你会考虑自己面试时的穿着打扮，也许你平时喜欢休闲、随意和自然的风格，但是为了让自己看起来成熟、稳重和干练，你会挑选一套职业正装，将头发整饬一新，使皮鞋光亮照人，手里再配一个公文包。然后，你会在脑海中排练面试的情形，你时而扮演自己的角色，时而扮演考官的角色。在面试时，你内心很紧张，但你会装作若无其事侃侃而谈，尽力展示自己的优点。对于考官的观点，你一方面加以认可，另一方面又能提出自己独到的想法。面试结束后，你感到浑身轻松，并且得意洋洋。你自认为今天表现得不俗，给考官留下了深刻的印象。回到家，你换上了平日喜欢的T恤、牛仔裤和运动鞋。

问题：你为这场重要的面试做了哪些准备？为什么要做这样的准备？

分析

从以上案例可以看出，在日常与他人面对面的接触中，我们根据社会成员共同建构和分享的一些规则，意识到他人对我们行为的期待以及我们对他人思想、感情和行动的期待。面试官希望见到机灵、礼貌、目标明确、穿着得体，并对有关问题准备得很好的人。应聘者期待见到有权威的、并且在提探索型问题时非常内行的人。这就是所谓的社会互动，即行动者对其他行动者行为的回应行动。在相互交往中，由于我们意识到自身行动对他人行动的后果，因此，我们的行动总是以他人为导向的，根据自己所处的不同场合和面对的不同的人会做出不同的反应，以调整自己的行为。我们在课堂上的行为和课堂外的行为会有所区别，与老师交往和与同学交往的表现也会不一样。

知识链接

一、社会互动的含义

社会互动，即社会相互作用，是指在一定的社会关系背景下，人与人、人与群体、群体与群体等在心理、行为上相互影响、相互作用的动态过程。我们几乎总是被卷入各种各样的社会互动中。可以说，社会互动以这样或那样的形式，构成了人类存在的主要部分。

（一）互动产生的要素

社会互动的含义已经隐含了互动的产生应具备的几个基本要素：其一，行动者。行动者是社会互动的主体，这种主体既可以是个人，也可以是群体。其二，行动者的相互作用。如果行动者之间不发生相互影响、相互作用，则不可能有互动行为的发生。其三，目标与规范。社会互动有明确的目的性，而不管这种目的是理性的还是感性的，是功利性的还是价值性的。行动者在互动过程中，必须遵从一定的社会规范，否则不利于互动双方目标的实现，也不利于使互动持久化。其四，特定的情境。社会互动都是在特定的情境下进行的，离开特定的情境，特定的社会互动也不可能顺利进行。

（二）互动的目的

我们总是意识到别人对我们如何行事的期望（即使有时候只是潜意识），所以与他人的互动均带有一定的目的性，虽然这些目的绝大部分时候是无意识的、非功利的。在熟悉的情境中，如与家人、亲戚、邻居、熟悉的同事等的日常交往中，彼此之间的互动行为往往较随便，按社会习俗行事即可，这种互动可以满足个人关爱、温情、安全感、归属感等情感需要，遵循各尽所能、各取所需的规则，当一人有需要时，其他人会尽力补足。在绝大部分的工作情境中，如交易、谈判、会议、上课等，彼此之间有特定目标，明确分工，有一定的行为限制，在这种互动中所形成的关系是达成目的的工具，不预期有长期交往和情感关系。当然，大多数的互动居于两者之间，个人与亲戚、一般朋友、邻居、同学、同事、同乡等的关系，往往既有情感成分，又有工具成分，形成混合性关系。关系可以转化，有时为了一定的目的，把情感关系或工具关系转变为混合性关系也是常有的事。

二、社会互动的理论

德国社会学家齐美尔（Simmel）早在1908年所著的《社会学》书中曾使用"社会互动"一词。德国社会学家马克思·韦伯也是较早就强调"互动"的社会学家之一。稍后，在美国形成了相关的系统理论，主要代表人物有G. H. 米德、H. G. 布鲁默、C. H. 库利等人。他们的基本观点是：人的自我意识来源于社会互动，在社会互动中学习和使用语言符号，通过角色扮演和他人对自己扮演角色的反馈，逐步形成自我意识。社会是一个舞台，全体社会成员是在这个舞台上按照特定规则扮演不同角色的演员。社会互动的重要特征就是"印象管理"或"自我呈现"。社会可动理论的核心内容是互动方法。以方法不同为标准，理论界形成了符号互动论、拟剧论、社会交换论、常人方法论和参照群体论等几种主要观点。

（一）符号互动论

符号互动论以美国心理学家米德和库利为代表，其认为符号是社会互动的媒介，互动是通过符号进行的，是一种"符号运动"。例如，甲向乙发出一个刺激，即传来一个符号，乙据此作出反应；反过来，乙的反应对甲来说也是一个刺激，即构成一个符号，甲据此也对乙作出反应，这就是符号交互作用。人的行为具有意义，要理解此意义必须设身处地地站到对方立场上加以阐释。有时此意义会随着情境的变化而变化，这就需要互动各方通过不断协商来达成共识以重塑其意义。他人对我是明镜，从别人对自己的评价和态度中认识自己，可以提高自身素质，进而决定行为选择和行动方向。

（二）拟剧论

拟剧论是一种用表演和比喻说明日常生活中人的互动的理论，其代表人物是美国社会学家戈夫曼。他认为社会是一个舞台，每个人都在其中扮演一定的角色，他们之所以努力表演，目的是想给别人留下深刻的印象，通过美好印象的塑造以使自己在互动中占据优势，对他人行为进行有效控制，从而使对方理解自己的行为并做出预期反应。从本质上说，该理论强调变通，即在不同场合应变换不同角色，从而适应互动环境的变化。例如，在夫妻因为家务而唠叨甚至争吵时，如果有客人敲门进来，夫妻会停止争吵，向客人显示出和睦的样子。一个成功的社会成员就是要知道在什么场合应该怎么做，判断场合并用适当的方式去行动。

（三）社会交换论

社会交换论由美国社会学家霍曼斯等人建构，其认为互动实际是奖赏与惩罚的交换运用。若使某人继续某一行为即应对行为加以奖赏，让他认识到此行为对他是有意义和有价值的，从而推动其自愿把这一行为实施下去；若不想其做某事，就不要给予奖励或进行惩罚，那么行为人就能意识到自己的行为存在问题，就不会再做出类似的行为。这种奖惩机制对互动效果有着深刻影响，应恰当运用，否则会适得其反。

（四）常人方法论（又称本土方法论）

常人方法论是由美国社会学家加芬克尔创立的，旨在研究人们在日常生活互动中使用方法的理论。其假设在现实生活中社会成员依据一定的规则和程序进行互动，这些日常生活中不成文的、大家公认的互动规则是一切社会生活的基础。加芬克尔通过研究发现，人与人的互动是以一定背景知识和常规为基础的，如果忽视了这种内隐规则，互动就无法进行，进而也不能实现预期目的。所以，从此意义上说，各方主体能达成对所认定"规则"的共识是有效开展互动的前提。

（五）参照群体论

参照群体论由美国社会学家海曼首创，后来诸多学者在此基础上又加以发展，最终形成了一个内容丰富、效果显著的理论。其最大贡献就在于提出了一种间接互动观点，即非面对面人际接触，而是以参照群体（即榜样）的价值和规范作为塑造自我价值观和行为准则的依据。这一理论强调榜样的规范和比较作用，旨在通过模范和典型的强大感染力来引导人们的行为。

三、社会互动的情境

日常生活中，人们经常强调要"审时度势""入乡随俗"，意思都是说要明白自己所处的情境，并选择与具体情境相协调的行为方式。了解情境及情境的要求，是社会互动的基础。

（一）依据人数谈互动

关于人数对互动形式的影响，齐美尔曾经进行过相当深入的分析：[1]

1. 二人关系。如朋友、情人、母子、夫妻，每一方仅仅需要同另一方有关系，会比较充分地考虑对方其他需要、期望和个人特点。因此，二人互动可以获得在其他任何社会形式中不可能有的亲密感情和独特性，从而产生一种排他的特征。但是，这种亲密性也有可能使两人的冲突更加强烈。例如，恋人之间有时会出现激烈的冲突，在局外者看来，有

---

[1] [美] D. P. 约翰逊：《社会学理论》，南开大学社会学系译，国际文化出版公司1988年版。

些争吵似乎只是无关紧要的琐事，但对他们来说充满了感情意义，显得十分严重。二人互动常常是不稳定的，也是无保障的，一旦一方退出互动即宣告终结。

2. 三人关系。互动的每一方都面对着两个人，需要考虑两个人的个性特征。这时很难达到二人互动中可能具有的亲密性。三人互动情境中，如果两人发生冲突时，第三方可能扮演多种不同角色，主要有：

中间人：即以局外者的身份，公平和客观的态度调解双方的冲突，但他并不能解决冲突。

仲裁人：仲裁人是冲突双方都认可的，能以公平的态度作出解决冲突的最后决定的人。

渔利者：利用两人实际的或潜在的冲突获取个人利益。渔利者可以在冲突的双方中自由地选择支持哪一方，因此可以向他们提出某种要求作为提供支持的交换条件。

分裂者和征服者：即故意挑起和助长两人之间的冲突以便从中获利。

3. 多人关系。由于有多人参与，此时会产生社会网络，在群体之中还可能形成亚群体。在多人情境中，个人面对的不仅仅是其他个人，还有超越个别成员之上的结构。明确的分工和严密的组织规范也制约着人们的互动，互动形式更为复杂。

(二) 依据目的谈互动

依据互动的目的，我们可以划分为工作情境、社交情境、熟悉情境三种不同类型：

1. 工作情境。交易、谈判、会议、上课等都是工作情境。在这种情境下，互动双方有特定的目标，有明确的分工，言谈举止被限制在一定的范围之内，而且很少有情感的交流。

2. 社交情境。宴会、舞会、郊游大都属于社交情境。社交情境下，人们往往是为了互动而互动，并无其他的目的。人们通常会进行轻松愉快的交谈，这些话题可能并没有什么实际意义，例如谈谈天气、说说见闻等。但是，这种交谈具有重要的沟通功能，成为社交双方增进了解的工具。正因为没有什么明确的任务和特定的话题，人们才可以轻松地展示自己的个性，进行愉快的交往。在这种场合，如果有人坚持把话题引向与日常实际工作有关的内容，反而会破坏轻松的气氛，被人看做是不识时务。有时，在社交情境下，人们的互动能带来思想上的愉悦，可能有一些感情投入，从而促进关系的发展。

3. 熟悉情境。主要是指与熟人之间的日常交往。家庭成员、亲戚朋友、邻居、下班后同事之间的交往就属于此类。这时互动各方并没有特定的目的，行为方式上可以较为随便，不必严守工作规则或社交礼貌，按社会习俗行事即可。当然，上述划分并不是绝对的。人们在情境面前享有较大的主观能动性和灵活性。不少时候，情境及其对应的行为方式往往是由互动者协商决定的。

(三) 依据人际关系谈互动

依据互动参与者之间人际关系的性质来分，有情感关系、工具关系和混合关系三种情境：

1. 情感关系。是指家庭、亲密朋友等初级群体中的人际关系，它可以满足个人在关爱、温情、安全感、归属感等情感方面的需要。这种关系中的人际互动和社会交换遵循各尽所能、各取所需的需求法则，当一个家庭成员需要某种生活资源时，有能力供给的其他成员会尽力使其满足。

2. 工具关系。是指个体为了达成某种目的而与他人交往时发生的关系。这种关系只是他达成目的的工具。交往双方并不预期有亲密的情感关系和长期交往。这时的互动和交换遵循公平法则，如买卖双方的等价交换。

3. 混合性关系。介于情感性关系与工具性关系之间，是个人与亲戚、一般朋友、邻居、同学、同事、同乡等建立的各种人际关系。它既有情感性成分，又有工具性成分。彼此都预期将来还会继续交往，而且有一定的情感联系，这时人们多以人情法则行事，交情的深浅和面子的大小对互动方式和互动结果有重要的影响。

任务二　了解社会互动的手段与类型

情境导入

一个人觉得他现在自己的左手都不相信右手，左手帮右手挠痒痒，右手想，挠得那么舒服，不知用心何在。右手帮左手擦肥皂，左手想，搓得那么起劲，然后要干甚么？两只手端一碗热汤，左手想，我得自己端住，别指望右手；右手也同样这么寻思。结果，害得他多花了一倍的劲。

问题：材料中的结果是由什么导致的？

分析

合作是指社会互动中，人与人、群体与群体间为达到对互动各方都有某种益处的共同目标而彼此相互配合的一种联合行动。在现代社会中，没有合作，个体就难以生存；没有合作也就没有社会的发展和进步。材料中由于左手和右手之间缺乏信任，导致合作行为难以发生，因此造成多花了一倍的劲的后果。

知识链接

一、社会互动的手段

（一）社会互动的手段

1. 语言沟通。语言是由语音、词汇和语法构成的系统，分为口头语言和书面语言，它们都是用来表达意思、交流思想的工具。

2. 体态语言。体态语言也叫身体语言，主要有面部表情、手势、触摸、目光接触、身体姿势等，在日常互动中，人们的思想和感情常常借助于体态语言来展现。

3. 个人空间。个人空间也叫人际距离，是指社会沟通过程中人与人传达某种意义的空间距离，个人空间一般能表明人际关系的亲密程度，适当的个人空间是社会沟通顺利进行的保证。

美国社会学家霍尔把人际距离分为四种类型[1]：

(1) 亲密距离：具体距离是0~45cm，从沟通性质上说，具有私密性和情感性；

(2) 个人距离：具体距离是45cm~120cm，这是朋友、熟人和伴侣在公共场合时保持的距离；

(3) 社交距离：具体距离为120cm~350cm，这标志着更加正式的交往关系；

(4) 公共距离：具体距离通常为350cm以上，适合于非常正式的个人与人群之间大规模的沟通。

二、社会互动的类型

社会互动的基本类型主要有以下几种：

(一) 合作

合作是社会互动中人与人、群体与群体之间为达到对互动各方都有某种益处的共同目标而彼此相互配合的一种联合行动。人们之所以需要合作，是因为仅靠某一方的单独行动往往无法实现这种利益或目标。从广义上说，人们社会生活的很多方面都必须建立在合作的基础之上，没有合作就没有群体或社会可言。一般说来，成功的合作应具备以下条件：其一，目标一致。合作总要有某种共同目标，至少是短期的共同目标，否则就无法合作。即使是竞争对手之间，也可能存在共同目标与共同利益，因此也存在合作的必要与可能。其二，对于如何达成目标能够取得基本共识。如果合作双方对怎样做事情没有相近的理解，即使目标一致也无法合作。此外，志趣相近、能够为对方着想、能够站在对方的角度看问题，也有助于合作的顺利进行。其三，动作配合。合作本质上是一种行为，因而只有见之于行动才称得上是合作。其四，要讲信用，即说话要算数。这样双方才能相互信赖，真诚合作。

(二) 竞争

竞争是指社会上人与人、群体与群体之间对于一个共同目标的争夺。例如，体育比赛中运动员之间或运动队之间对于冠军的争夺，生产厂家对于销售市场的争夺，以及人与人之间争取先进、争取好成绩、争夺发明创造权的活动等都属于竞争。

竞争具有以下特点：首先，它必须是人们对于一个相同目标的追求，目标不同就不会形成竞争。其次，这个被追求的目标必须是比较少的和比较难得的，一个人或者一些人夺取到了目标就意味着另一个人或另一些人失去了得到的机会，对于数量很多、轻而易举就可得到的目标的追求，不能形成竞争。最后，竞争的目的主要在于获得目标物，而不在于反对其他竞争者。这就是说，竞争虽然也是人与人之间的一种相互排斥或相互反对的关系，但它是一种间接的反对关系，而不是直接的反对关系。虽然竞争双方中一方的胜利就标志着另一方的失败，但对方的失败不是直接目的而只是间接目的。因此，我们经常可以见到运动场上是对手，运动场下是朋友的现象。这种反对关系的间接性还表现在，竞争参

---

[1] [美] 戴维·波普诺：《我们身处的世界——波普诺社会学》，李强等译，中国人民大学出版社2014年版。

加者之间不必直接接触,在不同地方的、互不相识的竞争者之间也可以处在竞争状态。例如,分处两地的生产厂家对于同一种商品销售市场的争夺。为防止竞争发展为人们之间的一种直接的反对关系,就必须制定一些竞争各方都必须遵守的规则。例如,参加体育比赛就必须遵守公平竞赛的规则,如果不遵守规则或没有规则可遵守,那么,激烈的比赛就会成为一场混战,就会酿成剧烈的冲突。而涉及政治、经济领域的一些大规模的竞争,往往需要法律、制度来予以规范和控制。

(三) 冲突

冲突是人与人或群体与群体之间为了某种目标或价值观念而互相斗争的方式与过程。冲突与竞争虽然都是人们之间为了一定的目标而互相排斥或反对,但两者有很大的区别。首先,冲突更为直接的目的是要打败对方,它是直接以对方为攻击目标的一种互动行为。其次,冲突的双方或各方,有直接的、公开的、面对面的接触,因此,它是一种直接的反对关系。最后,冲突各方所争夺的目标既有相同性又有不同性。由于冲突各方往往在价值观念上有很大差距,因而,他们虽然在同一领域争夺,但所要实现的目标可能各不相同。

冲突的种类多种多样。从冲突的规模上划分,有个人之间的冲突和集体之间的冲突;从冲突的性质上划分,有经济冲突、政治冲突、思想冲突、文化冲突、宗教冲突、种族冲突、民族冲突以及阶级冲突;从冲突的方式或程度上划分,有诉讼、辩论、口角、决斗、械斗、战争等。

由于冲突往往导致一些不良的后果,人们一般对它持否定态度,希望消灭一切冲突。但是,一些社会学家注意到,冲突也可以具有一定的正面功能,完全消除冲突不仅不可能,而且没有必要。冲突可以反映出社会、组织或人际关系中的问题,促使社会变迁、组织变革和人际关系的调整;团体之间的冲突还可以增进团体内部的团结一致;有时,冲突还是人与人之间、团体之间、文化之间加深了解和理解的前提。要发挥冲突的正面功能,尽可能降低冲突的负面影响,就需要人们对冲突进行有效的调控,自20世纪70年代起,冲突管理已经成为一个比较热门的研究领域。[1]

(四) 强制

强制是社会互动的一种形式,在这种形式中互动的一方被迫按照另一方的某些要求行事。强制的核心是一种力量对另一种力量的统治或制约。因此,强制意味着互动双方力量的不平衡,一方的力量明显高于另一方的力量。在强制性互动中,所借助的力量可以是物质的力量,如武器、军队、警察、法庭、监狱,也可以是精神上的力量,如处分、批判及各种各样的社会压力。强制作为一种社会现象广泛地存在于社会上的多种关系之中,从父母为教育子女而采取的强制手段,到各种规章制度对人们的强制限制,再到具有国家法律意义的强制,都属于此类互动。当然,各种强制在性质上是有很大区别的。我们应特别注意把具有阶级统治、国家法律意义的强制与一般的强制区别开来。

---

[1] 汪明生等:《冲突管理》,九州出版社2001年版。

（五）顺从与顺应

顺从与顺应虽然都是与强制相反的互动形式，但是，两者在意义上还是有所区别的：

顺从指互动中的一方自愿地或主动地调整自己的行为，按另一方的要求行事，即一方服从另一方。虽然每个人的顺从性并不一致，但是，大多数成员对于群体的要求是顺从的。顺从是任何群体乃至社会都不可缺少的互动行为，没有顺从，任何群体、社会都将无法运行。

顺应的含义比顺从更广泛些，除顺从的含义外，它还指互动的双方或各方都调整自己的行为，以实现相互适应。顺应的种类包括：和解，即互动双方改变敌对态度建立友好关系；妥协，即双方通过确定一些条件而暂时平息冲突；容忍，即暂时采取克制态度以避免发生冲突。

三、差序格局的互动法则

"差序格局"是费孝通提出的，发生在亲属关系、地缘关系等社会关系中，以自己为中心像水波纹一样推及开，愈推愈远，愈推愈薄且能放能收，能伸能缩的社会格局，且它随自己所处时空的变化而产生不同的圈子。[1]

费孝通先生解剖中国传统社会，使用的是社会结构分析方法，这是社会学通用的方法。在费先生之前，法国社会学家迪尔凯姆就曾用"有机团结"和"机械团结"两个概念区分传统社会和现代社会。费先生为更准确地区分中国传统社会和现代社会，提出了"差序格局"和"团体格局"概念，其中"差序格局"尤可谓是费先生的独创，并为国际社会学界所接受。关于差序格局和团体格局的区别，他打了个比方，西方社会以自己为本位，人与人之间的关系，好像是一捆柴，几根成一把，几把成一扎，几扎成一捆，条理清楚，组成团体状态；中国乡土社会以宗法群体为本位，人与人之间的关系，是以亲属关系为主轴的网络关系，是一种差序格局。在差序格局下，每个人都以自己为中心结成网络。这就像把一块石头扔到湖水里，以这个石头（个人）为中心点，在四周形成很多圈的波纹，波纹的远近可以标示社会关系的亲疏。

我们的格局不是一捆捆扎清楚的柴，而是好像把一块石头丢在水面上所发生的很多圈推出去的波纹。每个人都是他社会影响所推出去的圈子的中心。被圈子的波纹推及的就发生联系。每个人在某一时间某一地点所动用的圈子是不一定相同的。

我们社会中最重要的亲属关系就是这种丢石头形成同心圆波纹的性质。亲属关系是根据生育和婚姻事实所发生的社会关系。从生育和婚姻所结成的网络，可以一直往外推，包括无穷的人，过去的、现在的和未来的人物。

在我们乡土社会里，不但亲属关系如此，地缘关系也是如此。在传统结构中，每一家以自己的地位作中心，周围划出一个圈子，这个圈子是"街坊"。有喜事要请酒，生了孩子要送红蛋，有丧事要帮助入殓、抬棺材，是生活上的互助机构。可是这不是一个固定的团体，而是一个范围。范围的大小也要依着中心的势力厚薄而定。有势力的人家的街坊可

---

[1] 费孝通：《乡土中国》，北京大学出版社2012年版。

以遍及全村，穷苦人家的街坊只是比邻的两三家。这和我们的亲属圈子是一样的。

在差序格局中，社会关系是逐渐从一个一个人推出去的，是私人联系的增加，社会范围是一根根私人联系所构成的网络，因之，我们传统社会里所有的社会道德也只在私人联系中发生意义。

任务三　认识集合行为

情境导入

"周四晚上的选修课，是全校的集体课程，班里报这门选修课的只有我一个人，我不擅长跟别人攀谈，一直也不认识几个人。在上周计算机上机课上，坐在我左边的女生不会开机，我没说什么，只是帮她把电脑打开了，她也没说什么。没过几分钟，她开始问我制作网页怎么做，我就给她讲解了。之后，我右边的女生也开始问我问题。后来，左边的左边的那个男生也问我。这时候，没有宣传，大家都开始有问题就会问我。"

问题：这个例子中，集合行为是怎样产生的？

分析

集合行为是一种非常态的群体行为，集合行为中的传播是非常态的群体传播，它是一种自发的反常现象。集合行为的发生与信息传播有直接的关系，只不过信息的传播受特殊传播机制的制约，表现出非理性的特点。

知识链接

一、集合行为的含义与特征

（一）集合行为的含义

集合行为又称"集体行为"或"大众行为"，是指不受现有社会规范控制的人数众多的自发的无组织行为。集合行为一词是由美国社会学家帕克（R. E. Park，1922）提出的。他的解释是：一种共同的、集体冲动影响下的个人行为。人们参加一种集体行为，表示对某种行为有一个共同的态度，或类似的行动，是由于他们在相互交往时发生了集中于某些事物的倾向性，才逐渐产生一些共同的态度和行为。

（二）集合行为的特征

集合行为一般是指相对非组织起来的、时间上短暂的群众行为，它与有组织的群体行为有着相似之处，都是指人们在一起的活动。但集体行为比有组织的群体行为更为自发，也更为短暂，并且很少能够被预料到。而人们在有组织的群体行为中的行为则有较强的规律性，有明确的目的性，有较正规的组织形式。具体来说，集合行为具有以下特征：

第一，自发性。参加集合行为的人都是自愿的，整个集合行为在人群聚集场合中情绪会相互感染，易一哄而起。

第二，狂热性。集合行为中的成员情绪缺乏理智，往往采取奔跑、呼叫等感情冲动的非常规方式。

第三，无组织性。集合行为是无组织、无领导的行为，混乱而没有秩序，没有明确的目的。

第四，短暂性。集合行为持续时间短、聚散快，其目的主要是应付突发性事件。

二、集合行为的理论

集合行为，尤其是那些显然是非理性的并且往往带有破坏性的行为，历来是社会学家和社会心理学家非常感兴趣的问题。他们提出了很多理论观点来解释这种行为的机制和过程。下面我们介绍几种较有代表性的理论：

（一）基本条件说

在1963年出版的《集合行为理论》一书中，斯梅尔塞（N. J. Smelser）试图对集合行为进行综合解释。他认为，集合行为实质上是人们在受到威胁、紧张等压力的情况下，为改变自身的处境而进行的尝试。如时髦、狂热可视为是对无聊状况的反应；恐慌是对威胁状况的反应；骚乱是对紧张和不满状况的反应。集合行为的发生有六个"必要且充分"的基本条件：[1]

1. 环境条件。它是集合行为产生的背景，包括物质条件和社会条件两类。例如，没有一定的空间场地，群众就无法聚集，集合行为就不能产生，因此一些公共场所如公园、广场、剧场、街道、体育场等往往成为突发性集合行为出现的地方。

2. 结构性压力。这是指经济萧条、自然灾害、贫困、种族歧视、前途渺茫等社会因素对人们产生的心理压力。这些压力促使人们自发地集体努力去解决问题。

3. 普遍情绪的产生或共同信念的形成。要出现集合行为，人们还必须对他们的处境形成某种共同感受，对某些问题产生共同的看法，出现相似的普遍情绪。

4. 诱发因素。环境条件和结构性压力本身并不足以引发集合行为。集合行为的出现往往需要一个"导火线"。诱发因素的作用在于肯定人们中间已经存在的怀疑与不安，助长普遍性的社会情绪。

5. 行为动员。这是在以上各条件基本具备的情况下，传递信息和压力感，唤起大众情绪的行为。这一工作可以使许多最初仅仅旁观的人，经过鼓动而成为实际的参加者，可以使原本松散的无组织群体产生一致行动的倾向。

6. 社会控制能力。集合行为是否产生还要取决于社会控制的成败。社会控制如果十分强大有力，就可阻止集合行为的发生；如果软弱无力，或者措施不当，集合行为就难以避免。一些社会学家提出社会减压阀理论，认为为了防止破坏性集合行为的发生，社会应该有自己的减缓结构性压力的机制，例如可以通过协商对话方式来疏导群体中的一些不满情绪。

（二）模仿理论

法国社会心理学家塔尔德（G. Tarde）在其1901年出版的《模仿律》一书中，试图用

---

[1] [美]戴维·波普诺：《社会学》，李强等译，中国人民大学出版社2007年版。

"模仿"来解释集合行为的一致性。社会学家勒庞（Le Bon）和心理学家弗洛伊德都对模仿与集合行为的关系进行过深入分析。模仿论认为，当人们面临突发事件时，他们往往会处于丧失理智状态，失去自我控制能力，出现哭泣、吼叫、模仿等简单的初级行为。这时他们便会本能地彼此模仿，力求与在场的多数人的行为一致，由此导致集合行为的产生。

（三）感染理论

这一理论认为，集合行为是人们情绪感染的结果。勒庞在其1895年出版的《乌合之众》一书中，认为集群的特征表现为有意识的人格已经消失，无意识的人格占据主导地位，情绪和观念的感染、暗示的影响使集群心理朝着某一方向发展，并具有将暗示的观念立即转变为行动的倾向。[1] 在集群中，个人的文明程度降低，理性思考和自我控制减弱甚至消失。在感染的作用下，个体会为一时的冲动所主宰，卷入非理性的狂乱之中。

（四）紧急规范理论

这一理论认为，在集合行为中虽然没有群体规范，但面临突发事件时，人与人之间通过互动会产生一种"紧急规范"。紧急规范一旦产生，同样会对在场者形成规范压力，迫使他们去仿效和遵从，从而产生集合行为。比如在火灾发生后，大家可能都惊慌失措，不知该干什么。但只要有人提第一桶水来救火，这个行为就成为紧急规范，大家都会去提水救火。相反，如果有人第一个逃走，这也将成为紧急规范，大家同样会仿效，出现争先恐后的逃跑现象。紧急规范理论往往将集合行为中最先出现又迅速得到其他人效法的某种行为方式看做是"紧急规范"。

（五）匿名理论

匿名是指人没有明显的群体或个人标志。匿名理论认为，在集合行为中个体会做出他平时很少出现甚至根本没有做过的越轨行为，是因为他处于匿名地位。人处于匿名时，没有明确的个人标志，不必承担破坏规范的后果，由此而产生责任分散的心理，同时，匿名状态也会使人的群体遵从性降低，这两个因素都会降低人的社会约束力，使他容易从事越轨行为。事实上，人在破坏规范时往往想使自己处在匿名状态，强盗作案时要戴上面具，诬陷者写诽谤信时要署上假名。

（六）控制转让理论

上面的几种理论都把集合行为视做非理性行为，把其参与者视做违反常规、情绪冲动的非理性行动者。控制转让理论却不同意这种分析。这种观点认为，正常情况下，每个行动者都控制着自己的行动，而在集合行为中，行动者已经把对自身行动的控制转让给他人。[2] 这种控制转让并不是一时冲动的感情用事，不是对外界刺激的本能反应，而是理性行动者采取的有目的的明确行动。当人们认为保持自主地位所付出的代价超过所获利益时，他们就可能将控制转让给他人。控制转让的目的是最大限度地获取效益。大多数成员转让控制并非必然导致恐慌或聚众生事，也有可能导致某种秩序井然的活动，转让控制的

---

[1]［法］古斯塔夫·勒庞：《乌合之众》，冯克利译，中央编译出版社2004年版。
[2]［美］詹姆斯·S.科尔曼：《社会理论的基础》，邓方译，社会科学文献出版社2008年版。

结果如何取决于接受转让的行动者最初采取的行动。如果接受转让者控制不了形势，就可能出现集合行为。

三、几种典型的集合行为

（一）群体感染与群体模仿

群体感染是指某种观点、情绪或行为在群体暗示机制的作用下在群体中迅速蔓延开来的过程。集合行为中，人们失去理性判断力，因而群体暗示和群体感染机制在集合行为中表现得非常明显。

群体模仿是关于集合行为中传播机制的另一种理论。法国社会心理学家 J. G. 塔尔德认为，社会上的一切事物除了发明就是模仿，而"模仿是最基本的社会现象"。模仿又可分为无意识模仿和有意识模仿，前者是个人在不自觉状态下对他人行为的反射性仿效，而后者则是出于一定动机或目的的自觉仿效。人在社会化过程中的学习就是一种自觉的或有意识的模仿。集合行为中的模仿则不同，多为无理智的、条件反射性的模仿。这是因为在集合行为中，用常规的方法很难应付眼前的突然或灾难事件，人们只能基于本能对事件做出反应，而最简单省力的反应就是直接模仿周围人的行为，于是便出现了相互模仿的现象。心理学认为，这种模仿是出于人的防卫本能，在高度不确定的突发事件中，每个人都认为与在场的多数人保持一致是最安全的选择。但事实上这种无理性的相互模仿可能导致最不安全的结果。

（二）流言

流言是一种信源不明、无法得到确认的消息或言论，通常发生在社会环境具有较高的不确定性，而正规的传播渠道（如大众传媒等）不畅通或功能减弱的时期。流言可分为非紧急事态下的流言和紧急事态下的流言，集合行为中的流言属于紧急事态下的流言。它的特点有三个：其一，流言信息的快速增殖。如一个人通过手机短信传给其周围 N 个人，信息层迅速大面积传播开。其二，流言信息的奇异回流现象。因为找不到源头，人们不必为信息的准确性负责任，于是信息的内容很容易被任意添油加醋、改造变形，一条流言短信经过数个人传递之后又重新回到发布者手机里。但经过加工改造的流言已经改了模样，甚至连发布者自己都不认识了。这是个恶性循环机制。其三，流言中伴随着大量的谣言。谣言是指有意凭空捏造的消息或信息。集合行为中难免有别有用心者会利用和煽动人群的情绪，以达到他们的某种目的。谣言的传播是非常危险的，应加以防范。

（三）流行

流行是指一个时期内在社会上流传很广、盛行一时的外表和行为的风格，是一段时间内为人们广为崇尚的生活模式。流行涉及服饰、音乐、美术、娱乐、语言、用品等各个方面。流行具有新奇性、消费性、周期性、选择性等特点。人们追求流行是个性表现与从众心理的统一。一方面，它可以满足人们希望自己显得与众不同、引人注目的心理需求，在竞争性强、地位意识较浓的现代社会里，它是人们向别人标明自己的社会特征和个性特点的一种手段。另一方面，追求流行又是对某种行为方式的仿效，是适应社会生活的从众行为。流行是人们一定的心理需要的满足方式,这些需要包括:他人对自己的承认、个人威望、自我显示、自卑感的补偿、新经验的获得、心理上的安慰、求爱、出人头地、从众等。流行具有许多积极的功能,包括表达社会感情、形成社会风气、增加社会的同质程度、传播新的价值观念、促进生活方式的变革、促进社会控制等。流行也有一些负功能,例如,流行时讲究新奇、奢侈,往往会给社会财富带来很大浪费。流行还会刺激人们的攀比心理,使一些人不顾自己的主客观条件去赶时髦。

技能提升

如何分析社会互动

(一) 社会互动的过程

社会互动是一个内涵非常丰富的概念,不同类型、不同情境中的互动在过程上往往差别很大。如角色互动、陌生人互动、集合行为情境中的互动、个体之间的互动、个体与群体之间的互动、群体之间的互动等,都可能有不同的互动过程。这里介绍两种分析社会互动过程的方法和观点:

1. 贝尔斯的互动过程分析

美国社会学家贝尔斯(R. Bales)于20世纪四五十年代提出了一种小群体研究方法——互动过程分析。贝尔斯把社会互动划分为三个阶段。

第一阶段:定向阶段,主要解决情境辨识问题。参加互动的成员在开始互动时往往首先要确认是何种情境。例如,当大家被召集在一起时,人们首先关心的是要干什么,是社交性的联欢,还是严肃的工作会议。

第二阶段:评价阶段,主要解决态度确定问题。明确了互动情境后,成员们往往要考虑自己该对此情境持何态度。例如,如果是一次社交性的联欢,那么是积极主动参与,还是逢场作戏凑凑热闹,或是消极地旁观。

第三阶段:控制阶段,主要解决行为选择问题,即对此情境做些什么。如果倾向于积极参与联欢,那么是去表演节目,还是找几个自己感兴趣的人聊天,还是多做些服务工作。

在这里有几点需要注意:首先,这三个阶段并不是直线发展的,有时可能会重复某一阶段。例如,在控制阶段之后有可能进行重新定向和评价。参加聚会时,一开始你可能以为是一场严肃的学术讨论,便郑重其事地准备做笔记、发言,但进行一段时间后你可能发现大家都并不认真,于是你也就开始敷衍了事。其次,在互动的各阶段中往往伴随着情绪因素,互动过程分析可能同时涉及工作任务领域和社会情绪领域。最后,在多人互动中,人们与谁互动,进行哪方面的互动都有较强的选择性。贝尔斯的互动过程分析方法得到了广泛的应用,被用来探讨诸如集体问题解决、角色发展、上下级交往等问题。

2. 芝加哥学派的四阶段说

美国芝加哥学派的帕克(R. R. Park)和伯吉斯(E. Burgess)对不同群体或不同文化

之间互动过程的分析认为，本地社会群体与移民之间的互动过程，包括敌对、冲突、适应和同化四个阶段，每个阶段与前一个阶段相比都是一个进步。

第一阶段是敌对或竞争，这是最初级和基本的社会互动，是一种个人之间没有社会接触的互动，互动双方是一种竞争、排斥关系。敌对或竞争与劳动分工等社会过程有关。

第二阶段是冲突，由于激烈的竞争，双方可能产生对立情绪，出现以攻击对方为目的的行为。

第三阶段是适应，冲突在少数情况下会以一方消灭另一方而结束互动，但大多数情况下，冲突的一方或双方会部分地改变其思想、态度和习惯来适应对方，以避免、减少或消除冲突。

第四阶段是同化。顺应的结果是双方在很多方面日益接近、融合、趋于一致、实现同化。两种文化体系相遇时，也会发生交流、冲突、认同和融合的过程。但是，并非所有的互动都要经历这种过程，只有双方利益上或认知上不一致时才有可能如此。

(二) 社会转型与社会互动

社会变迁尤其是社会从传统向现代的转型过程，必然会引起社会互动的方式等方面的变化，社会互动方式的变化反过来又会推动社会变迁。例如，在当代社会，新通信技术的应用带来了社会互动方式等层面的革命性变化，社会互动方式变化又给经济社会结构的变迁带来深刻的影响。

社会转型会引起社会互动方式和社会互动规则等各方面的变革。吉登斯深入分析了现代化过程所导致的社会互动的"脱域"(disembeding)过程与现象：在传统社会，人与人之间的互动在大多数情况下都是地域性的面对面互动，而社会的现代化发展日益把空间从地点中分离了出来。使得社会系统出现了"脱域"，即社会关系从彼此互动的地域性关联中，从通过对不确定的时间的无限穿越而被重构的关联中脱离出来，远离了任何给定的面对面的互动情境。社会转型过程中社会关系的脱域过程，以及交通、通信方式的迅速发展，使得人们社会互动的中介、互动方式发生了深刻变革，社会互动的规则也因社会转型和价值观念的转变发生了改变。例如，在男人和女人之间的社会互动上，以前"女士优先"的观念使得男士主动为女士开门成为互动惯例，但是到了20世纪70年代，这一互动惯例遭到广泛挑战。一些人觉得这种礼仪是男性处于控制地位、女性处于被动地位的象征。这种观念的变化，使得男女两性在相遇时谁给谁开门就变得日益复杂和成问题，于是男士主动为女士开门也不再是互动的常规。

中国自改革开放以来，快速工业化、城镇化的转型进程使传统农村"乡土社会"和城市以"单位"为基础的人际互动发生了根本性的变化。这种变化推动城乡社会成员的社会互动从封闭式互动向开放式互动、从依赖性互动向自主性互动、从单一化互动向多样化互动的转变。

(三) 网络时代的社会互动

现代传媒技术的发展对社会互动产生了十分重要的影响。与农业时代人们以血缘关系和地缘关系为主的社会互动方式和工业时代以业缘关系为主的社会互动不同，随着互联网的兴起，网络越来越成为人们互动的重要媒介，也形成了新的人际关系形式——"网缘关系"，使社会互动方式等各个层面都发生了革命性的变化。

课后提升

我们是如何通过互动构成校园生活的

材料一：

××大学河西校区曾因离市区较远，生活不便，被师生们戏称为"河西荒漠"。××年9月，首家高校"智慧屋"亮相，现在，该校的3000余名师生足不出生活园区就能享受到快递自提、就医挂号、充值缴费、火车票代购、自助银行等线下服务和勤工助学、场地预约、失物招领、就业实习等8项线上服务。

××大学："智慧屋"是××市首家真正实现线上线下一体化的智慧社区实体中心，以设在"智慧屋"里的由学生自己经营的超市、文印店为例，这些勤工助学岗位都在互动平台投放，学生们可以在线上申请。

无论是快递代收，还是演出票打印，目前"智慧屋"为师生们提供的20项服务内容中，有九成都是智能化、自助式服务。线上操作方便线下生活，还能有针对性地提供最符合我们需求的信息，很多师生都为"智慧屋"点赞。

据悉，到明年年底前，类似的"智慧屋"将出现在沪上30所高校，为更多师生们提供快捷便利的服务。

在××政法学院，学生网络互动平台的线下体验启动得更早。比如，该校的很多"吃货"都知道，只要拿出自己的手机点几下，就能以团购价购买食堂里的饭菜——同样一份午餐，团购后立省3元。原来，这是学校网络互动平台和后保中心联合推出的"食堂团购"插件。

考虑到移动互联网的发展态势，××政法学院里的学生网络互动平台不仅设有电脑端，还创建了微信平台，且一并连接到学校"高大上"的线下体验馆。

在线上，学院整合、集结了校内的各类电子通道，如学工系统、社区系统、图书馆、课程中心、一卡通、失物招领、三维地图、网络电视台、微信订阅号和服务号等，为学生提供及时的服务。而走进线下体验馆，迎接学生们的是苹果电脑和提供各类专项服务的终端机，"咖啡预定""讲座预定""场馆预定""电影抢票"等活动，学生们都可以在终端机上迅速搞定。

材料二：

在××大学，学校知名度最高、影响力最大的教授们都在做同一件事情：在学校的网络互动平台建立工作坊，凭借名教授的魅力，"名师工作坊"大大增强了师生间的互动。对在校大学生来说，学习永远是校园生活的头等大事。无论是班级里的"学霸"，还是在某门专业课学习上遇到困难的学生，越来越多的人正在通过访问学校网络互动平台，在线获取各类学习资料。

在××大学,一款名曰"秋波"的移动应用软件在学生中已经赫赫有名,"秋波"是学校教育教学改革的一款创新性软件产品,既然学生上课用手机已经成为一种常态,何不按照学生们的爱好来重新对传统课堂的教学模式进行设计,让学生爱玩的手机变成辅助教学的工具。

覆盖课前、课上和课后各个教学环节,具备学生自动签到、课堂提问和互动、实时在线课堂、课下资料共享和交流等智能教学功能,"秋波"把课堂教学带入一个全新的境界。颠覆上课"你教我听"的传统模式,结合学生网络互动平台,启动高校课程信息化教学改革。

根据以上材料,回答下列问题:

1. 材料一反映了当前大学校园社会互动出现的什么现象?
2. 试运用社会互动的相关知识分析材料二中运用网络资源进行教学的优势。

模块三　走进社会群体与社区

项目七

认识所在的社会群体
——人以群分

导学图

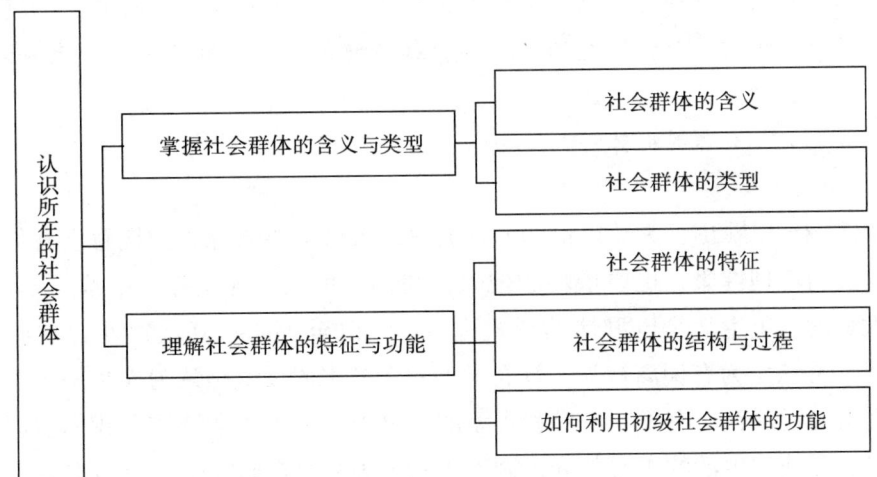

学习目标

1. 了解社会群体的含义和类型
2. 理解社会群体的特征和过程
3. 掌握利用初级社会群体功能的方法

任务一 掌握社会群体的含义与类型

情境导入

丹尼尔·笛福笔下的鲁宾逊·克鲁索是一个极具吸引力的人物。一代又一代的读者因想象自己处在一个充满陷阱、完全孤独、荒无人烟的岛上而神情激动或恐惧。如果你发现自己是一个现代的克鲁索，长时期地与人类断绝了所有的交往接触，想象一下你会做出怎样的反应呢？

一方面，你会觉得很好，没有其他人来告诉你去做什么。你想睡多长时间就可以睡多长时间，爱怎么穿衣就怎么穿，尽你最高的音量引吭高歌，你可以打嗝、搔痒而无须担心别人是否喜欢。一时间，这样的自由也许是天堂般的。

但是你可以坚持多久？对我们大多数人来说，答案是：根本不会坚持很久。即使是最反社会的个体，不久也便会开始想要有人来陪伴。如果我们孤独地生活，谁会来祝贺我们的成功？在我们忧伤时谁会来安慰我们呢？除了自己的声音外不能再听到别人的声音，我们的一些想法只能在自己的脑子里萦回而不能向他人表达，这种情况我们能满足多久呢？

事实上，长期被迫忍受与世隔绝的人，经常体验到深刻的迷惘，甚至可能因没有人陪伴而发疯。毫不奇怪，传统监狱中大多数最严厉的惩罚可能就是关禁闭。相似的，对许多社区宗教群体来说，可以实行的最强烈的惩罚性制裁就是"隔离"，或者说强迫离开群体。就像鲁宾逊·克鲁索最终在他的孤岛炼狱中遇到另一个人时欣喜若狂那样，任何曾经被迫经受、即使是相对简短地与世隔绝的人，都会知道与他人的接触是一个人最基本的需要，就像食物、水和住所一样。

问题：人们为什么需要群体？

分析

从以上案例可以看出，为获得恰当的社会化，人就需要与他人的接触。我们大多数的基本生理需要与心理健康，也要依赖于他人，我们与他人一起工作、嬉戏、学习和工作。事实上，大量的人类生活是以群体的形式进行的，以至于那些喜欢独处者被贴上"孤独者"的标签，并认定为有偏离行为。社会学的一个基本假设就是认为人类是天生的社会性动物，人类就是生活在所有不同规模和类型的群体中。由于社会群体在我们生活中有如此重要的意义、是我们生活的主要部分，因而也就成为社会学研究的一个基本话题。

 知识链接

一、社会群体的含义

（一）什么是社会群体

人的本质和人类社会的特征说明，社会性的人只有在一定的社会关系中才能表现出自己的本质，人只有在社会群体中才能过社会人的生活。这样，人们怎样结成群体，人们在群体中怎样生活，个人与群体的关系就成为必须研究的问题。

社会学把人们生活于其中的群体称为社会群体。什么是社会群体？简单地说，社会群体是处于社会关系中的一群人的合成体，这里所说的合成体是指结合而成的整体。如果考虑社会群体的主要特征，可以说，社会群体是指人们通过互动而形成的、由某种社会关系连结起来的共同体，在这个共同体中，成员具有共同身份和某种团结感以及共同的期待。

上述界定对社会群体这一概念给了很多限制，无非是说社会群体不是社会中的所有"群体"形式。让我们来做一下区分。首先，社会群体并不是偶然聚集起来的一群人。在社会生活中，由于各种际遇，人们凑在一起的现象是经常发生的，比如在大众娱乐场所聚集起来的一群人，外出旅游临时搭伙的一群人。这类群体可以被称为偶遇群体，但不是我们所说的社会群体，因为在上述情况下，人们之间没有形成较稳定的社会关系，统计群体也不是我们这里所说的社会群体。统计群体是社会对具有某种共同特征，甚至相同身份的众多社会成员的称谓，比如大学生群体、农民工群体、老年人群体、困难群体等。这些所谓"群体"同样没有持续的互动和社会关系的支撑，实际上它们是同一类人的集合概念。

二、社会群体的类型

（一）初级群体和次级群体

依据群体成员间关系的亲密程度，社会群体可以被划分为初级群体和次级群体。初级群体，又称首属群体或基本群体，是指由面对面互动所形成的、具有亲密的人际关系和浓厚的感情色彩的社会群体。最典型也是最重要的初级群体是家庭。家庭是人类最早和最基本的社会群体形式，它对人类社会的发展起着十分重要的作用。无论是社会成员的社会化过程，还是作为最基本的社会群体形式，人类社会生活都无法脱离家庭的影响。家庭是社会的细胞，从家庭扩散到类似家庭纽带关系的一些群体，邻里、朋友、亲属、兄弟会、闺蜜团、运动队等都可以被看作初级群体。初级群体具有多方面的功能，它在个人成长和社会发展过程中起着重要的作用：

第一，社会化功能。社会成员在从一个自然人转变成被社会所接受的社会人的过程中，需要家庭、同辈群体和邻里等初级群体的影响。家庭是成员社会化的最重要的场所，个人的大部分时间是在家庭中度过的，成员在家庭生活中树立最基本的价值观，形成为人处世的基本态度。同龄群体和邻里对个人的影响也是不可忽视的。

第二，情感功能。初级群体中成员对群体活动的参与程度比较高，在直接的人际互动中建立起较亲密的人际关系，成员在初级群体中能够获得多方面的情感满足，这种情感功能是次级群体无法取代的。随着现代化程度的提高，初级群体成员的关系开始松懈，成员普遍感到孤独、失落，很难找到可以推心置腹、倾吐衷肠的朋友。初级群体情感功能的减弱必然会带来成员的情感危机。

第三，社会控制功能。初级群体为社会成员提供了基本的价值观和行为规范，是社会稳定的基础。另外，初级群体还通过非正式的社会控制手段影响成员，使其在行动中自觉遵守社会规范。对违反社会规范的行为，初级群体会通过劝解、说明或指责等方式促使成员改正。

但初级群体某些时候也会对人们产生负面影响：一是可能压抑个性的形成和个人积极性的发挥，限制个人的社会发展；二是正规组织中初级群体的存在，有可能干扰正式组织关系，破坏组织结构，妨碍组织效率的提高和组织目标的实现。

次级群体，又叫次属群体或间接群体，它指的是其成员为了某种特定的目标集合在一起，通过明确的规章制度结成正规关系的社会群体。群体成员间的感情联系相对不如初级群体，面对面的互动有限。典型的次级群体是各类社会组织，如公司、政府机构、学校等。次级群体的规模可大可小，较小的次级群体，如一个科室、班组。当然，在较大的次级群体中，也会出现一些较小的初级群体，如军队中的战友群、工厂中的工友小集团以及学校里的"哥们"群体等。

（二）正式群体和非正式群体

根据群体的组织化、正规化程度，社会群体可分为正式群体和非正式群体。正式群体是指有明确的组织目标，正式的组织结构，成员有着具体的角色规定的群体，如一个单位的基层党组织、大学里的教研室、工厂里的新产品开发小组均属于正式群体。正式群体的组织化、正规化程度高，其成员间的互动采取制度化、规范化的方式。非正式群体是指人们在交往的过程中，由于共同的兴趣、爱好和看法而自发形成的群体。非正式群体可以是在正式群体之内，也可以是在正式群体之外，或是跨几个群体，其成员的联系和交往比较松散、自由，像棋友、课外学习小组、老乡会均属于非正式群体。

（三）内群体和外群体

按成员对群体的心理归属差异，社会群体可分为内群体和外群体。内群体指的是个人可被看作是其中一员的任何社会群体。外群体指的是个人不属于其中的任何社会群体。实际上，特定的外群体通常是根据某一个具体的内群体来鉴定的。内群体和外群体的概念明确地区分了我们和他们的界限。这种内外有别的观念不仅内化在群体成员的心里，而且有时通过外在的形式加以突出和强调，如一个群体有自己的名称、符号标志，或特殊的服饰、礼仪或习俗等。使用内群体和外群体概念时，主要用来说明个人对于内群体的肯定和忠诚、对于外群体的排斥和疏远的态度。内群体和外群体常常相互隔离，甚至处于对立的地位。当彼此有严重的利益冲突时，比较容易导致抵制、争斗，甚至是侵略等行为。

（四）所属群体和参照群体

依据成员的身份归属，社会群体可分为所属群体和参照群体。所属群体指的是成员身份所属的群体，它规定着成员的身份及其日常活动。参照群体是指某些人或群体被当成自己的参照对象，作为自己模仿、学习的榜样。参照群体一般是与所属群体同类的群体，比如某个人在布置、装修自己的住宅时，可能以邻居或仰慕的某位熟人的家居布置作为参照和效仿对象。

（五）血缘群体、地缘群体、业缘群体与趣缘群体

根据群体内人际关系发生的缘由及其性质，社会群体可分为血缘群体、地缘群体、业缘群体与趣缘群体。群体中的成员是以血缘或生理联系而形成的群体叫作血缘群体，包括家庭、家族、氏族、部落、部族等具体的形式。群体中的成员基于空间或地理位置关系而形成的群体叫作地缘群体，包括邻里、老乡、民族社区等具体形式，这种群体的出现晚于血缘群体。群体中的成员是以劳动与职业间的联系而形成的群体叫作业缘群体，这类群体的出现是生产力日益发展、社会分工越来越细、阶级社会逐步产生的结果。趣缘群体是人们因兴趣爱好相同而结成的社会群体，它既是社会发展的产物，也是人们追求精神生活的结果，存在于各个年龄段的社会成员中。

任务二　理解社会群体的特征与功能

情境导入

　　《街角社会》是作者威廉·富特·怀特用了三年半时间对波士顿市的一个意大利人贫民区——科纳维尔进行实地研究的成果，是他以被研究群体——"街角帮"一员的身份，置身于观察对象的环境和活动中所做出的翔实而生动的记述。之前的研究一直把贫民区当作问题区看待，认为这里从来都是无序的、松散无组织的状态。然而，《街角社会》透过把贫民区作为一个有组织的社会系统的社区来看待的视角，成功地揭示了贫民区内的非正式组织的内部结构以及活动方式等。

　　《街角社会》让人读来兴趣盎然的原因之一或许是作者以人物为线索，将复杂的内容连缀起来。多克领头的街角青年与奇克领导下的意大利俱乐部代表了当地社会中的很大一部分人，同时，他们又都是科纳维尔的"小人物"。为了了解他们，必须发现哪些是"大人物"，并知道他们是如何起作用的。在科纳维尔，这些大人物是非法团伙的成员和政治家。我们首先会问，是什么使一个人变成了大人物？他用什么方法得以统治这些小人物？托尼·卡塔尔多为控制科纳维尔社交和体育俱乐部而进行的一番努力十分具有代表性。托尼虽然在俱乐部里的时间很少，但他通过偶尔来看一看和经济上的恩惠而保持了他的地位，在俱乐部接近土崩瓦解的一次打击中，他留了下来。当他被叫去解决家具之争时，地位得到提升。我们可以看出，只有当俱乐部里的情况发展影响他的利益时，他才在那里频繁露面。他利用的是自己在科纳维尔高人一等的地位，使得他可以在街角青年的主要活动领域发起行动。在俱乐部以外，街角青年是无法对托尼产生任何大的影响的。领导地位的变更不是通过底层的叛变，而是通过结构中最上层人们之间关系的变化进行的。至于如何统治那些"小人物"，由于群体的成分稳定，其成员又缺少社会保障，所以形成了群体内部非常高的社会相互作用率。这种相互作用中，产生了一种相互义务，这也是群体内凝聚力的基础。如果他要使自己在精神上感到幸福，就必须保持他的相互作用方式。"小人物"们需要使他的活动按照习惯的渠道进行，否则就会心烦意乱。只有当领袖出现时，成员们才感到这个帮真正聚在一起了。当然，当形势需要领袖行动时，他就会行动。领袖一般会更加敏锐，以维持整个帮派的平衡。

　　我们大致知道，科纳维尔的政治组织和非法团伙的头目们是彼此合作的。但是，这种合作是什么性质的？它的基础是什么？又是怎样建立起来的呢？《街角社会》中第二编"非法团伙成员和政治家"中提到过一次"历史性的会议"。这次会议的主要议题是科纳维尔的彩票业受一位非法团伙头目的控制，官员和商业伙伴可以从中获得一定的好处。如果这次会议达到了目的，即消灭竞争和暴力，那么，警察局的任务就简单多了。而彩票公司的首脑们最重要的功能之一就是与政治家和警方的高级官员建立和保持密切的关系。对于他们来说，与律师事务所拉上"关系"尤其重要，警方的负责人对于他们的生意的经营好坏，显然也是个关键人物。与政界的联系也很重要，因为通过这种联系可以对各执法机构施加影响。即使不能直接"收买"，也可以对任命他的人施加压力。在非法彩票业中，专门有一个职位以为代理人提供警方的保护为责，即二老板。警长并不直接拿钱，也没有必要与警察局所有成员都拉上关系。遇到坚决想要取缔非法活动的官员时，非法团伙成员会对政界人士和警方的上级官员施加压力，把该人调到别的地方去。把警方请来，以挤走竞争者的情况也越来越多。在一般情况下，非法团伙的活动都尽可能平和地进行，这对于团伙成员和警察都有好处。当非法团伙成员在他与警方的关系不十分牢固的地区时，会遇到比较严重的麻烦，因为他的老板无法贿赂所有代理人有可能接触到的警察。这种时候，非法团伙成员就仍然必须对付那些不肯遵守"商业准则"的贪得无厌的警官造成的麻烦。虽然对警方行贿是必要的，但是他们对非法团伙活动的宽容并不完全取决于贿赂，还受私人关系、社会各方面看法等的影响。总体说来，警察部门在这里的首要功能不是执法，而是对非法活动加以管理。但这不意味着警察部门和非法活动组织之间串通一气并就一种共同的政策达成一致。他们之间的关系并不是总体性的，而是建立在这两个群体中的个人之间的。街角青年之间、非法团伙与政治家们之间的协作机制就这么脱离了无组织的外表，而趋于明朗化。事实证明，科纳维尔也是一个有高度组织状态、完整的社会结构的社区。

问题："街角青年"这一群体的特点是什么？

分析

从以上案例可以看出，《街角社会》中对于科纳维尔的描述为我们揭示了一个群体结构的组成：一定人员形成的群体规模，如多克领头的街角青年与奇克领导下的意大利俱乐部；不同的群体角色分配，如"大人物"托尼·卡塔尔多，"小人物"多克与奇克；精准地告诉这些帮伙成员在大多数情景下如何行动的群体规范，如在一般情况下，非法团伙的活动都尽可能低调小心地进行，这对于团伙成员和警察都有好处。当非法团伙成员在他与警方的关系不十分牢固的地区时，会遇到比较严重的麻烦，因为他的老板无法贿赂所有代理人有可能接触到的警察。这种时候，非法团伙成员就必须对付那些不肯遵守"商业准则"的贪得无厌的警官造成的麻烦。

 知识链接

一、社会群体的特征

社会群体作为人们共同生活的一种社会形式具有如下基本特征：

1. 成员间有直接、明确和持久的社会关系。一定的社会关系是社会群体存在的基础。社会关系是人们之间稳定的互动模式，它是成员之间权利、责任和义务的反映。社会关系是人们共同生活和社会互动的结果，有了这种社会关系，成员之间才能稳定、有序地交往，才构成群体。应该指出的是，社会群体内的社会关系是直接的和持久的，它具体地反映于群体成员的共同活动之中。

2. 群体成员有共同的身份和群体意识。身份是人们在社会中的某种标识，比如大学生、农民、教师都是身份。共同的身份是指在某种社会背景下人们的身份是相同的，比如同是一个大学的学生、老乡、一家人，这些都使其成员有了共同身份。群体意识是指群体成员对该群体的认同感，即他认为自己属于该群体并对之负有责任，他与这个群体利益相关。具有共同的群体意识也包含了成员之间的相互认同，意识到他们共同属于这个群体，即群体成员获得了一致的身份感。

3. 有一定的群体边界。群体边界是不同群体之间互相区分的界限，群体边界由具体的人员反映出来，即某人属于或不属于该群体。实质上，群体边界是由群体认同感和相互依存的权利、责任和义务确定的。同一群体的成员之间具有认同感，而不同群体的成员之间缺乏认同感，就产生了群体边界。成员的从属和他们对群体的认同使群体边界变得清晰。人们常用成员的从属来看待群体的边界，但是认同感对于群体边界的确定更具本质性。

4. 群体成员有某种共同的期待与行动能力。群体成员的共同期待是指这些人聚集起来，结合成一个群体，并有某种共同的期望，希望达成某种共同的目的。人们结成群体总是有目的的，这就是要满足参与者的需要。在许多情况下，人的需要的满足必须以与他人的合作为中介，于是结成群体而有效地合作成为个人达到目标的手段，共同的合作期望使人们走到一起并结成群体。在有些情况下，人们结成群体是为了满足表意性的需要。群体具有行动能力是说成员们能够作为一个群体去行动，当群体利益需要成员为之做出努力时，他们可以去行动。一个没有行动能力的群体，不是真正的社会群体。

二、社会群体的结构与过程

社会群体作为个人与社会之间的桥梁，其内部已因成员间的相互作用而产生了一定的结构模式。规范、地位、角色、权威及成员间的关系，都是这种结构模式中的要素。

（一）群体凝聚力

群体凝聚力也称群体内聚力，指群体吸引其成员，把成员聚集于群体中并整合为一体的力量。群体凝聚力的发展一般表现为三个层次。第一是人际吸引，群体中尚未形成规范压力，或者成员尚未了解、接受规范；第二是成员对规范的遵从，把个人的目标与群体的目标相结合，自觉接受群体规范的约束，并在此基础上与其他成员建立更深的关系；第三是成员把群体的目标自觉地看成自己的目标，并将群体规范内化为自身的行为准则，各成员因此对群体有强烈的认同感与归属感，产生高度整合的一致行动，这是群体凝聚力的最高层次。

影响群体凝聚力的因素包括成员个人、群体自身以及环境等方面：

1. 从个人和群体的心理互动上看，群体自身是否对其成员具有吸引力和成员个人是否感受到这种吸引力，都对群体凝聚力产生重要影响。

2. 从个人和群体间的利益关系看，这两种利益能否保持一致，也影响着群体凝聚力的状况。如果成员通过遵循群体规范，在群体中活动，并能够充分满足自己的各种需要，就会刺激其积极性，提高群体凝聚力。

3. 从成员在群体中的关系结构看，这一结构是否遵循一致性原则和互补性原则，也直接影响着群体凝聚力的高低。

4. 从群体成员与其领导的关系看，群体成员是否了解和信任其领导的才能，以及领导资格的取得是否具有合法性，甚至领导个人是否具有魅力，这些都对群体凝聚力有很大影响。具有权威的领导和成员对此权威的认同、拥护，是增强群体凝聚力的必要条件。

5. 从群体与其环境的关系看，如果一个群体内部尚不存在分裂性因素，当其面临环境的巨大压力与威胁时，其凝聚力也会大大增强。

群体凝聚力对群体形成及维持的作用表现为：保持群体的整体性、协调性，控制群体成员，保证成员的自信心与安全感。群体凝聚力对社会的作用则视群体意识及其价值规范的内容而有正面、负面及中性之分。

与群体凝聚相反的过程就是群体的离散，表现为群体凝聚力的消解。而群体内部冲突往往是导致群体离散的重要原因。但是，并非所有的冲突都必然导致群体的分裂、瓦解。这里，应当联系到特定群体的规模、内部结构以及冲突是否涉及群体的核心价值观念等方面加以具体分析。

（二）群体规范

群体规范指在某一特定群体活动中，被认为是合适的成员行为的一种期望，是群体所确立的一种标准化的观念。

群体规范的形成有其一定的心理机制。人们在共同的生活中，对于外界事物的经验具有一种将其格式化、规范化的自然倾向，这种规范化的经验被称为定型。它有助于人们在重新遇到此类事物时尽快做出反应。群体规范就其形成过程来说，也属于定型。另外，群体规范的形成还受模仿、暗示、从众、服从等因素的影响，是群体成员为了目标的实现而发生相互作用的结果。

群体规范在群体成员的共同活动中一经形成，便具有一种公认的社会力量，并不断内化为人们的心理尺度，成为对各种言行的判断标准。群体规范还指示了人们满足需要所采取的方式和相应的行为目标，从而规定了人们日常行为的范围和准则。最后，群体规范由于能够促成群体成员行为的一致、协调，从而发挥了维持群体生存的功能。

群体与群体之间，尤其是正式群体与存在于其内部的非正式群体之间规范上的冲突与对立，往往会造成一些混乱状态，在实际工作中应注意防止。

（三）群体内部关系

群体内部关系指成员间彼此交流与作用的状态和过程，是群体结构的重要组成部分。我们可以从三个方面对其进行考察：

第一，从群体规模入手，我们发现群体规模的大小直接影响着群体成员间关系的数量和形式。一个由三四人组成的群体内部的相互关系，与一个由 50 人或者 500 人组成的群体内部的相互关系显然是不同的。随着群体规模的增大，群体内潜在关系也在增多。对于大群体中数量庞大的潜在关系，不能用通常的方法来处理。大群体不可能依赖于自发的或随意的协约，它需要有具体的、明确的任务分工和责任规定。群体规模巨大意味着具有正式的组织、权力层、管理人员以及广泛的次级群体关系。如果协调得好，大群体也可能比小群体更有效率。

第二，我们可以利用"社网图"来分析群体成员间关系的状态及该群体结构的紧凑程度。所谓"社网图"，是美国社会学家莫里诺（J. Moreno）使用过的一种表示群体内成员相互吸引或排斥以及群体内成员间个人偏好的示意图。通过此图，我们可以看出个体在群体内的地位、群体整合程度、群体间信任关系与权力结构。示例图如下：

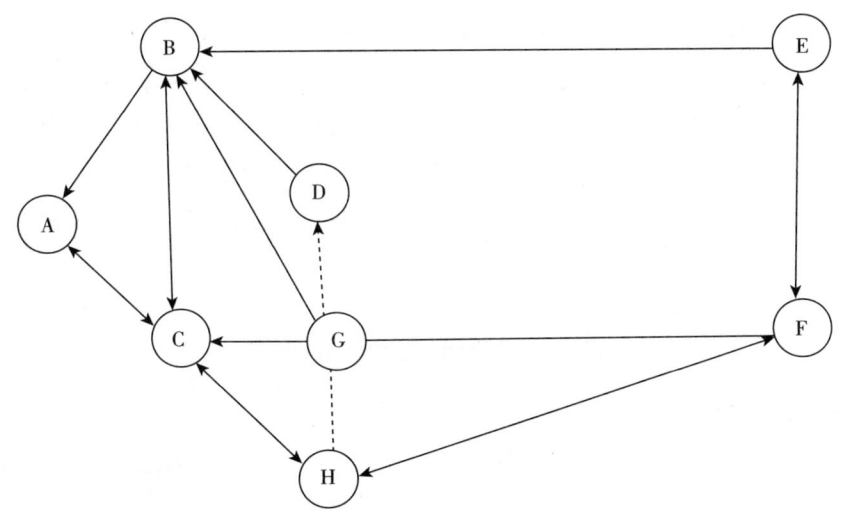

该图由一个个的圆圈及彼此间的联通线组成。每一个圆圈代表一个群体成员，联通线表示他们之间的关系。联通线有两种：一种是单箭头，表示单向选择关系，即一方喜欢与另一方接近，但另一方比较冷淡；另一种是双箭头，表示双向选择关系，即双方喜欢相互接近。

"社网图"有直观、准确的优点，是分析群体内部关系的重要方法，已被广泛应用于群体领导资格、信息传递途径、宗派集团分析等课题。但是，在研究大规模群体时，"社网图"就显得过于复杂，联通线错综交织，难于直观，只能借助于计算机等工具进行处理。

第三，我们可以通过群体内部信息沟通方式，来分析群体成员的地位结构类型和凝聚力状况。一般而言，群体内部的信息沟通有两种形式：一种是以"星型"结构为代表的分散方式；一种是以"轮型"结构为主的集中方式。

（四）群体领导与决策

群体中存在着领导者和追随者，这是群体结构的一个重要特征。所谓群体领导，是指在群体内部关系网络中处于中心位置，并能对群体其他成员进行引导和施加影响的角色。承担这一角色的人，或者具有某些突出的品行，或者积极参与群体活动并做出了实际贡献。他们可从群体内自发产生，也可从群体外加以委任。

一般说来，群体中有两种主要领导形式。一种是工具性领导，指引该群体为达到最终目标而奋斗；另一种是表意性领导，力求造成群体的团结与和谐。在群体中，这两种角色由不同的人扮演。

不同的领导人还可能采取不同的领导作风。领导作风大致不外乎以下三种基本类型：权威型（也叫"独裁型"），这种类型的领导人独自决定群体政策和分配任务，几乎是单纯发号施令。民主型，这种类型的领导人倾向于与群体成员讨论、交流以确定政策和任务，从而保证群体行动的一致。放任型，这种类型的领导人散漫怠惰，几乎不对群体成员加以指导或组织，任其自由行动。所谓群体决策，指在群体活动中，群体针对遇到的问题而做出判断和决定的程序，是群体发挥作用的重要步骤。

群体决策一般经历以下几个连续的阶段。第一阶段是搜集信息，群体成员通过分析这些信息来决定自己的态度；第二阶段是对搜集到的信息做出估价，此时，随着联盟的组成和一个正在形成的多数派将其观点强加于少数人而会出现紧张情绪；一旦决定做出，就出现第四阶段，这时成员们普遍努力恢复他们之间的融洽关系，以保证群体继续团结。

技能提升

如何利用初级社会群体的功能

（一）初级社会群体的概念

初级社会群体一直是人们生活中最重要的一种群体。初级群体研究是社会学和社会心理学感兴趣的一个热点，并已分化出许多流派。这种研究具有重要的理论意义和现实意义。首先，初级群体是个人与社会之间的桥梁，研究初级群体，有助于全面、深入地把握社会过程。其次，初级群体可被看成社会的雏形。再次，由于初级群体在人们的社会生活中占有非常重要的地位，对人们的心理与行为有着重大影响，因而，研究初级群体中人们的心理过程与行为方式，有助于推动社会心理学与行为科学的发展。最后，科学地研究初级群体，正确认识其存在的必然性，揭示影响人们心理与行为的诸种因素，有助于在实际工作中，通过对初级群体的改造和引导，发挥其正功能，以便改进工作方法，提高工作效率，并创造良好的社会环境，促进社会成员的健康成长。

基于上述理解，我们可以做出这样的界定：初级社会群体是由面对面的交往形成的，具有亲密的成员关系的社会群体。初级社会群体反映了人们最简单、最基本的社会关系，它是社会的基本构成单位。

（二）初级社会群体的特征

以家庭、儿童游戏群体和邻居为代表的初级社会群体有如下基本特征：

1. 规模较小

初级社会群体一般规模较小。规模较小是与较频繁的交往及较亲密的关系联系在一起的，因为只有如此才会达到关系亲密的效果。在群体中，规模的扩大会导致群体成员之间关系数量的急剧增长，而在存在大量成员关系的情况下，难以形成普遍的亲密的人际关系。

2. 成员间持续、直接而全面的交往

初级社会群体成员之间主要的互动方式是面对面的、直接的。这种面对面的互动有如下特点：其一，它是直接的，没有其他人做中介，互动双方直接联系。其二，人们在互动中的行为举止、一颦一笑不但传递着信息，也传递着感情，因此这常常是带有感情的交往。有时情感的增强是附加物，有时是交往的目的本身。其三，这种交往是经常性的，是成员间主要的互动方式。其四，这种互动是全面的，即它不是局限于双方的某一种兴趣，而是不可避免、不可分割地涉及他们的社会生活的更多方面。这种互动是综合性的，双方都以完整的人格出现，即全人交往。

3. 人际关系亲密

人际关系亲密是初级社会群体的最重要的特征。由于成员不是以功利性的目的加入其中，成员有共同利益，再加上持续的、面对面的互动，因此成员之间存在着比较亲密的关系。虽然在群体中也可能存在着某些不协调，但是群体气氛的主流不是利己主义的。亲密的人际关系在群体成员中产生了"我们"感，这又使得在群体生活中成员们具有不可替代性，即他（她）是不能随意被他人替代的。

4. 非正式控制

初级社会群体也有对群体成员的行为进行指导和约束的规范，但是这些规范不像正式组织那样由正式的明文规则组成，而是由习惯、道德、群体意识等构成。通过社会化，群体成员共享了群体价值、认同了群体规范，因此自觉是初级社会群体成员的重要的行为特征。在违反群体规范的情况下，群体成员也基本上是用不成文的规则，包括心理压力去处理问题的。

（三）初级社会群体的功能

1. 个人社会化的基本场所

由于初级社会群体是一个人最初参与，并在其中长期生活的群体，因此，它对儿童、少年的成长及其人格的养成具有极其重要的功能。库利是从人性成长的角度来看待初级社会群体的作用的。他认为，在社会化的过程中，一个人的"镜中自我"观念的形成是关键的，而这一过程与初级社会群体的生活有紧密联系。他认为，在初级社会群体中人性逐渐产生，初级社会群体是人性的养育所。

2. 个人走向社会的桥梁

家庭、儿童游玩群体等初级社会群体都是小社会，但一个人最终还要进入更大的社会，即作为社会成员参与更广泛的社会生活。人类社会是复杂的，其他社会群体和公众社会与初级社会群体对成员的要求有很大不同。虽然它们中有的也承担着社会化的功能，但是总的说来，它们对成员的要求是较为普遍化和标准化的，是更具社会性的。一个人要能较好地适应复杂社会的需要，必须经过初级社会群体的生活阶段。可以认为，初级社会群体是人们进入社会这个大舞台的预备阶段，它是人们走向社会的桥梁。

3. 满足人的多方面需要

任何社会群体都是为满足人们的某种需要而存在的，初级社会群体则能够满足人的多方面需要。初级社会群体与其他社会群体的一个重要区别是其功能的综合性，这使它能满足人在生存安全、社会交往、精神愉悦等多方面的需要，而不是像某些社会组织那样功能是单一的。另外，初级社会群体与其他社会群体相比明显的是以人为本的，即它全面地、真正地关心成员，尽量地满足成员的需要，而不像社会组织那样，成员与群体基本上是交换关系。

4. 有助于维护社会秩序

初级社会群体是人类社会基本的组织形式，它的状况对实现社会秩序具有重要作用。一方面，初级社会群体的稳定和有效地发挥功能可以满足其成员的需要，从而减少对整个社会秩序的压力。如果一个社会中的初级社会群体的功能是有效的，那么，整个社会也会表现出基本的秩序。反之，初级社会群体的衰败则会给社会秩序带来严重威胁。另一方面，人们对初级社会群体的认同感、归属感、荣誉感和责任感，也会使得其成员自觉维护群体利益，做有利于群体的事，认同社会的主流价值，这也有利于实现社会秩序。还有，在许多情况下，国家是靠家庭、邻里组织来管理基层社会的。比如，在传统的农业社会，中国长期以来"家国同构"，家庭、家族在很大程度上承担着管理其成员、进行社会控制、维持社会秩序的功能。

5. 初级社会群体的负功能

初级社会群体作为人们社会生活的基本形式和社会运行的重要基础，并不总是对其成员的成长和社会发展发挥积极作用。在某些情况下，它可能会产生负面影响。这主要反映在如下一些方面：初级社会群体的过分发展可能会抑制个人的发展。群体与成员的亲密感情、群体对其成员需要的过分满足都可能造成个人对初级社会群体（主要是家族）的过分依赖，从而抑制了他在社会中的发展。另外，当初级社会群体的某些价值与社会发展的要求不一致时，成员对群体的忠诚可能会损害社会利益，如狭窄的"家庭本位主义""小集团主义"就是如此。

（四）初级社会群体的变化

在传统社会中，初级社会群体比较发达，不论在群体形式还是在功能方面，初级社会群体都居于重要的、不能替代的地位。进入现代社会以来，初级社会群体呈现出逐渐衰落的景象。这与工业化、城市化和现代价值观念的影响直接相关。工业化造成了高度的社会分工，也肢解着传统社会的经济和社会生活；城市化带来了人们的迁移和住所的较为频繁的变化，撕裂着亲属之间的联系，制约着亲密的邻居关系的形成；现代化崇尚的工具理性突出了个体的价值，但也侵害着公共生活，这也不利于初级社会群体价值的形成，更难以形成社区性的初级社会群体。

在现代社会中初级社会群体的衰落表现在如下一些方面：

1. 初级社会群体的某些功能外移

随着社会分工的加剧，社会上出现了一些专门机构来承担原来由初级社会群体（特别是家庭）实现的功能，比如教育、娱乐功能等。这些替代性组织的出现，减轻了初级社会群体的压力，也使人们在更多方面走出初级社会群体，从而减少了对它的依赖。这样，初级社会群体也就不能像从前那样可以满足成员的多种需要了。

2. 初级社会群体内部的成员关系趋于松懈

在现代条件下，人们的经济和社会活动越来越不囿于传统的社会组织。人们普遍参与社会生活，使得他们用于初级社会群体的深入的、面对面的交往减少，一些交往活动也趋于形式化。这样，初级社会群体中成员之间的关系已不如从前那么亲密。

3. 某些初级社会群体名存实亡

工业化、城市化、现代化对某些初级社会群体具有颠覆性的影响，这使得一些初级社会群体名存实亡或归于解体。在这方面，邻里表现得最明显。

初级社会群体的衰落所造成的影响也是多方面的：一方面，这使人们从初级社会群体中获得的温情的、充满人性的关怀变少，社会秩序的维持将遇到更多挑战；另一方面，这将给人们带来更多的机会，人们的生活也会变得更加丰富多彩。

课后提升

如何分析当代中国青少年中的社会群体

"饭圈"即粉丝圈子的简称，代表了怀着"老母亲养儿子"心理追星的庞大粉丝群体。偶像的成长之路同时也是粉丝的自我实现过程，他们是粉丝主体性的代言人，满足观看者的自我想象，同时偶像也是他们欲望中的客体，填补着理想伴侣的缺位。另外，饭圈也指的是粉丝在追星过程中自发组织而成的利益团体。需要说明的是，饭圈文化与传统的追星行为不能混为一谈，饭圈最大的特点是其具有组织性，而追星则是纯粹的个人行为。

粉丝聚集形成饭圈，在饭圈中，粉丝并不是单纯地聚集，它的组织结构呈现出社群化特征。从纵向看，以粉丝的忠诚度、奉献度、活跃度为标准，粉丝可被分为核心粉丝、普通粉丝、路人粉丝等。从横向来看，饭圈中又有不同的分工部门，如专门为偶像评论、为与偶像有关的评论点赞的控评小组；为偶像争取线上、线下应援与奖项奖品的数据打投组；举报关于偶像的恶评与不当言论的反黑组。这些分工部门各司其职，职权分明，由后援会统领全局。

核心粉丝、普通粉丝、路人粉丝之间存在"等级"区别，在饭圈内，粉丝的话语权并不均等，在"饭圈"中也存在意见领袖，即"大粉"。[1] 常规意义上的意见领袖呈现出多元化的特征，而"饭圈"的意见领袖则与核心粉丝具有较高的重叠度。因为相比普通粉丝，核心粉丝往往投入了更多精力、时间、金钱等，这使他们具有更高的"饭圈"资历。拉扎斯菲尔德提出，信息不是直接被传递给大众的，而是通过了大众领袖的二次传播后再

---

[1] 叶可贤："'饭圈'群体文化解析"，载《新闻研究导刊》2021年第5期。

被传达给受众。在"饭圈"中,大粉接收到信息后,会先从中提炼出有利于"爱豆"(idol,即偶像)形象构建的信息,再将其发布出去,这些经过二次传播的信息往往带有强烈的个人喜好与价值观色彩。可以说,粉圈中的意见领袖不仅仅生产物料、发布消息、影响他人,甚至可以潜移默化地影响该粉圈对某件事的态度。

"饭圈"活动的运作模式也显现出了社群性。一个集体活动既有事前的策划、过程的统一管理,也有事后的总结。群体活动大致可以划分为以下几个步骤:发布任务—分解任务—任务打卡—总结任务。以××明星粉丝的一次打投活动为例,2019年某天,××明星的数据组之一初兴数据组发布腾讯音乐最受欢迎内地男歌手奖集结公告,随后由××吧、××资讯台、××打榜基地等微博转发,开启了该次打投活动。在发布活动公告前,各分会集合并商讨策略。在打投过程中,粉丝参与打卡表明自己已经完成任务;站长时刻关注当前粉丝打投情况以及数据变化,每一次发布新目标时都会对上一阶段的进度进行播报,并且制定具体的当前任务;在活动结束后,站长总结该次活动结果、公示资金用途。打卡制度、阶梯式设定目标与期望值、进度公示、资金透明化设置等一系列操作使粉丝群体活动更加程序化、纪律化以及高效化。

社群化的"饭圈"群体中有其自身的一套规则。在微博上,显性的规则公布在超话置顶中,包含如何正确发帖,如何反黑等。此外,"饭圈"中还有一套潜在的规则,这是追星一族在长期潜移默化中累积的规范,比如不能带着"粉籍"开麦,即不能以××偶像的粉丝的身份去发表言论,因为随意发言的结果可能是"招黑",给偶像带来不利的影响;在"饭圈"中还有一套缩写规则,一些"饭圈"常用语的缩写是为了更方便快捷地表达,如"yjjc"指的是"一骑绝尘",明星的名字也经常使用缩写或者同音字替换,这是为了防止粉丝之间的谈论被"饭圈"以外的人搜索到。

"饭圈"本是粉丝抱团支持明星的松散群体。但不知道从什么时候起,"饭圈"变了味,应援打榜不计成本、骂战互撕不择手段、为了流量恶意营销没有下限。"饭圈"变味,"唯流量论"难辞其咎。在娱乐圈,流量代表着艺人的知名度,也代表着商业价值。与几十年前不同,在互联网时代,等待艺人推出脍炙人口的好作品带来流量,速度似乎远不如"炒CP"、买热搜、设置热点话题。于是,在一部分粉丝的带动下,不良"饭圈"文化开始蔓延。有不少未成年人混迹"饭圈",种种不良文化直接影响了他们的健康成长。据统计,2019年前11个月,北京互联网法院审理的明星起诉网友侵害名誉权的案件中,70%的被告为30岁以下青少年,最小仅为19岁。[1]

根据以上材料,回答下列问题:

1. 当前"饭圈"这一群体的特点是什么?
2. 试运用社会群体的相关知识,分析"饭圈"群体出现的问题应该如何解决?

---

[1] 半月谈记者:"撕与黑:起底'饭圈'职业黑粉产业",载自半月谈网,http://www.banyuetan.org/jrt/detail/20200110/1000200033134991578617474855451762_1.html,访问时间:2022年3月20日。

项 目 八

重新理解婚姻与家庭
——何以为家

导学图

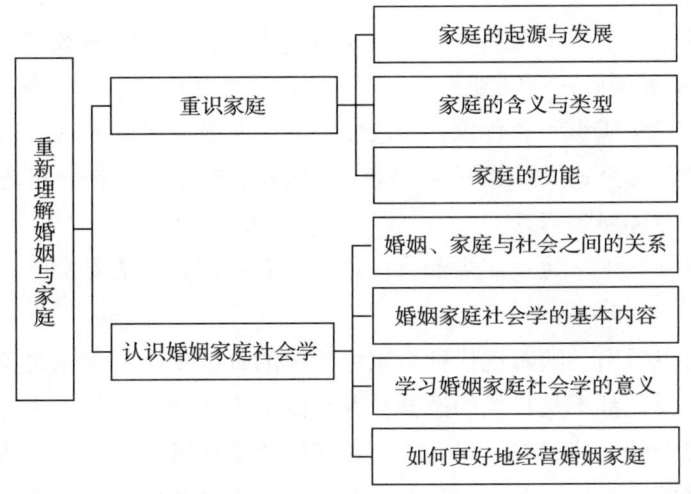

学习目标

1. 了解家庭的起源、发展及含义
2. 理解家庭的类型与功能
3. 掌握家庭社会学的相关理论与方法

任务一 重识家庭

情境导入

在中国，家庭养老既是一种悠久的传统，也是一个古老的制度。"父母在，不远游，游必有方"，在相当长的历史时期内，子女养老和在家养老是合二为一的。

我国 2021 年开展第七次全国人口普查的主要数据正式公布。普查结果显示，普查登记的大陆31个省、自治区、直辖市和现役军人的人口总数为141 178万人。其中，男性人口为72 334万人，女性人口为68 844万人。而在年龄上，60岁及以上人口为26 402万人，占18.70%（其中，65岁及以上人口为19 064万人，占13.50%）。与2010年相比，60岁及以上人口的比重上升5.44个百分点，65岁及以上人口的比重上升4.63个百分点。[1] 按照联合国的标准来说，一个地区60岁以上老人达到总人口的10%，或者65岁老人占总人口的7%，即该地区被视为进入老龄化社会。数据表明，我国人口老龄化程度进一步加深，未来一段时间仍将面临大量老龄人口带来的压力。60岁及以上人口18.7%的比例，意味着我国已经十分接近中度老龄化社会。

日益加剧的老龄化态势，势必会带来一系列负面效应，其中就包括我们现在与将来都要持续面对的难题——养老危机。据全国老龄办公布：我国老龄人口到2050年将达到峰值4.87亿，占总人口的34.9%。

随着经济的发展和社会的变迁，我国的家庭还出现了以下两种现象：一是许多家庭有人口外流或外迁现象，子女不在身边，出现了空巢家庭；二是大多数家庭子女婚后不与父母同住。对我国14省市的一项调查表明，2/3的农村青年婚后一二年都要建立自己的小家庭。生育率下降使子女减少和居住方式的代际分离使得子女对老年父母的照料产生了许多困难。居住方式的代际分离意味着健康情况不佳的老年人在经济供养之外还面临生活不便、照料不够、精神苦闷等问题。

问题：随着老龄化水平的进一步加剧，作为家庭应该如何应对？

分析

从以上案例可以看出，随着现代社会家庭规模的日益变小，无论是家庭养老还是社会养老，采取单一的模式都不是最佳的选择，并且既不现实也不可能。虽然家庭养老向社会养老转化是社会发展的必然趋势，但并不是说家庭成员就可以放弃对老人的赡养义务，而只是家庭养老形式的社会化，在现有的社会经济发展水平条件下，物质上的供养和精神上的慰藉在很大程度上还主要依靠家庭成员，因此如何取长补短，发挥个人、家庭成员和社会在养老资源上的混合优势，实行家庭养老、自我养老和社会养老的有机结合，把居家养老、社区养老和社会养老有机地统一起来，建立起多元、多层次的供养体系和模式，是未来社会所遇到的最主要问题之一。

知识链接

一、家庭的起源与发展

家庭的起源与演化根植于人类社会的发展，与人类社会的进步休戚相关。家庭不是从来就有的，也不是静止不动的，而是随着"人"从动物进化到人，在人类社会从较低阶段向较高阶段的漫长发展过程中，从较低级的形式演化到较高级的形式的。

人类之初，茹毛饮血。恩格斯认为，当时人类自身的繁衍与动物没有差别，部落内部

---

[1] 国务院第七次全国人口普查领导小组办公室编：《2020年第七次全国人口普查主要数据》，中国统计出版社2021年版。

盛行毫无限制的性关系，两性关系处于一种不分辈分和兄弟姐妹的杂乱的原始状态。"每个女子属于每个男子，同样，每个男子也属于每个女子"。[1] 显然，这种血亲杂交——"杂婚"谈不上婚姻和家庭。

按照摩尔根和恩格斯的学说，人类自脱离了原始血亲杂交状态之后，随着人类两性关系从"群婚"（准确地说是群体性两性关系，本书中所说的群婚都是此意）逐渐向个体婚发展，人类家庭先后经历了四种形态：血缘家庭、伙婚制家庭、对偶制家庭、专偶制家庭。

（一）血缘家庭

人类原始生产缓慢发展，人类智力缓慢提高。在蒙昧时代的中级阶段，火的使用标志着人最终同猿分离，即从"正在形成的人"发展到"完全形成的人"，人类逐渐摆脱物质生产的动物状态。人类血亲杂交的原始群体逐步扩大，不得不分割成新的群体，转移到别的地区去谋生。这种发展和分化不仅扩展了人类的活动范围，还促进了人类逐渐区分开辈分。

在这个时期，人类逐渐排除了不同辈分之间的直系血亲两性关系，相同辈分之间的所有男性和女性互为配偶，所以这种群婚也称为"同辈婚"或者"兄妹婚"。这种群婚家庭中，孩子的母亲是可以确认的，而父亲难以确认。血缘家庭的出现促进了人类身体结构的显著变化，标志着人类自身生产逐渐摆脱了自身生产的动物状态，进而促进了人类社会的发展。

血缘家庭又称为血缘公社，泛泛称为原始家庭公社或家庭公社，是人类群婚形式家庭的最初阶段。

（二）伙婚制家庭

伙婚制家庭又称为"普那路亚家庭"。"普那路亚"是夏威夷语，意思是"亲密的伙伴（朋友）"。"普那路亚家庭"这个名称来自于生活在夏威夷群岛的土著人，因为在他们中最早发现了这种家庭形态。蒙昧时代的中级阶段，原始共产制的家户经济决定着原始家庭公社的最大限度的规模，因此随着人口的不断增加，旧的家庭公社必然走向分裂，更多的新的家庭公社不断建立。在这个过程中，人类逐渐认识到血亲婚配的弊病，从而逐渐产生了禁止同胞兄弟姐妹之间性关系的观念。恩格斯认为："一旦发生同母所生的子女之间不许有性关系的观念，这种观念就一定要影响到旧家庭公社的分裂和新家庭公社的建立。"[2] 在自然选择和生产力发展的双重作用下，人类社会发展史上第二种家庭形式出现了——普那路亚家庭。

普那路亚家庭是群婚家庭的典型形式，也是群婚家庭的最高形式，两性结合是族外群婚。它的特点是绝对禁止集团（或家庭公社）内部成员之间（直系血亲之间）的两性关

---

[1] 中共中央马克思、恩格斯、列宁、斯大林著作编译局编：《马克思恩格斯选集》（第四卷），人民出版社1972年版。

[2] 中共中央马克思、恩格斯、列宁、斯大林著作编译局编：《马克思恩格斯选集》（第四卷），人民出版社1972年版。

系，人们只能在其他的集团（或家庭公社）寻找性伴侣，一个集团（或家庭公社）的男女与另一个集团（或家庭公社）的男女群婚。生育的孩子也是只知其母，而不知其父。

由于杜绝了血缘性关系，普那路亚家庭对人类自身进化有着重大的进步意义，还对人类社会的发展产生了重大影响，是人类进入氏族的社会的基础。

恩格斯认为："这一进步的影响有多么强大，可以由氏族的建立来作证明：氏族就是由这一进步直接引起的，而且远远超出了最初的目的，它构成地球上即使不是所有的也是多数的野蛮民族的社会制度的基础，并且在希腊和罗马，我们还由氏族直接进入了文明时代。"[1]

氏族又称氏族公社，是一个由共同祖先传下来的血亲所组成的团体，这个团体有氏族的专名，它是按血缘关系结合起来的。现代很多学者认为，氏族是原始社会一定发展阶段上的社会组织的基本单位、社会制度的基本单元，也是社会经济的基本单位；氏族内部禁止两性结合；由于实行族外群婚，所以一定至少两个氏族同时存在；生产资料实行公有制，氏族成员平均分配劳动产品。氏族经历母权制和父权制两个发展阶段，即母系氏族和父系氏族。母系氏族中，孩子只能确定其母，不能确定其父，是完全由女性（母系）为本位的世系，财产由母系血缘亲族继承。父系氏族中，男子（父亲）成为氏族的中心，孩子能确定其父，世系由父系计算，财产由父系血缘亲族继承。

（三）对偶制家庭

对偶制家庭产生于蒙昧时代和野蛮时代交替的时期。这个时期，氏族日趋发达。在禁止血缘亲属之间性关系方面发挥更大的推动作用，随着不许发生性行为的"兄弟"和"姊妹"级别的日益增多，也就逐渐排除了血缘关系较远的兄弟姐妹间的性关系。在众多的民族学资料中可以看到，绝大多数民族的亲属制度所承认的绝大部分亲属之间都禁止性行为。

两性禁规日益错综复杂，群体性两性结合就越来越不可能，那么对偶制家庭便产生了。对偶制是指某种或长或短时期内的成对配偶制，也就是一男一女在一定时期内，结成相对稳定的配偶关系。特点是：一个男子在许多"妻子"中有一个"主妻"，一个女子在许多"丈夫"中有一个"主夫"，但并不排斥与其他异性保持两性关系；这种婚配是脆弱的、不稳定的，"主夫"或"主妻"身份随时会因一方或双方的原因而失去。男子成为某个女子的配偶之后，就要离开自己出生的氏族，加入女方氏族，随时可能被逐出。妇女地位高，男子地位低。子女归母亲，世系按母系计算。对偶家庭实行原始的共产制家庭经济，没有私产，一切财产归母系氏族公有。

正如群婚之于蒙昧时代，专偶制之于文明时代一样，对偶制是野蛮时代所特有的形式。对偶制家庭是原始社会的最后一个家庭形态，既有群婚制家庭的某些特征，又有一夫一妻制家庭的雏形，是人类群婚家庭走向个体婚家庭的重要过渡形式。

---

[1] 中共中央马克思、恩格斯、列宁、斯大林著作编译局编：《马克思恩格斯选集》（第四卷），人民出版社1972年版。

对偶婚制对血缘亲属之间的两性关系进一步排除，这在人类繁衍过程中对于物种的进化继续表现出更加良好的效果。摩尔根说："没有血缘亲属关系的氏族之间的婚姻，创造出在体质上和智力上都更强健的人种；两个正在进步的部落混合在一起了，新生一代的颅骨和脑髓便自然地扩大到综合了两个部落的才能的程度。"[1]不仅如此，对偶婚制家庭的形成还提供了判明子女生父的可能性，为一夫一妻制家庭的产生奠定了基础。

但是，对偶婚制家庭建立在原始公有制生产关系的基础上，不可能脱离氏族组织而独立存在，也不可能成为社会经济中的一个细胞组织，与后来的专偶制家庭有着很大的差别。

(四) 专偶制家庭

专偶制家庭是在野蛮时代的中级阶段和高级阶段交替的时期、从对偶制家庭中产生的，是典型的个体婚。很多学者认为，个体婚的产生是人类文明时代开始的标志之一。

野蛮时代中级阶段，生产转向农业和手工业，男子在劳动中逐渐发挥决定性作用。在家庭经济中，男子和女子的地位发生根本性转变，男子处于更加重要的位置，家庭权力从女子向男子转移，形成父(夫)权家庭。"父权支配着妻子、子女和一定数量的奴隶，并且对他们握有生杀之权。"[2]子女归属父亲，继承父亲的财产，父系氏族代替母系氏族。它是建立在丈夫的统治之上的，其明显的目的就是生育确凿无疑地出自一定父亲的子女；而确定出生自一定的父亲之所以必要，是因为子女将来要以亲生的继承人的资格继承他们父亲的财产。

专偶制家庭的婚姻关系，比对偶婚制要牢固得多。因为大量财富集中于男子，而且这种财富必须传给这一男子的子女，而不是传给其他人的子女，所以这种专偶只是针对妻子的专偶制，而不是针对丈夫的专偶制，那么这种专偶制只有丈夫可以解除婚姻关系，赶走他的妻子，不妨碍丈夫的公开的或秘密的多偶制。恩格斯说："以通奸和卖淫为补充的专偶制是与文明时代相适应的。在野蛮时代高级阶段，在对偶婚制和专偶制之间，插入了男子对女奴隶的统治和多妻制。"[3]

二、家庭的含义与类型

(一) 家庭的含义

家庭是指在婚姻关系、血缘关系或收养关系基础上产生的亲属之间所构成的社会生活单位。家庭有广义和狭义之分，狭义的家庭是指一夫一妻制构成的单元；广义的家庭则泛指人类进化的不同阶段上的各种家庭利益集团，即家族。从社会设置来说，家庭是最基本的社会设置之一，是人类最基本最重要的一种制度和群体形式。从功能来说，家庭是儿童

---

[1] 中共中央马克思、恩格斯、列宁、斯大林著作编译局编：《马克思恩格斯选集》(第四卷)，人民出版社1972年版。

[2] 中共中央马克思、恩格斯、列宁、斯大林著作编译局编：《马克思恩格斯选集》(第四卷)，人民出版社1972年版。

[3] 中共中央马克思、恩格斯、列宁、斯大林著作编译局编：《马克思恩格斯选集》(第四卷)，人民出版社1972年版。

社会化、供养老人、性满足、经济合作、普遍意义上人类亲密关系的基本单位。从社会关系来说，家庭是由具有婚姻、血缘和收养关系的人们长期居住的共同群体。

1. 社会细胞的观点。家庭是社会最基本的细胞，是最重要、最基本、最核心的社会组织，也是最重要、最基本、最核心的经济组织，还是人们最重要、最基本、最核心的精神家园。家庭的健康可持续发展是社会稳定发展、国家稳定发展的基石，"家"破是"国"亡的催化剂。

2. 功能论者的观点。在功能论者看来，在以前，家庭大多是自给自足，满足家庭成员的大部分生理、心理的需求的单位、群体，融有经济生产、教育、社会化、宗教等功能，进行物质、人口、精神财富再生产。但功能主义者认为，家庭的社会化、感情陪伴、经济合作、性规范功能依然对社会的良性运行起到重要的作用。

3. 冲突论者的观点。冲突论者认为，家庭是性别不平等的主要场所，因而是社会中许多其他事物不平等的基础。马克思主义者认为，以男性为主导的家庭，为社会提供了一些重要的不用付费的劳动形式，维持妇女的从属地位，极大地促进了资本主义的产生，所以如果资本主义制度不被推翻，性别不平等就不可能减弱。

(二) 家庭的类型

家庭的类型主要有以下几种：

1. 核心家庭。它是指由一对夫妇及其未婚子女组成的家庭。在这类家庭中，只有夫妻关系和父母子女关系，家庭成员已经减少到最小程度。家庭关系是由夫妻关系和亲子关系组成的基本三角关系。核心家庭还有一些不完整的形式：一是配偶家庭，这既包括未曾生育的家庭，也包括空巢家庭；二是单亲家庭。

2. 主干家庭。主干家庭又称扩大核心家庭，是指由父母与一个已婚子女及其未婚子女或其他未婚兄弟姐妹所组成的家庭。这种家庭有两对夫妻且分属两代人。主干家庭也有一些特殊和不完整的结构形式：其一是配偶主干家庭，即只有两对夫妻而没有未婚青少年的家庭。其二是单亲主干家庭，即夫妻或父母缺损一方的主干家庭。

3. 联合家庭。指至少有两对或两对以上同代夫妇及其未婚子女所组成的家庭。这种类型是核心家庭同代横向扩大的结果，它突出表现为人口较多，关系较为复杂。由于每个基本三角都有自己的核心，相互之间具有较大的离心力，所以这种家庭形式只能在一定条件下共生，目前已经很少。

4. 其他家庭。如由于收养关系或其他社会原因组合而成的家庭，这种家庭内部不存在婚姻关系。如父母双亡未婚兄弟和姐妹住在一起的家庭。祖孙两人住在一起的家庭，单身家庭等。还有一些非主流模式的家庭形式：一是非婚同居家庭，同居指一对男女并未结婚，但以性关系方式居住在一起；二是"丁克"家庭；三是同性恋家庭。

三、家庭的功能

家庭的功能总体上包括两个大的方面：一是满足家人的生存、发展与享受需要；二是维系、促进社会的延续、稳定、发展与进步。根据现代家庭满足家人和社会需要的层次和种类，我们可以把家庭功能具体细分为以下六项互相交织的功能：

（一）生理需要满足功能

个人基本生理需要的功能，如家庭维护夫妻性生活的排他性、持续性和有序性；此外，个人生理机能的恢复所需要的物质保障，多是以家庭为单位来提供的，所以，家庭是满足个人基本需要的最重要保证。

（二）社会延续功能

生儿育女是婚姻家庭生活的自然结果，同时也是社会再生产的基本过程，因为生儿育女确保了社会成员的繁衍及社会生活的延续，人类的生育行为不同于其他动物，任何社会的生育都是在社会文化制度下进行的，这一制度就是婚姻家庭制度。正是在婚姻家庭制度内的生儿育女，维持了人类社会生生不息以及社会生活的有序延续。

（三）经济协作功能

家庭是一个独立的经济核算单位。为了家庭成员物质生活条件的维持与提高，家庭必须进行经济筹划或进行某种生产性、服务性经营，外出谋求职业以维持家庭生计，并依据家庭成员的具体状况进行组织分工与安排。家庭经济筹划与组织取决于家庭规模、成员素质、资源拥有状况，以及所面临的社会发展状况、条件和机遇。

（四）社会化功能

家庭是子女的首属群体。在婴儿出生后的十多年"依赖生活期内"，父母及其他家庭成员对孩子的影响最大，除学校知识教育外，在广度上几乎涵盖了初级社会化的全部内容，如感情、动作、语言、意义、日常习惯的培养，生活经验的积累，对待事物的态度，以及初始的价值观念和行动模式的思考、评价和认同，等等。子女的出生和成长，也影响和改变着家庭成员间的感情、行为和关系。

（五）保障功能

所有家庭成员都从家庭中获得物质生活与精神生活的保障。夫妻和成年成员承担着共创家庭经济成果、未成年子女的各种费用支付、赡养老人等责任，并共同分享家庭成果。家庭在发挥其物质生活的保障功能的同时，也在发挥着精神生活的保障功能；夫妻之间的联体同心，家庭成员间的患难相扶，父母子女间及老人与后辈间的相互关爱、体贴、尊重和宽容等，都使家庭成员在生活与休闲的直接交往中，获得最为生动而深刻的体验，家庭因而一向被人们视为获得宽松、慰藉、归宿感的避风港。家庭的这种功能是任何其他社会单位都不能取代的，当然，一个具体的家庭在感情或生活方面总会存在某种程度的不协调和问题，各自都有一本"难念的经"，但从根本上来说，这些问题可以在习俗、规范、法制保障的范围内，通过家庭成员的平等协商、感情和意义的沟通，由家庭自身来进行调适和解决。调适失败将导致家庭依法分立、夫妻离异、再婚和家庭重组等。但家庭仍然具有保障功能和意义。家庭保障功能不仅是一种传统习俗、道德意识和准则，而且是一种政治、法律制度。它与上述四种功能一起，有机地构成了家庭存在和延续的必要条件。

任务二　认识婚姻家庭社会学

情境导入

国外流传着这样一首《育儿歌》："挑剔中成长的孩子，学会苛责；敌意中成长的孩子，学会争斗；讥笑中成长的孩子，学会羞怯；羞辱中成长的孩子，学会自疚；宽容中成长的孩子，学会忍让；鼓励中成长的孩子，学会自信。"这首《育儿歌》，含有丰富的哲理，说明家长的教育思想、教育态度和教育方法等，对孩子的身心发育都有密切的关系。

美国儿童心理学家詹姆斯·毕伯库克曾对1300多位称职的父母作了调查研究。他归纳出一个称职的父母应该努力做到以下几点：

（1）喜欢且经常与孩子亲近，爱而有度，严而有格。
（2）关心孩子的思想和学习，乐于帮助孩子解决学习、生活中的一些困难。
（3）善于和孩子交流和沟通思想感情。
（4）家庭中有明确的"公约"，使孩子有规可循。
（5）尊重孩子的兴趣和爱好。
（6）按照孩子的发育程度，给孩子提出合理的目标和要求。
（7）致力于创造一个和谐、欢乐的家庭氛围。

问题：各学习小组结合上述材料，分享各自家庭中的"家风"是什么。

分析

家庭是社会的细胞，家庭文明状况不仅是社会文明的缩影，而且可以影响和改变社会风气，营造社会新风尚。所以，良好家风的构建与传承不是小事私事，好的家风利家利民利国，相反则害己害人害社会。良好的家风是优良品质在家庭中的积淀和传承，是家庭留给每个成员的宝贵精神财富，古有仁智礼义信，今有勤孝谦和思。良好家风因背景各异，也各有千秋：或仁爱宽厚，父慈子孝，兄弟和睦，邻里友爱；或克勤克俭，常备一粥一饭来之不易之念，靠勤奋兴家聚业，讲节约精打细算；或本分做人，不为富动，尽职敬事，诚信待人。以上种种，在无形中影响着家人，让子女终身受益，其价值取之不尽，用之不竭。

知识链接

一、婚姻、家庭与社会之间的关系

每个人自呱呱坠地就生活在各自的家庭之中，从咿呀学语，到蹒跚试步，依赖父母，不能离开家庭一日。在家庭中和父母兄弟姐妹共处，接受教育和启迪，相互耳濡目染、潜移默化、逐渐长大成人、走入社会，到了一定的年龄要寻找配偶，组织自己的新家庭，生儿育女、繁衍后代，重复自己父母做过的事情，即使到了垂暮之年，也大多希望和老伴及子女相依为命，得到扶助、赡养和慰藉，以获得生活上的保障和精神上的安宁。对于家庭这样一个无处不在、极其重要的社会群体和社会组织，不加以重视和研究是不可能的。

自人类进入文明社会以来，各种社会组织和结构发生过巨大的改变，只有家庭还保持着它的基本形态和内核。因为家庭的特殊结构和功能不能为其他社会组织取代，所以它始终处于社会的中心地位。在绝大多数部落社会，亲属关系模式是整个社会结构的主要组成部分。与此相反，在现代工业社会中，家庭只是整个社会结构的一小部分。不过，家庭在这种社会中仍处于关键地位，特别是将个人与其他社会机构如教会、国家或经济机构联系起来。假如没有这个看来是原始的社会结构所做出的贡献，现代社会就会崩溃，这是确实无疑的。尽管社会有复杂而先进的技术和训练有素的科层制组织、阶级制度，但它对教育和其他机会的限制、或高或低的社会流动率和出生时的社会地位，也是建立在家庭的基础之上的。家庭是社会的细胞，我们要思考和研究家庭，特别要把握关于家庭的社会学知识，进行婚姻家庭社会学研究。

二、婚姻家庭社会学的基本内容

总的来说，婚姻家庭社会学研究的内容就是婚姻与家庭现象、婚姻与家庭问题，揭示婚姻与家庭发展变化规律。具体的来说，主要内容涉及家庭的本质与起源、婚姻的本质与起源。家庭与婚姻关系、家庭功能、家庭结构、家庭关系、家庭文化（包括婚姻家庭观念、家庭制度与家庭生活方式等）、婚姻家庭构建理论（包括择偶、恋爱、结婚）、家庭问题（包括家庭冲突、婚姻危机、非典型家庭等）、家庭建设基础理论、家庭与婚姻未来发展趋势、家庭史与婚姻史等。

家庭社会学与家政学的学科属性不同，研究内容也有很大差别。家庭社会学虽然体现了较强的综合性和一定的应用性，但是总体来说侧重理论性及知识性，虽然能够为家庭生活提供一定的理论指导，能够帮助人们更好地理解家庭和婚姻现象、破解家庭和婚姻问题，但是重在对一般规律的归纳与分析，一般原则与策略的提炼，极少涉及家庭生活的知识和技能，也很少涉及建设家庭、管理家庭或解决家庭问题的手段与方法。家政学是关于家庭生活的学问，虽然也被列在社会学学科之下，但是不能完全纳入社会学科，其本质是一门应用性学科，综合性也比家庭社会学更强。家政学需要家庭社会学的知识作为其基本理论和知识的重要组成，但是更加侧重对家庭生活知识、技术及技能、管理手段与方法的研究，主要目标是为人们提高家庭生活质量提供比较具体的指导和帮助。之所以对家庭社会学和家政学的学科属性、内容和任务做以上比较，是因为一些学者的确有将"家庭"和"家庭生活"混淆的倾向，而这两者有着太大的区别，很容易导致人们对这两个学科难以区分。

三、学习婚姻家庭社会学的意义

对于社会学而言，对婚姻家庭类型、结构的了解是为了进一步探讨婚姻家庭对个体、对社会的影响和意义。

（一）生养

在现代社会，家庭的首要社会意义是生养。尽管有多种家庭形态与生养无关，甚至有的与生养对立，但那些并不是主流的家庭模式，主流的家庭模式仍然是一夫一妻加子女的核心家庭，人们仍然在遵循社会繁衍的基本法则：通过生养的方式保证家族的繁衍，进而保持社会的延续。

不过，现代社会对生养的理解已经远不是增加几口人那么简单。传统的生养观念是增加人口、添一双筷子，只要能够养活，就能够保证社会的延续，因为传统的生计形式并不需要人们花太多的时间来获取人类的知识积累，强壮的身体才是第一位的。可在现代社会，尽管强壮的身体仍然重要，但是获取知识的重要性却在不断上升。现代职业对知识的要求不仅越来越专门化，也越来越个性化，要求就业者在既有知识积累的基础上具有更强的创造能力，而这种能力的培养正是从养育开始的。这就是与生养紧密联系在一起的家庭的第二个重要意义——社会化。

（二）社会化

人的社会化始于家庭。在家里，人们学会了吃饭、穿衣、行走坐卧，学会了对冷暖的理解等基本的生存技能，同时也学会了对自我的认知、对社会的基本了解、对人对事的态度。此外，还有一项非常重要的内容，就是人类的情感。社会学和心理学的研究都表明，对于社会而言，个体的情商和智商一样重要。就像人类的基本能力不是人类的本能一样，人类的情感也不是人类的本能，而是社会的产物，是在与社会的互动中发展的。情感的摇篮正是一个人最初所处的社会团体家庭。

人类曾经做过很多尝试，试图替代家庭在人早期社会化中的作用。举例来说，在以色列的集体农庄，人们将年龄相仿的孩子分成小组，与接受过专门训练的成年人生活在一起；苏联也曾经把婴幼儿集中起来进行养育，中国在计划经济时期，也曾经向苏联学习，在各种工作单位设立托儿所。但几乎所有的尝试都是失败的，集体机构无法取代家庭而成为人早期社会化的场所。

（三）经济合作

对于社会而言，家庭的第三个重要意义是经济合作。在传统社会中，由于男女生理上的差异，导致了经济活动中的分工与区别，男性主要承担需要体力的活动，女性则主要承担技巧性的活动，并由此形成了分工合作的格局。使得家庭中的夫妻在经济互动中成为相互依赖的整体。通过男女分工和家庭成员的合作，不仅满足家庭成员的基本生活需求，也实现财富的积累；更通过对人的生产，使财富的积累能够延续。

随着人类经济生活方式的变迁，家庭的经济意义在逐步减弱。以农业生产为例，尽管农民仍然要从事生产活动，但是，家庭的经济收益并不直接取决于劳动本身，而是更多地取决于农药、化肥、种子等农业生产资料和农产品市场。后者又越来越多地脱离了家庭的控制，被专门的生产和经营服务机构替代。这样，经营活动中的很大一部分就让渡给了社会。而且家庭中的剩余劳动力也越来越需要在社会中进行消化，而不是从前的劳动力短缺的情况。在工业生产中，家庭的经济意义甚至仅仅在于劳动力的价值本身，因为绝大多数的城市家庭并不从事经营活动，而是依靠人力资源本身来获得维持家庭的生计。这样，基于分工意义上的在性别之间的经济合作,也就完全失去了意义。

(四) 对性的管理

家庭的第四个重要意义就在于对性的管理。尽管约束性行为的观念和规则在不同的社会和不同的历史时期有很大的不同。但是,没有一个社会提倡甚至允许完全自由的性行为,人类社会对性行为总是有所约束的。以性开放最突出的丹麦为例(北欧国家基本类似),尽管人们赞成年轻人的性行为,但是并没有允许任意的性行为。而对人类性行为进行约束的重要方式就是家庭,通过相对稳定的性伴侣约束,来约束滥交。

之所以约束任意的性行为,社会学的基本解释是,性行为有可能导致新生命的产生。产生一个新生命容易,养育一个新生命却要耗费大量的社会资源。如果不约束性行为,谁来承担养育的责任?此外,性滥交的另外一个危险就是直接威胁社会秩序。在社会中,每个个体都有自己的位置,位置之间有着规则的排列,这就是社会秩序。社会通过双亲的社会位置进而确定新生命出世时的初始社会位置,由此才使得社会的基本秩序得以维持。而任意的性行为就可能使得社会无法确认新生命的初始社会位置,进而导致社会秩序的瓦解。

现代社会中的人们对性行为的约束越来越宽松,但直到目前为止,还没有宽松到允许任意性行为的程度。社会的基本准则仍然是谴责不负责任的性行为。不过,这已经给社会学研究提出了重要的课题,人们对性行为态度的改变到底会给社会带来什么样的影响呢?要回答这样的问题,则有待于对这种社会现象作进一步观察。

技能提升

如何更好地经营婚姻家庭

和谐的夫妻关系及家人关系,家人良好的健康状况,比较充裕的经济条件,较高层次的精神文化生活,家人具备合格的公民素质是幸福家庭应该具备的几条共性条件,也可以看成或作为幸福家庭的共同标准与现代家庭建设的目标。如何更好地经营婚姻家庭,可以从以下几个方面来看:

(一) 调适夫妻生活——追求婚姻幸福

很多夫妻之所以离异,夫妻感情不和、感情淡漠是最重要的内因之一,这也证明了夫妻感情在婚姻生活中的重要性。

夫妻情感虽然在夫妻关系中处于基础地位,但是夫妻情感在婚姻生活中不是孤立的,而是与夫妻权力、夫妻义务相交织而存在的。

1. 夫妻权力与婚姻幸福

在现代家庭中,夫妻处于家庭权力的中心。相对于传统社会家庭而言,夫妻之间的权力分配也更加平等(即夫妻平权),大多数夫妻对于主要或重大家庭事务能民主协商决定,但是夫妻权力分配不平等、夫权大于妻权依旧是多数形态。

伴随夫妻平权趋势的增强,夫妻权力运作过程中,情感对权力的影响显得更加突出。

夫妻间，情感与权力的运作呈现一种"跷跷板效应"：谁对另一方的情感依赖心理强，谁就更容易被对方支配和影响。就像双人跷跷板，两人各处一端，谁向对方靠近、移动，谁就容易被对方翘起。在当代，随着女性社会生活参与度提升，女性对家庭与丈夫的心理依赖感逐渐降低，"夫权"与"妻权"慢慢趋于平等。

婚姻生活是一个人生活的一部分，即使是个人生活中的绝大部分，也不会是全部，所以夫妻需要各自保留一定的自由空间。现代婚姻不是双方全身心、全时空的完全捆绑，完全失去自我的妻子或者丈夫会感到压抑和束缚，也就很难有幸福的体验。家庭地位的满意度并非取决于双方的权力对比或平衡，而主要得益于夫妻角色互动的沟通性与平等性，相互尊重与包容。因此提高妇女家庭地位的努力集中在倡导平等、独立、和谐、互惠的夫妻伙伴关系上，使当事人在家庭生活和个人事务的处理上享有充分民主和自由的空间，感到自己受重视和被需要。

在某种意义上讲，夫妻各自允许保留隐私是个人事务决定权的一个重要体现。隐私大多源于羞耻感，一般是由过错或过失导致的。虽然说夫妻互相尊重对方的隐私是一种文明和教养，但是夫妻之间隐私的存在与夫妻应坦诚相处的要求是互相矛盾的。夫妻如何处理互相尊重隐私而又坦诚相待之间的矛盾是极难回答的问题，需要夫妻双方首先明白一个大前提——天下没有百分之百纯度的人和事，坦诚不是绝对的；其次双方要根据对方所能接受的心理底线、心理承受能力等方面寻求隐私与坦诚之间的平衡点。

2. 夫妻义务与婚姻幸福

夫妻基于各自角色基础之上的家庭义务的履行情况，与双方的婚姻幸福感有着直接且密切的关联。婚姻是生活化的、现实的、侧重理性的。履行家庭义务是婚姻现实性的充分表现，包括为家庭创造更好的经济条件、性爱、养老、育子、家务劳动等大多数具体的生活内容。一般来说，夫妻双方履行义务越出色，夫妻关系往往也就越和谐，双方的婚姻幸福感也就越强。

夫妻义务的履行虽然是理性、具体而现实的，但是离不开非理性的夫妻情感作为动力和辅助。夫妻情感淡薄，双方就会缺乏履行家庭义务的动力。如果夫妻主要依靠义务和责任而生活在一起，也就失去了婚姻生活的真正意义。

综上所述，夫妻情感、义务、个人事务决定权是关系婚姻幸福的三个最重要因素，其中的情感因素是重中之重。良好的夫妻情感是婚姻幸福的基础，婚姻幸福的核心是爱情的持久。

家政学对于现代夫妻关系的调适提出了十一条基本路径：彼此尊重、平等；学会相互欣赏；学会互相理解、信任；学会宽容、忍让；善于沟通、交流；营造和谐的两性生活；适应彼此生活习惯；妥善安排家庭收支；培养生活情趣；增强个人魅力；协调亲戚关系。[1] 由于每个家庭的具体情况不同，尤其是不同的夫妻在价值取向、个性、志趣、文化素养等方面存在差异，所以，对于这些路径的选择的侧重则各不相同，具体方式方法、

---

[1] 陶佩君、张瑞强：《现代家政》，中国农业科学技术出版社2005年版。

时机和火候就更加千差万别了。

需要反复强调的是,夫妻关系的处理重在"调适",即调整自己适应对方,而不是刻意去改变或塑造对方。无论有多少不同的调适路径,还是有多少不同的调适方式方法,都要把夫妻情感的维护作为中心,始终要以真诚、积极的态度为总前提,以降低自己对配偶的角色期望、调整自己、适应对方为根本原则。

(二) 融洽亲子关系及同胞关系

融洽的亲子关系,一方面会对子女身心健康成长、未来成为自食其力的有用之才发挥基础性的重要作用;另一方面,以核心家庭为主体的现代家庭中,亲子关系仅次于夫妻关系,与夫妻关系构成家庭结构的"永恒的三角"关系,是增厚夫妻情感、密切夫妻关系的一条重要纽带。

在传统社会中,家长尤其是父亲对子女拥有绝对的权威,亲子关系表现出"孝"字当先,重视教化,漠视子女利益等突出特点。而这个"孝"则对应德行"父慈子孝"。然而在历史与文化中,慈却很少被提及,而把孝片面地强调到了无以复加的地步。传统亲子观念中包含的父母对子女的严格要求、子女对长辈尊敬有礼等内容是值得继承的。但是它存在很大的缺陷,由于亲子关系的不平等,亲子之间缺乏沟通与交流,子女必须遵从父母的意志,严重束缚了孩子的个性,妨碍了孩子的创造力发展。

在我国当代社会与家庭中,育子观发生了重要的转变,越来越多的夫妇意识到:抚育孩子不仅是父母的责任,还是在为社会尽义务。大多数父母都能认识到:孩子是家庭的希望,更是国家和社会的未来;对孩子的抚育是父母的天职,所以把抚育子女作为家庭生活的重要内容;子女是家庭的重要组成,良好的亲子关系对家庭的幸福十分重要。

但是,当今中国一些父母仍然受到封建亲子观的影响,认为孩子是家庭的私有财产,养育子女是为了光耀门庭,常常把自己的意志强加给孩子,不当的教养方式常常导致很多不良倾向与问题。比如,有的父母溺爱孩子,导致其任性自私、缺乏责任感;对孩子期望过高,教育过分,压制了孩子的天性;物质补养过剩而精神补养不足,致使孩子精神生活空虚或心理不健康;家长抚养子女含辛茹苦,子女却对父母缺少尊敬和理解。此外,在"代沟"、不正确的亲子观、不科学的教养方式等因素的影响下,不同程度存在亲子关系不协调或紧张的状况,有的甚至发展为激烈的亲子冲突。

那么,建立怎么样的亲子关系才是正确的呢?

第一,人格平等。子女虽然属于家庭,处于晚辈,但是他们也属于国家和社会,是独立的人,具有与长辈平等的人格。父母赋予子女生命,但是作为人父人母也来自自己的父母,父母与孩子都同属于社会,都是社会人。所以抚育子女是作为社会成员的应尽义务,父母赋予子女以生命并不是把孩子作为自己和家庭私有财产的理由。

第二,亲密真诚。父母与子女之间血脉相承,本应亲密无间,充满信赖。父母与子女之间的真诚沟通和互相信任直接关系到彼此的亲密程度。尤其是孩子进入青春期后,如果不了解孩子心理,对孩子的管束过于苛刻,又缺乏与孩子的沟通,很容易导致两代人之间出现裂痕,所以父母除去对孩子在生活上的关怀和照顾外,还应注意与孩子进行经常性的真诚沟通。真诚不代表毫无保留的坦诚,因为孩子在心智还不成熟的阶段,对于孩子的教育、和孩子的沟通不能无话不谈;在孩子发育成长的不同阶段,教育和沟通的内容应该有所取舍和侧重。在日常家庭生活中,夫妻之间的亲密真诚也对孩子产生着潜移默化的影响。

第三,抚育培养与尊重赡养的有机统一。亲子平等是指人格上的彼此独立和尊敬,不能完全等同于朋友关系的平等。良好的亲子关系是在人格平等、权利义务平等基础上的抚育培养与尊重赡养的统一,是抚育培养与尊重赡养的双向互动。

在现代家庭的血亲关系中,除亲子关系外,同胞关系也是很重要的家人关系。大多数家庭呈现少子化趋势,那么同胞关系在很大程度上已经减少或简化。在父母的庇护、协调之下,同胞关系应该是亲密融洽,敬长爱幼,平等互助的。在父母年老体衰之后,兄弟姐妹应该共同承担、积极履行赡养义务。

(三) 处理协调主要姻亲关系

与夫妻关系和亲子关系相比较,其他亲属关系处于更次要的位置,但是有些亲属关系对夫妻关系发挥着程度不同的正、负面影响,有时候会对夫妻关系造成很大的伤害,有时候还会很好地化解婚姻危机。对于不同的夫妻来说,这些亲属关系的影响力不同,主要是因为:不同的夫妻其生活所涉及的亲属范围不同,不同的夫妻与其所联系的亲属的亲疏程度不同,不同的夫妻彼此关系的稳定程度不同,不同的夫妻彼此人格组合不同。

在我国当代家庭的姻亲关系中,主要涉及翁(婆)媳关系、岳婿关系。一般情况下,婆媳关系的处理协调难度较大。虽然当前我国很多夫妻并不与男方父母同住,或是同住时间并不长,但是婆媳关系一直是家庭之外对夫妻关系发挥影响最大的姻亲关系,并且"十对婆媳九不和"。一般看来,能把婆媳关系处理好的夫妻,应对其他姻亲关系则不会有太多的困难。

从社会心理学的角度来看,当代我国婆媳矛盾及其主要成因,或导致婆媳关系不协调的主要因素有以下几点:

其一,婆媳之间的角色偏差和角色期望差距。社会心理学表明,中国人对各种人际关系会采用一个双维度的标准,一个维度是关系中的两个人身份角色的距离,另一个维度是关系中两个人的真情交换和义务履行的均衡。自己的儿子与媳妇结婚,婆婆就会本能地产生一种预期——儿媳应该像自己的儿女一样对待自己。儿媳也会将婆婆的行为与自己的母亲相比,本能地产生一种预期:婆婆应该像母亲一样对待自己。这就混淆了婆媳关系与母女关系,一方面强调真有之情,一方面强调应有之情,由此往往因为对方无法满足或达到自己的预期而产生不满情绪。事实上,母女关系与婆媳关系是有着根本区别的两种亲属关系,将婆媳关系定位于母女关系,或以母女关系做参照去衡量婆媳关系,是处理不好婆媳关系的重要心理原因。

其二,婆媳对同一男人的"夺爱"心理。这里所说的同一男人,对婆婆而言是儿子,对媳妇而言是丈夫。无疑,这个男人处于自己母亲和妻子的爱的焦点。

婆媳矛盾的一个重要原因是,由于媳妇的出现导致婆婆对儿子产生情感落差。母子情深,儿子结婚以前,把情感更多地集中在母亲身上;儿子结婚以后,他的情感就会大部分、至少分出一部分给妻子,一些母亲就产生了失落感。从另一方面来说,一些男人结婚后,如果还是对母亲在情感上过分依赖,有的妻子就会认为丈夫对自己的爱不够深,从而对丈夫不满。这就是所谓的婆媳"夺爱"心理。尤其对于一些单亲母亲、或年老体弱母亲、或经济收入较低的母亲、或婚姻生活不幸福的母亲、或带有"养儿防老"观念的母亲来说,对儿子在物质上和情感上的依赖感较高,或希望儿子在精神和物质上(尤其是精神上)回报自己的期望值较高,往往更容易产生心理上的失落或失衡,甚至认为儿子"娶了媳妇忘了娘",进而迁怒于媳妇。

其三,婆媳对同一男人的角色期望差距。母亲对儿子、妻子对丈夫在家庭角色、社会角色的扮演方面始终抱着期望,但是婆媳之间对这个同一男人的角色期望往往存在差距。一般情况下,与母亲对儿子的角色期望相比较,妻子对丈夫的角色期望更高。常常是,母亲认为自己的儿子做得已经很好了,妻子却认为自己的丈夫做得还不足。婆媳之间对同一个男人的这种期望差距常常导致双方对这个男人的评价不一,一些母亲往往偏袒、抬高儿子,这就导致婆媳之间难免发生矛盾。少数婆媳对于儿子(丈夫)的角色期望较低且趋同,也有可能产生"爱屋及乌"效应——婆婆因爱儿子而爱媳妇,媳妇因爱丈夫而爱婆婆。

事实上,绝大多数男人都希望自己扮演好儿子与丈夫两个角色——做到两全其美,但是毕竟人的时间、精力是有限的,并且人与人之间的能力是不同的,所以能够做到两全其美的男人一直少之又少。

导致婆媳关系不协调的因素不仅以上几个,其他的还有:婆媳之间存在"代沟"、性格上的不相容、对后代的教养理念与方法上存的差异、赡养义务的履行状况、家庭事务管理权,以及周围社会风气等因素。

如何处理婆媳关系,是一个世界性难题。虽然解决婆媳矛盾难度大,但不是没办法,需要强调的是:任何好的办法都必须有一个大前提——积极、主动而真诚的态度,为了自己所爱的人和自己的幸福,为了家庭的美满,永远不应该放弃积极而主动的思考和行动。

课后提升

我们的婚恋是单纯个人意志的选择吗?[1]

材料一:

在当代社会中,择偶是自由的,主要由个人意志来决定,人们择偶中的自主意识越来越强,同时受到来自家庭、所在群体和社会的影响和制约。随着我国社会的全面进步,适婚男女的个人意志在配偶的选择上发挥着主导作用,在自己选择配偶的过程中主要受到个

---

[1] 材料选自网络:"现代婚恋自由的困境",https://baijiahao.baidu.com/s?id=1606939921142322550&wfr=spider&for=pc。

人择偶观的支配。针对个体而言，择偶观就是一个人对自己未来终身伴侣或婚配对象的根本看法与价值取向。

择偶观是人们对选择配偶的看法和态度。古往今来，选择什么样的配偶，如何选择配偶，人们一直在寻求最佳模式。在传统社会，人们注重婚姻稳定，因而在择偶时往往都有家庭长辈、父母参与其中，还要有"媒"穿针引线；在近现代社会，则较注重婚姻质量，择偶成为当事人自己的事，主要由当事人之间权衡。可见，在不同的社会历史条件下，人们的择偶形式是存在差异的，因而人们的择偶观也不尽相同。

择偶观大约经历了三个阶段的变化：第一阶段是门当户对的择配观，即人们通过"父母之命，媒妁之言"，选择家庭财产和门第相当的配偶；第二阶段是异质互补的择偶观，这种择偶观强调当事人个人的品质和成就，强调当事人之间的"相互需求"和"相互补充"，而不重视当事人的家庭背景，反映了新兴资产阶级在择偶问题上的反封建立场；第三阶段是以爱情为基础的择偶观，这种择偶观强调以当事人双方相互深入了解，具有共同思想基础和互爱为前提，强调双方在精神上的相互需求。

材料二：

现代婚恋自由由于种种原因，某些具体事件未能体现相对自由，从而给婚恋自由造成了某些困境。这并不能说婚恋自由本身有问题，而是伦理主体在婚恋中对自由的认识和把握没能恪守一定的道德原则，造成了对自由的理解停留在其本意不受阻碍这个层面上，直接导致了现代婚恋在某些问题上走向了极端，给婚恋的自由造成了困境。婚恋自由的困境主要表现在如下方面：

第一，婚恋过于自由导致的不自由。现代青年从对象选择到交往，再到分手以及所谓的闪婚、闪离，都表现得非常自由，甚至是随便。一方面由于西方自由主义思潮的影响，人们对自由的理解有了偏差，传统文化中对婚恋的慎重态度逐渐被抛弃，使得选择不再是被重视的对象；另一方面因为现实生存环境的变化，青年人生活中遭遇了诸多非常现实的存在问题，诸如最基本的吃住行等日常生活压力，造成婚恋已经从一种更加注重精神层面的双向互动转变成更加注重对物质稳定性的追求，这就使得婚恋主体不得不把对存在的根本问题定义为生存本身，从而把婚恋对象的物质基础当成其择偶标准之一，这就导致了婚恋自由并不是真正的自由，而是不自由。

第二，现代婚恋的自由状况遭遇孝文化的极端挤压，道德约束使得婚恋遭遇新的自由困境。从本质上来讲，孝文化作为促进伦理主体在家庭伦理境遇中实现德行追求的一种文化力量，和婚恋自由本身并不违背，毕竟婚恋自由和行孝的终极目的都是家庭的幸福。但是，由于不仅仅传承了传统婚恋中长辈对婚恋双方的家庭背景、社会地位、经济条件和当事人的个人条件的重视，而且还加入了现代婚恋一些新的文化因素，比如叛逆的逃婚、闪婚、裸婚等，这些形式的出现说明了现代婚恋的自由已经超越了伦理主体，回到一种集体选择的层面上，这将造成两方面的结果：一是家庭集体力量强于个体力量，在孝的名义下，集体意志剥夺个人意志的选择权，个人在行孝的压力下被迫放弃婚恋的自由权利；二是个人反叛的力量强于集体的约束力量,在违背孝的名义下坚持选择婚恋自由。不论哪种,到最后都使婚恋自由成为众矢之的,为道德的评价功能所批判。

根据以上材料,回答下列问题:

1. 影响个人择偶观的因素有哪些?
2. 试运用婚姻家庭社会学的相关知识,分析说明婚恋是否是单纯个人意志的选择。

项 目 九

共建美好社区
——构建温馨大家园

导学图

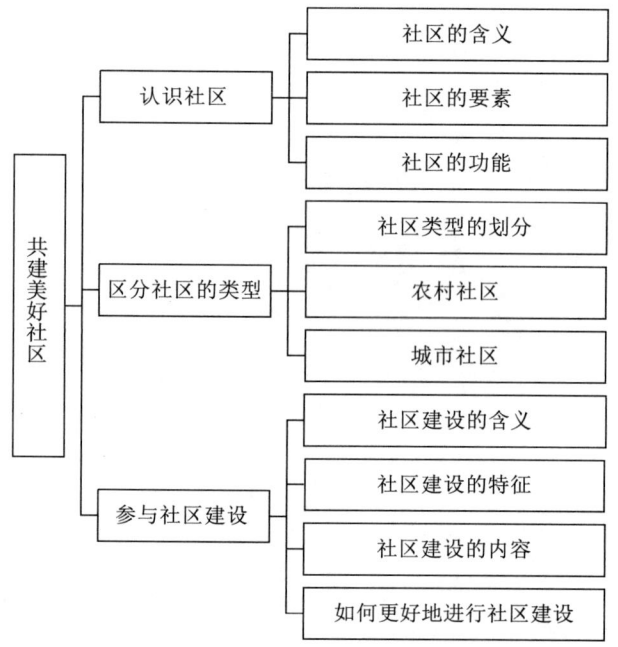

学习目标

1. 认识社区的含义、要素与功能
2. 掌握区分社区的类型
3. 掌握社区建设的定义、特征和内容
4. 掌握社区建设的技巧

任务一　认识社区

情境导入

前洋村位于浙江省台州市黄岩新前街道西面，八二省道通过长决线穿村而过，东靠中国智能模具小城，交通便利。村庄总面积1.16平方千米，其中耕地510亩，柑橘290亩，全村共有508户，人口1408人，外来人口413人，7个村民小组，现村两委8人，党员50人，村民代表58人，2013年至今持续被评为中国淘宝村。

前洋村经济情况一般，村里有一个老年人活动室，已经成立一个老年人协会，然而由于农村文化背景薄弱，村里老年人文化娱乐活动较少，之前重阳节都是以发放物质礼品为主，而缺少文化活动。

前洋村共有60周岁以上老年人312人，由于历史特定因素，文化知识不够，难以接受新鲜事物，思维僵化，工作保守，惯于按旧日思维、老套路来思考问题，求稳怕乱，缺乏开拓创新，加上子女长期不在身边，孤独感很强，老年人之间也止于简单的拉家常等交流，文化活动贫乏，开展文娱活动难度大。基于上述情况，考虑到老年人的生活行动不便，以及中国是以食为天主导的民族文化方式，所以村里第一次重阳节活动倾向于开展以饭局文化、酒席文化为主的社区活动，使老年人更好地在饭桌上相互交流，活络人脉，增进友谊。

问题：什么是社区？社区的要素是哪些呢？我们应该怎么去了解社区，了解社区问题和需求，以及介入社区建设当中去呢？

分析

现实社会生活中的人们在地缘基础上形成了各种相互关联的生活共同体，各种社会文化现象和社会组织形式也大都存在于这个共同体中，在社会学中，它有一个特定的名字，那就是社区。

社区是具有地域性的微型社会。日本社会学家富永健一认为，社区是一个相对独立的地区性社会，其成员共同拥有一个地域环境，他们的主要社会活动或者生活方式基本上属于同一类型。社区既是人们生活及从事社会活动的区域，也是宏观社会的有机构成部分。随着社区在社会管理中的地位日益提高，它已成为社会学家所关注的重要领域之一。

在这一章里，我们将一起了解社区的相关知识。

知识链接

一、社区的含义

"社区"一词最早是由德国社会学家腾尼斯（F. Tonnies）于1887年在《社区与社会》一书中首先提出来的。他认为，社区是指那些由具有共同价值取向的同质人口组成的，关系亲密、守望相助、富有人情味的社会关系和社会团体。人们加入这种团体，并不是自己有目的选择的结果，而是因为他生于斯，长于斯，是自然形成的。这样的团体逐渐向由目的和价值取向不同的异质人口组成的、由分工和契约联系起来的、缺乏感情和关系疏远的团体过渡，这就是社会。可见，在腾尼斯那里，社区这个概念的本义，是指传统的社会关系亲密的社会团体。他提出社区这个概念，是用来与现代社会作对比，借以说明现代社会变迁的趋势。中文"社区"一词，是20世纪30年代初以费孝通为首的一些燕京大学学生从英文Community翻译而来的。目前，国内外社会学家给社区下的定义有140多种。一般认为，社区是指居住在某一地域里的，有一种认同感的人们结成各种社会关系，从事各种社会活动，所构成的社会生活的共同体。简言之，社区是一种相对独立的地域性社会。我国学者把社区分为农村社区、集镇社区和城市社区三类。

二、社区的要素

所谓社区的构成要素，也就是构成社区的主要因素。与社区的概念一样，各方学者对社区的构成要素的理解也是不同的。根据各家学者对社区构成要素的阐述，并结合我国社区建设的实际情况，我们一般认为构成社区的主要因素大致包括五大类别：一是一定的地域条件；二是一定数量的人群；三是一定的生产生活设施；四是具有一定特色的社区文化；五是居民所具有的社区意识等。

（一）一定的地域

一个社区居民的主要活动大多集中于某一特定的地域空间里，这个空间便是社区的地域要素。它包括社区的自然环境、自然资源、生活环境、生活条件等方面。社区可以说是特定人群与特定地域条件相结合而形成的人类社会区域生活共同体。是一个地域性的社会实体。地域的自然地理和其他物质资料状况对整个社区的发展有着重要的意义。因此，一定的地域便自然成为社区的要素之一。

（二）一定的人群

社区是社会的缩影，是一种比家庭等初级群体更大、更复杂的人类群体。社区首先是一个"人群"或一个"人的生活共同体"，一定数量的人群是社区的第一要素，以一定社会关系为基础组织起来并进行共同生活的人群是社区存在的第一个前提。没有人群，社区就没有主体，这时有的仅仅是地域范围，是区域的概念而非社区的概念。社区的人口要素，主要应该包括社区人口的数量、社区人口的结构和社区人口的分布这三方面。

（三）一定的生产和生活设施

社区是人们参与社会生活的基本场所，是人们开展各种活动的平台。而各种活动的开展。都必须要有与之相适应的物质要素的支持。同时，社区居民委员会为了满足社区居民的物质和精神需求，组织开展社区服务，也需要有各种设施和条件，社区文化活动、环境整治、治安强化、流动人口管理、帮困扶贫等都需要一定的活动设施。因此，一定的生产和生活设施是构成社区的重要因素。从我国社区的实际情况来看，社区的基本设施主要包括以下类型：社区成员进行日常生活的基本设施，例如房屋、交通工具、通信设备、便民商店、社区服务中心等；社区的公共服务设施，例如学校、文化站（室）、宣传栏、医院

（卫生院、医疗所）等；社区成员参加社区管理活动和政治活动的基本设施，例如办公用房、办公设备等。

（四）一定特色的文化

社区文化指"通行于一个社区范围之内的特定的文化现象，包括社区内人们的信仰、价值观、行为规范、历史传统、风俗习惯、生活方式、地方语言和特定象征等"。从实质上说，社区文化就是一个社区的主流意识，是共同的社区心理和社区行为，是带有浓厚社区色彩和烙印的人际关系和交往方式，是人们对社区的归属感、认同感、依恋情结和荣辱心态，是一种较为一致的价值取向。当然，不同的社区，其文化方面表现出来的特点有所不同，各具特色，这一点在我国实行计划经济时期尤为突出。

（五）一定的社区意识

社区意识主要是指社区居民对自己所属的社区有一种认同、喜爱和依恋的思想及心理感觉。这种思想和心理感觉是社区生活对其成员的思想观念长期影响的结果，也是构成社区的一个重要因素和衡量社区的标准之一。它是社区环境内部成员之间所建立的归属情谊。它来自社区成员彼此所具有的共同利益、共同问题、共同需要及共同环境等所产生的认同心理。所以，如果一个社区的居民毫无社区意识，就意味着他们毫无凝聚力，很难形成和谐的社区生活，构建社会共同体。

三、社区的功能

社区是社会的缩影，人们在社区进行政治、经济、文化、社交、娱乐等社会活动。社区的功能主要有：社会管理和协调功能、社区文化的社会化功能、社区互助和服务功能以及社区教育和培训功能等。

（一）社会管理和协调功能

社区是社区成员的聚集之地，居民生活在社区内，与社区联系紧密、关系密切。社区必须拥有各种机构和组织以及自己的社会化体系来维护社区的秩序，营造安全、稳定的社区环境，保障居民生命和财产的安全，并通过该体系把社区内最重要的价值观、行为模式、文化传统传输给社区居民。社区提供良好、完整的自治管理和服务，培养社区居民良好的社区意识，协调社区成员之间的关系，为个人和家庭提供稳定和谐的生活和发展环境。

（二）社区文化的社会化功能

当今世界，文化与经济、政治相互交融，在综合国力竞争中的地位和作用越来越突出。文化的力量，深深熔铸在民族的生命力、创造力和凝聚力之中。综观人类社会发展的历史，文化既表现在对社会发展的导向作用上，又表现在对社会的规范、调控作用上，还表现在对社会的凝聚作用上。

（三）社区互助和服务功能

目前社区互助的主要内容大概包括：面向社区老人、儿童、优抚对象、残疾人、低保对象等弱势群体的援助与服务；社区成员之间开展的志愿服务和互助服务；社区志愿者开展的面向全体社区居民的各种无偿、低偿便民利民服务；区域单位、社区家庭和社区居民参加的各种捐赠救助、服务救助、公益劳动、结对帮扶等活动。

与社区互助不同，社区服务功能的基本要求是通过基础性保障和福利性照顾达到满足社区居民日常生活所需的目的。就目前社区情况而言，社区服务的内容主要包括社会救助和福利服务、便民利民服务、社会化服务、再就业服务和社会保障社会化服务等。

（四）社区教育和培训功能

社区教育和培训的功能就是有效整合、充分利用社区的教育设施和社区内外的教育资源，为社区居民提供各类教育服务，扩大社区居民的知识面，帮助其改善知识结构、掌握各种技能和技巧、提高思想政治素质和科学文化素质，促进区域经济建设和社会发展。

任务二　区分社区的类型

情境导入

当有人问起"你是哪儿的"这一问题的时候，我们大部分时候会回答省份、市县、镇村等地理位置，但在不同的具体情境下，我们也会有不同的回答。比如在家族聚会时，我们会回答自己是哪个家庭里的；在代表学校参赛时，我们会回答学校名称；在与国际友人交谈时，我们会回答自己来自中国；而从更大的维度上来说，我们都是地球人。

问题：上文提到的归属地家庭、学校、村落、国家、地球等都可以称为社区吗？你心中的社区有何种分类？

分析

不同的社区类型有不同的分类标准。社区可大可小，社区的功能也各不一样，对社区进行分类有利于我们更好地对社区进行建设。

本任务指导学生如何进行正确的社区类型分类。

知识链接

一、社区类型的划分

由于历史和现实的原因，我国社区的类型非常复杂，不同类型社区之间在人口结构、人际关系、资源结构、文化积淀等方面的差异很大。目前社会学家对社区的分类尚未形成统一的意见，有的学者从发挥不同的经济、社会功能的角度，把社区分成初级、次级和三级功能社区。有的学者按人口的规模，把社区分为大都市、中等城市和小城镇社区。还有的学者从区位学的角度，根据人们活动的不同空间分布，把一个社区分为住宅社区、商业社区、工业社区和文化教育社区等。也就是说，根据不同的分类标准，可以把社区划分为不同的类型。

（一）根据地理区域划分社区类型

根据这一划分标准，可以将社区划分为农村社区、都市社区和集镇社区：

农村社区通常是以农业生产为主要生产手段形成的地理区域，这类社区的结构较为简单，物质生活相对较为单薄。

都市社区通常是由各种从事非农业生产活动的人群组成的地理区域，物质要素较为齐全，管理水平也相对较高。

集镇社区则是由从事农业生产劳动和不从事农业生产劳动的人群共同组成的地理区域，它的人口结构与都市较为接近，但心理特征仍然带有农村社区的痕迹，物质生活条件介于上述两类社区之间，属于一种典型的过渡型社区。

(二) 根据规模大小划分社区类型

社会学一般认为，最小的社区是家庭或夫妻共同体，稍微大点的社区是邻里自治的村落，而最大的社区应该是拥有共同习俗和语言文化的小城市共同体。从理论上说，社区最小可以由两个异性组成，最大则没有上限，唯一的前提条件在于能够不依赖外界因素独立进行人口和经济的再生产。根据社区规模这一分类标准，可以把我国的社区划分为巨型社区、大型社区、中型社区、小型社区和微型社区五种类型。

以我国现阶段的情况来看，不妨把上万人口尤其是数百万人口的城市看作是巨型社区；把几十万到上百万人口的城市以及相当于这一规模的市辖区看作是大型社区；把十几万到几十万人口的城市以及相当于这一规模的市辖区、居民区看作是中型社区；把拥有几万人口的居民区、小城镇、集镇区以及城市街道办事处辖区共同体等看成是小型社区；把农村中的村落和城市中的居委会辖区共同体看作是微型社区。

(三) 根据主要功能划分社区类型

根据社区中发挥作用的主要功能不同，可以将社区划分为政治社区、经济社区、文化社区、宗教社区和军事社区等类型。

政治社区主要是指国家到省、市、县等各级党政机关所在地，在不同规模的区域中，上述机关都是相应区域的政治中心。

经济社区通常是指社区内绝大多数居民都从事生产经营活动，并在一定程度上表现出经济共同体形态的一类社区。一般来说，同一类社区中居民所从事的生产经营活动类型是一致的或者较为接近的。如果按照生产经营活动的类型进行划分，还可以将经济社区细分为种植业社区（以种植业生产为主的社区）、工业社区（以工业生产为主的社区）、商业服务业社区（以从事商业服务业为主的社区）、林业社区（以林业生产为主的社区）、牧业社区（以牧业生产为主的社区）、渔业社区（以渔业生产为主的社区）等。

文化社区主要是指与文化事业密切相关的一种社区。在文化社区中，通常集中分布着教育、科研、文化艺术等企事业单位，如日本东京的筑波科学城和我国北京的中关村等。宗教社区主要是指少数民族群众聚居的，以宗教为特色的社区。在宗教社区中，通常是以同一民族的社区居民为主，社区居民的饮食习惯、风俗文化等都具有鲜明的本民族特色，比如在某些城市常见的以回族居民为主的社区，又比如在一些少数民族自治地方的以少数民族居民为主的社区。军事社区主要是指以军事活动和军事设施等为主体的社区，军队成员及其家属是军事社区的主要居民。一些规模较大的军营、军事基地等都是典型的军事社区,还有一些小规模的军区退休干部疗养院、休养所等也是典型的军事社区。

(四) 根据空间特征划分社区类型

根据空间特征,将社区划分为自然社区、法定社区和虚拟社区:

自然社区通常是指人们长期聚居而自然形成的社区。在长期共同的生产和生活中,很容易形成一些非人为的、共生共存的社会地理空间。这种自然社区与自然环境有着密切的联系。大多数自然社区都是以河流、湖泊、土地、山林等自然资源为依托的,这也是自然社区居民生产和生活的主要来源。自然社区的主要特征在于,规模一般相对较小,以家庭为主要的生产和生活单位,居民的生活习惯与习俗等也较为接近。

法定社区又被称为行政社区,它通常是政府出于行政管理的需要人为划定的。按照法律的要求,法定社区会被划分为不同的统治区域和社会群体组织,这实际上是国家对于基层社会的一种组织形式,也是政府管理力量的重要表现形式。法定社区通常有相对规范的行政管理机构,它是上级政府推动当地经济社会发展,落实社会管理政策的基层单位。

虚拟社区,它是一种以网络为媒介的非现实社区。虚拟社区的成员以网民为主,他们依托互联网在网络空间中可以进行实时的社会互动,有的甚至可以形成具有文化认同的共同体以及线下活动场所。当然,虚拟社区与现实社区也有相似之处,它具有传播、通信、聊天等多种社会性很强的功能,还可以开展像现实社会一样的社会互动。不可否认的是,虚拟社区所具有的非地域性、匿名性等特征,大大拓展了人类的活动空间。

(五) 根据发展水平划分社区类型

根据社区发展水平的高低,可以把社区划分为传统社区、发展中社区和现代社区三种类型:

传统社区通常存在于以传统或落后的生产和生活方式为主的历史时期,具有明显的历史色彩。一般来说,这种传统社区都是边缘清晰、自给自足、自我发展、井然有序的"地域小社会"。由于传统社区主要存在于社区发展的早期阶段,所以无论是在发展水平上,还是在发展成熟度上,都不是很高。这种传统社区形态主要存在于工业革命时期的欧洲资本主义国家,目前来看,在许多发展中国家,这种传统社区形态仍然广泛存在。

发展中社区是一个相对更为高级的发展阶段,所以具有很多传统社区所不具有的优势。对处于从传统社区向现代社区过渡阶段的发展中社区而言,它既保留了传统社区的一些特点,又发展出了现代社区的一些特点。对处于社会转型期的中国社会而言,发展中社区是普遍存在的一种社区形态。在这样一个转型期,发展中社区往往也面临着转型的困境,如果处理不好,就很难在短时间内摆脱这种所谓的转型"阵痛期",而如果找到正确的发展方向,则能进一步加速从发展中社区向现代社区转型的进程。

现代社区则是一种发展水平更为高级的社区。在现代社区中,城乡之间的水平差距已经没有前两种类型的社区明显,呈现出一种一体化的融合状态。

二、农村社区

农村社区是指在一定地域范围内,以从事农业生产为主要活动,人口密度和规模较小的社会生活共同体。农村社区是人类社会发展到一定历史阶段的产物，是人类社会最早的社区，并在相当长的历史阶段成为人类社会最主要的社区形式。农村社区的居民以农民为主体，以农业为主要的生产方式，其社会结构呈现出简单化的特点。农村社区有以下5个特征：

1. 人口特征。通常表现为人口密度较低，聚居规模较小，由同质的人口聚居形成，较少流动。农村地域辽阔，这是因为农村生产需要相对较高比例的土地。与城市社区和城镇社区相比，农村社区的人口密度要低得多，人口分布稀疏。由于地广人稀而导致交通不便、交往单一，居民流动迁徙少。农村社区中许多人祖祖辈辈生活在同一地方，从事同一性质的农业劳动而导致社区居民流动比率低。但从我国现在的流动趋势来看，由农村流向城市的流动比例在逐渐增加。

2. 社会结构。通常表现为组织结构比较简单。农村社区一般以家庭为活动的中心，家庭在生产、生活中起着重要作用。个人往往以家庭成员的身份参加组织活动，社区组织在其活动过程中也往往把家庭视作接受任务的单位。

3. 互动状况。通常表现为人际关系相对密切，感情色彩浓厚。因长期居住在同一地区，血亲、姻亲以及由于世世代代的血亲姻亲关系使其血缘关系浓厚，人际关系密切，相互依赖性强，彼此都感觉很亲近，交往中带有强烈的感情色彩，并具有浓厚的乡土观念。

4. 职业结构。通常以农业为主，职业种类相对单一。传统农村社区，农民绝大多数"以农为本"，职业种类简单，基础性的经济活动就是从事农业生产。我国现在随着农村生产力的发展及人们经营观念的改变，农村社区经营方式日趋多样化，职业种类、层次也逐渐增多。

5. 文化特征。通常受传统文化影响较大，人们文化水平较低，生活方式落后，在中国经济不发达的农村这个特点表现得尤为突出。由于文化水平低，人们认识自然规律的能力极其有限，而与低下的文化水平相伴的必然是落后的生产、生活方式。

三、城市社区

城市社区是指在一定地域范围内，以从事工商业或其他非农产业活动为主，达到一定人口密度和规模的社会生活共同体。城市社区是随着社会生产力的发展，为满足人类政治、经济、军事和文化上的需要产生和发展起来的。城市社区的大多数居民从事的是工商业以及服务业，这一本质特征使城市社区与农村社区呈现出多方面的差异。城市社区有以下5个特征：

1. 人口特征。人口密度大，居住集中，异质性强，流动性大。城市社区不单人口数量大，而且密度高，这是城市社区人口的一大特征。据有关资料统计，中国最大的城市上海，在20世纪80年代，市区平均每平方公里就有2.75万人，其中南市、黄浦两区的浦西部分及紧邻的21条街道每平方公里则多于10万人。异质的人口聚居，是城市人口的又一特征。原因在于：其一，人口数量大，差别亦随之增大；其二，城市社区人口中移民比重大，来自不同地方的移民带来了各地不同的民风民俗、生活方式、宗教信仰等；其三，城市社区的社会分工、分层加深，使每个人的选择余地增大，这些都使得城市社区表现出高度异质性和流动性的特征。人口的异质性、流动性又促进了文化交流，使社区居民思想开放，乐于变革。

2. 职业结构。社区居民以工商业和服务业为主，职业种类众多，并以其职业为中心，利用现代城市的相关机构、设施进行各种各样的活动。他们或从事专业进修，或从事文化娱乐，或从事其他经济、社交活动等。

3. 文化特征。城市社区存在和包容了更多的文化差异，社区居民受传统文化影响较小，接受新文化较快。不同的生活方式、价值观念等在城市社区中常常同时存在，城市居民相对来说思想更开放，更乐于推动和接受社会变革。

4. 互动状况。社区中人际关系相对疏远，人际互动趋向功利化、理性化和肤浅化。社区中人与人之间多以事务为中心进行互动，感情交流减少，功利色彩浓厚，个人在城市中常常更容易体会到孤独感和疏远感。

5. 社会结构。社区中具有结构复杂的各种群体和组织。城市社区聚集着众多的工厂、企业、机关、学校，密布着复杂的商业、交通网络，科层组织遍布经济、政治、文化等社会生活各个领域。从居民的衣食住行到生老病死，都有相应的组织为其提供服务。

任务三　参与社区建设

情境导入

探索共同缔造美好社区之路：让居民参与建设、管理和评估[1]

社区居民共同缔造美好幸福生活，成为当今社会建设和发展的重要理念。共同缔造是指通过探索决策共谋、发展共建、建设共管、效果共评、成果共享的方法和机制，让社区居民更加积极参与社区建设，共同打造一个更加美好幸福的生活环境。在实践中，共同缔造的理念已经得到了广泛的应用和推广。社区居民通过多种渠道，如社区代表会议等方式，参与社区决策和规划的制定，保障社区建设和管理的公正性和民主性，让居民的意见和建议得到充分地听取和采纳。

同时，社区居民也积极参与社区建设和改造，为社区注入更多的正能量。居民可以共同维护社区环境卫生、参与社区公共设施的管理和维护，共同建设社区文化、体育、娱乐等公共设施，让社区变得更加美好。

除此之外，社区居民还可以积极参与社区管理，共同维护社区的安全和秩序。居民可以参与社区巡逻、安保等工作，举报违法犯罪行为，共同维护社区的安全和稳定。

---

[1]"探索共同缔造美好社区之路：让居民参与建设、管理和评估"，载"社区 New 事"百家号，https://baijiahao.baidu.com/s? id=1763235795201206859&wfr=spider&for=pc，最后访问时间：2023 年 6 月 6 日。

共同缔造的另一个重要环节是效果共评。社区居民可以积极参与社区建设和管理的评估工作，及时反馈社区建设和管理的情况，推动社区建设和管理的不断改进和提高。这样可以让社区建设和管理更加透明、公正和民主。

最后，成果共享是共同缔造的重要目标。社区居民可以享受到一个更加美好、幸福的生活环境，共同分享社区建设和管理的成果。这样可以让社区居民更加团结和融洽，共同缔造一个更加美好、幸福的社区。

共同缔造的理念已经深入人心，成为社区建设和发展的重要驱动力。通过决策共谋、发展共建、建设共管、效果共评、成果共享等方式，社区居民可以更加积极地参与社区建设和管理，共同打造一个更加美好、幸福的社区。这不仅推动了社区的和谐发展，也为全社会的进步和发展贡献了力量。

问题：社区建设的内容包括哪些？哪些项目是重点？我们该如何投身于社区建设中？

分析

党的二十大报告再次强调"建设人人有责、人人尽责、人人享有的社会治理共同体"。习近平总书记指出："社会治理的重心必须落到城乡社区，社区服务和管理能力强了，社会治理的基础就实了。"社区是社会治理的基本单元，加强社区治理是让基层更加和谐稳定，不断增强人民群众获得感、幸福感、安全感的必然要求，是实现国家治理体系和治理能力现代化的基础工程。面对新时代新需求，社区建设必须坚持以习近平新时代中国特色社会主义思想为指导，以增进人民福祉为出发点和落脚点，加强党建引领，不断健全社区服务体系，提高服务质量，拓宽社会力量和群众参与渠道，以"人人有责、人人尽责、人人享有"为目标导向，积极打造高水平社区治理共同体，持续提升基层治理的精准度、融洽度和治理效能。

本任务通过对社区建设的含义、特征和内容的阐述，引导学生学会如何更好地进行社区建设。

 知识链接

一、社区建设的含义

社区建设主要指社区发展的实践过程，社区研究也叫社区分析，它是运用科学的理论和方法对社区的性质、特点、结构、功能等问题进行调查和理论分析，以揭示社区发展的一般规律和特点的科学。

二、社区建设的特征

1. 地域性。社区是一种地域性的社会实体，因而具有明显的地域性特征。

2. 群众性。从社区建设的对象看，不是指社区内的某一群体或几个群体，而是指社区内的所有群众，因此社区建设具有明显的群众性。

3. 综合性。社区建设是指整个社区的全方位建设，它包括社区服务、社区环境、社区秩序、社区治安、社区民主、社区法制、社区文化教育、社区体育、社区卫生和社区组织等方面的建设，具有极强的综合性；社区建设的方法和手段有经济手段、行政手段、社会手段等，也具有极强的综合性。

4. 计划性。要系统有序地开展社区建设工作，需要从社区实际情况出发，制订切实可行的发展规划和工作计划，并按照计划开展活动。因此，计划性是社区建设的一个主要特征。

5. 社会性。我国社区建设是各类社区主体、各种社区力量共同参与的过程。

三、社区建设的内容

1. 拓展社区服务。在大中城市，要重点抓好城区、街道办事处社区服务中心和社区居委会社区服务站的建设与管理。社区服务主要是开展面向老年人、儿童、残疾人、社会贫困户、优抚对象的社会救助和福利服务，面向社区居民的便民利民服务，面向社区单位的社会化服务，面向下岗职工的再就业服务和社会保障社会化服务。社区服务是社区建设重点发展的项目，具有广阔的前景，要坚持社会化、产业化的发展方向。各地区要继续贯彻落实国家对发展社区服务的各项扶持政策，统筹规划，规范行业管理。要不断提高社区服务质量和社区管理水平，使社区服务在改善居民生活、扩大就业机会、建立社会保障社会化服务体系、大力发展服务业等方面发挥更加积极的作用。

2. 美化社区环境。大力整治社区环境，净化、绿化、美化社区；提高社区居民的环境保护意识，赋予社区居民对社区环境的知情权；努力搞好社区环境卫生，建设干净、整洁的美好社区。

3. 加强社区治安。建立社会治安综合治理网络，有条件的地方，要根据社区规模的调整，按照"一区（社区）一警"的模式调整民警责任区，设立社区警务室，健全社会治安防范体系，实行群防群治；组织开展经常性、群众性的法制教育和法律咨询、民事调解工作，加强对刑满释放、解除劳教人员的安置帮教工作和流动人口的管理，消除各种社会不稳定因素。

4. 发展社区卫生。把城市卫生工作的重点放到社区，积极发展社区卫生。加强社区卫生服务站点的建设，积极开展以疾病预防、医疗、保健、康复、健康教育和计划生育技术服务等为主要内容的社区卫生服务，方便群众就医，不断改善社区居民的卫生条件。

5. 因地制宜地确定城市社区建设发展的内容。各地区在推进城市社区建设的过程中，应根据本地经济和社会发展水平与现有工作基础，从实际出发，分类指导，从基础工作做起，标准由低到高，项项目由少到多，不断丰富内容，力戒形式主义。

6. 繁荣社区文化。积极发展社区文化事业，加强思想文化阵地建设，不断完善公益性群众文化设施。充分利用街道文化站、社区服务活动室、社区广场等现有文化活动设施，组织开展丰富多彩、健康有益的文化、体育、科普、教育、娱乐等活动；利用社区内的各种专栏、板报宣传社会主义精神文明，倡导科学文明健康的生活方式；加强对社区成员的社会主义教育、政治思想教育和科学文化教育，形成健康向上、文明和谐的社区文化氛围。

技能提升

如何更好地进行社区建设

党的二十大报告再次强调"建设人人有责、人人尽责、人人享有的社会治理共同体"。习近平总书记指出："社会治理的重心必须落到城乡社区，社区服务和管理能力强了，社会治理的基础就实了。"社区是社会治理的基本单元，加强社区治理是让基层更加和谐稳定，不断增强人民群众获得感、幸福感、安全感的必然要求，是实现国家治理体系和治理能力现代化的基础工程。面对新时代新需求，社区建设必须坚持以习近平新时代中国特色社会主义思想为指导，以增进人民福祉为出发点和落脚点，加强党建引领，不断健全社区服务体系，提高服务质量，拓宽社会力量和群众参与渠道，以"人人有责、人人尽责、人人享有"为目标导向，积极打造高水平社区治理共同体，持续提升基层治理的精准度、融洽度和治理效能。具体可以从以下三个方面入手：

1. 加强社区党组织建设

要按照《中国共产党章程》的有关规定，结合社区党员的分布情况，及时建立健全社区党的组织，开展党的工作。社区党组织是社区组织的领导核心，在街道党组织的领导下开展工作。其主要职责是：宣传贯彻党的路线、方针、政策和国家的法律法规，团结、组织党支部成员和居民群众完成本社区所担负的各项任务；支持和保证社区居民委员会依法自治，履行职责；加强党组织的自身建设，做好思想政治工作，发挥党员在社区建设中的先锋模范作用。

2. 加强社区居民自治组织建设

加强社区居民自治组织建设的前提是科学合理地划分社区。根据改革创新精神，按照便于服务管理、便于开发社区资源、便于社区居民自治的原则，考虑地域性、认同感等社区构成要素，对原有街道办事处、居民委员会所辖区域进行适当调整，以调整后的居民委员会辖区作为社区地域，并冠名社区。在此基础上，建立社区居民自治组织。社区居民委员会的成员经民主选举产生，负责社区日常事务的管理。社区居民委员会的根本性质是党领导下的社区居民实行自我管理、自我教育、自我服务、自我监督的群众性自治组织。

3. 逐步建立社区工作者队伍

社区建设需要大批专业的社区工作者。要采取向社会公开招聘、民主选举、竞争上岗等办法，选聘社区居委会干部，努力建设一支专业化、高素质的社区工作者队伍，尤其要从下岗职工和大中专毕业生中选聘政治素质好、文化程度高、工作能力强、热爱社区工作的优秀人才，经过法定程序，充实到社区工作者队伍中去。要切实改善社区党的组织和居民自治组织的工作条件和社区工作人员的生活条件；积极发展志愿者队伍，广泛动员社会力量参与社区建设。

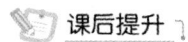

如何分析社区并设定介入目标

S社区位于北京市大兴区，于2013年建成入住，共有居民楼11座，辖区内有一所小学和一所幼儿园，有两处广场可供居民休闲。调查过程中笔者发现，居民更偏爱较大的广场，一方面是因为此广场位于小区中心位置，另一方面是因为广场中央有一座假山，老人和孩子可以在此处游乐，开发商和社区居委会正在积极完善广场的各项基础设施。据2017年年初的数据显示，S社区共有1456户居民，入住率为60%。由于社区居委会工作繁忙，截至笔者调查，工作人员也未对数据进行及时更新，但社区居委会人员表示入住率肯定较年初有所上升，应上升至70%左右，其中老年人口居多。由于是新建社区，户籍转入本社区的手续比较复杂，许多社区居民未取得房产证和购房合同，所以户籍人口在本社区的数量较少，流动人口较多。

S社区居委会于2017年年初成立，目前共有工作人员8人，主任、副主任各1人，社工委下派至各社区的社会工作者2人，另有工作人员4人。其中社区居委会主任兼任社区服务站站长和党支部书记，副主任兼任党支部副书记。虽然成立时间较晚，但社区的工作开展速度很快。社区居民基本信息档案的登记造册工作已经完成。2017年社区居委会的主要工作任务就是与居民加强联系，让居民对社区居委会有深刻的了解，在这个过程中不断提高居民的熟识程度，让社区变得更加团结和谐。经过调查后发现了以下问题和需求：

(1) 关系网络。经过评估后发现，S社区在关系网络方面具体表现为邻里熟识度不高，居民间陌生感较强；且居民职业对邻里熟识度的影响较大；在外工作的居民熟识度较家庭主妇处于更低水平。同时，社区组织尚需进一步发展；社区居民的参与意识不强、社区参与行为较少；居民社区自治意识不强，自治意识的提高需外力推动。

(2) 社区信任。S社区的居民间及居民与社区组织间的信任程度均较低，在问卷的五个维度中，绝大多数居民选择中间偏低维度，呈现出社区信任状况的不尽如人意。与此同时，笔者发现社区居民之间的交往程度较浅，居民大多选择在社区中的公共领域进行交往。从聊天地点不难看出，小区广场和公园是大家的首选，说明人与人之间的信任程度仍有上升空间。

(3) 社区规范。基于以上分析，该社区居民的互助意识较强，但较少付诸实践，互助行为较少。可见，社区规范的建立缺乏契机和动力，这就为社会工作介入提供了思路。S社区居民大多缺乏社区自治意识，但认为应建立一定的社区公约，以此规范居民行为从而获得更好的居住环境。

综上所述，S社区社会资本水平较低，但居民对有助于社区和谐发展的活动呈支持态度，不排斥熟人社区的构建。这就要求我们在项目介入时应注意加大宣传力度，充分调动居民积极性，努力为提高社区社会资本存量搭建平台。在条件允许的情况下，设计出既具备专业理念又让居民满意的活动方案，在促进社区关系网络形成的基础上推动社区规范的形成，培育居民自治意识和信任感，为构建熟人社区做出努力。

根据以上材料，回答下列问题：

1. 请你设定社区建设的目标。
2. 请你设计社区建设的详细计划。

模块四　从宏观看社会

项目十

了解社会分层与社会流动
——人往高处走

导学图

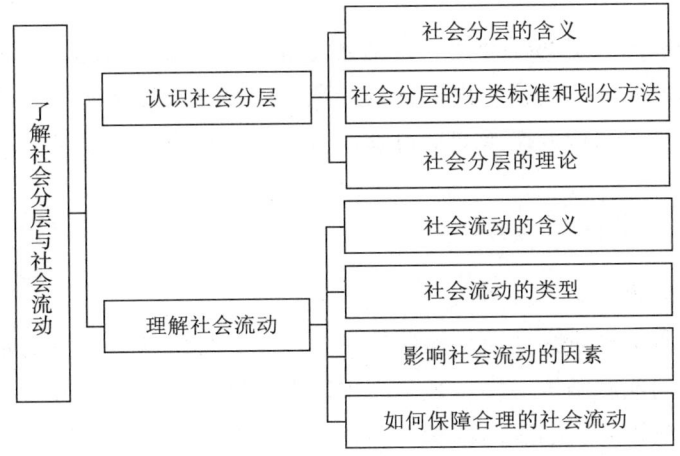

学习目标

1. 认识社会分层的含义、分类标准和划分方法
2. 掌握社会分层的理论
3. 认识社会流动的含义、类型和影响因素
4. 掌握如何保障合理的社会流动

任务一　认识社会分层

情境导入

1912年4月15日清晨,世界上最大的客轮泰坦尼克号(Titanic)在冰山林立的北大西洋中沉没。这是它的首航(maiden voyage)。这艘巨轮大约在三个小时内才完全沉没,如果有足够的救生船,可能就不会有那么多人丧生,但不幸的是,救生船不够。尽管有很

多人遇难，但妇女和儿童确实更有可能幸免于泰坦尼克号沉没之灾，为什么呢？船上的乘客注意遵守"优先救助妇女儿童"的社会规范。乘客中69%的妇女和儿童活了下来，而男乘客只有17%得以生还。

事情到此并未结束，一个社会学的分析向我们表明了更加详细的事实。泰坦尼克号的头等舱主要是有钱人住，二等舱大部分是中产阶级职员和商人，三等舱以及更低等的主要是去美国的贫穷移民乘坐。如果泰坦尼克号上的乘客的生还率按照性别和社会阶级计算比较的话，我们发现三等舱中的乘客只有26%生还，与此相应的是，二等舱中乘客生还率是44%，头等舱是60%。头等舱中的男乘客生还率比三等舱中儿童的生还率还要稍高一点。因此，在泰坦尼克号上实践的社会规范可能这样表述会更准确一些："头等舱和二等舱的妇女和儿童优先"。

问题：试分析情境中的社会现象属于什么现象？

分析

社会分层就是根据一定的标准把人们划分为若干等级层次的过程与现象，它是分析与认识社会本质结构的方法和途径。由于社会分层，因而就有社会阶层与社会阶级。与之相关的社会流动则是社会结构的微观变动过程与方式。本章我们就要具体分析什么是社会分层与社会流动。

 知识链接

一、社会分层的含义

分层本来是地质学家研究地质结构所使用的概念，是指地质构造的不同层面。社会学家发现社会结构如同地质结构一样，也呈现出高低有序的若干等级层次。于是，社会学家就借用这一概念来分析社会的纵向结构，称这种分析为"社会分层"。

社会分层是根据一定的标准把人们划分为高低有序的若干等级层次的过程与现象。产生社会分层的原因是社会差别与社会地位的存在。在现实生活中，人们在种种态度和行为上具有很大的差异。这些差别主要不是由于与生俱来的生理差别及气质差别等自然差别造成的，而是由社会差别，即人们的不同社会地位造成的。

社会分层所使用的标准不同，其划分的方法及结果就大不一样。根据人们在社会生产关系体系中的地位和作用的不同，可以把他们划分为不同的阶级；根据人们经济收入的多少、政治权力的大小、社会名望的高低等不同特征，又可以把他们划分为不同的阶层。社会分层与阶级划分是既有联系又有区别的两个概念：二者的联系在于，它们都是根据一定的社会关系把人们划分成高低有序的社会等级，从这方面而言，阶级划分也是一种社会分层。二者的区别在于，社会分层是根据社会差别而把人们划分成若干等级层次的。这种等级划分形成社会的分层结构，它对社会生活和社会变迁也产生了一定的影响。

二、社会分层的分类标准和划分方法

分层本质上讲的是社会资源在各群体中是如何分布的，因此，资源的类型和占有水平也就常常成为划分阶层、社会地位的标准。而"社会资源"的内容很广泛，那么，可以用

来分层的资源主要有多少种呢？相比较而言，以下十种资源最为重要，即生产资料资源、财产或收入资源、市场资源（以上三种属于经济资源）、职业或就业资源、政治权力资源、文化资源、社会关系资源、主观声望资源、公民权利资源、人力资源。

第一，根据生产资料的占有或剥削与被剥削划分社会阶层。虽然多数社会分层理论家都非常重视经济资源在分层中的重要作用，但他们所注重的经济资源的内容有很大不同，这种内容的不同，导致了分层目的和目标的重要差异。

根据生产资料的占有或剥削与被剥削划分社会阶层是一种冲突色彩最为浓厚的分层理论和方法，提出这一思想的首推马克思。马克思不愧为阶级分层理论的大师，他揭示了阶级分层的根本属性。他认为社会对立、阶级对立的实质是生产、付出与占有剩余价值、剩余劳动的问题。而为什么有的人成为剩余价值的付出者，有的人成为剩余价值的占有者，关键在于所有权，比如土地、农场、企业、公司等的所有权。此种理论的意义在于它可以解释各冲突群体、各阶级之间的斗争。还有一些分层理论大师也持此种观点，比如传统马克思主义者美国的米尔斯（C. W. Mills）、布雷弗曼（Harry Braverman）等，以及新马克思主义大师赖特（Erik Olin Wright）等。就我国目前的情况看，运用此种标准有助于揭示社会分层现象的本质，由此可以对中国体制改革中的阶级分层的长远发展趋势做出预测，并有助于对阶级对立将产生的社会后果做出政策性修正。但是，此类标准具有明显的冲突色彩，如果在传媒上广为宣传显然容易激化社会矛盾，不利于和谐社会的构建。

第二，按照收入划分社会分层群体。按照此种标准，低收入者构成社会下层或弱势群体，中等收入者是中间层或中产阶级，高收入者是社会上层，此种分层虽然理论基础并不强却被人们广泛采用。我国自改革开放以来，平均主义的利益格局被打破，出现了社会分化、利益差别，这些很大程度上反映在收入方面。收入分层比较容易操作，有很大的应用价值，目前国家统计局每年都公布按照收入划分的各阶层收入户的情况。

第三，按照市场地位划分阶层。这是韦伯的观点。按照韦伯的说法，所谓市场地位是指人的生存机会或控制商品与劳务等的能力，即人们在市场中可以得到的或交换到的经济资源。它比按收入划分阶层更进一步。因为，有些人的分层地位高或低并不来自收入而是来自占有其他经济资源，比如占有财产、占有某种商品、占有某种信息、占有某种机会、占有某种市场的能力等。此种标准综合了一个人多方面的生活机会和生活状况，反映了人的实际生活地位。虽然它与传统从生产关系上划分阶层并不一致，但也不可被忽视。生产关系标准注重的是内在本质，市场关系则反映的是外在表现。本质固然重要，外在表现也不可缺少，两者合一才是社会分层的事实。运用此种标准有助于区分社会上因交换关系形成的不同利益集团，比如房主与房客、销售者与消费者、债权人与债务人等。

第四，根据职业划分社会阶层。从职业角度解释社会分层的当首推社会学大师涂尔干，他从社会分工角度辨析了社会分层的必要性，剖析了职业地位高低的原因。美国社会学家彼得·布劳和奥蒂斯·邓肯在他们有重要影响的专著《美国职业结构》一书中，提出了以职业地位为基础的阶级分层模式。他们认为资本主义社会阶层的变化速度太快，人们是否属于某一集团已无意义，唯一可以作为分层标准的只有职业。他们说："阶级虽然可以根据经济资源与利益来定义，但对于大多数人而言，决定这些的首要因素是其职业地位""马克思曾经用雇佣与被雇佣作为划分阶级的标准……然而，这一标准已不再适用了，因为今天在大公司掌权的经理本人也成了公司的雇员。在当代社会中，如果阶级指的是人们所占据的经济角色以及他们对企业经营发挥的作用，那么，这些更精确地反映在他们的特定职业上而非雇佣地位上……虽然职业并非包含阶级概念的一切方面，但它是阶级最好的单独指标"（Blau and Duncan, 1967: 6）。

根据职业划分社会阶层可以看做是上述伦斯基所说的"保守主义者"的一种战略，因为它在揭示人们多层次社会差别的同时，却使人与人的关系不具有冲突色彩。从职业分工体系出发，也可以对社会分层作出合理解释，即人们地位的不同，是因为分工的不同，因而具备不同专业知识、不同技术水平的人去从事不同的工作，处在不同职业位置上就是合理的。

第五，根据政治权力划分阶层。在韦伯的三元分层理论中，政治权力是重要的一元，所以，韦伯可以被看做政治权力分层理念的较早提出者。其他社会分层理论家，比如，达伦多夫、普兰查斯（Nicos Poulantzas）等也都尝试按照政治权力分层。此种理论具有较强的冲突色彩。我国自古以来就是有突出特征的官僚等级社会，迄今为止，权力之大小、高低依然是社会差别的重要标志，权力资源所能够发挥的作用常常超过财产、收入。因此，根据权力大小划分不同阶层确实可以反映社会利益群体的重大差异和对立。当然，应用此种标准必须小心，要避免因为此种划分而产生的集团对立情绪。

第六，按照文化资源区分阶层。如果就文化分层理论溯源的话，那么，凡勃伦（Thorstein Venblen）于1899年发表的《有闲阶级论》一书可以看做是开山作品之一。凡勃伦在该书中研究了闲暇生活、服装、古代遗风、宗教信仰、高级学识等文化现象与金钱和阶级之间的关系。文化分层理论的另一位突出代表是法国社会学家布迪厄（Pierre Bourdieu），他在《区隔》一书中研究了不同阶层的生活方式与文化，探讨了阶级文化与"惯习"的关系。此外，迪马季奥等也是研究文化分层的重要理论家（DiMaggio, 1992）。其实，对于中国社会来说，文化分层有久远的历史。比如，从语言文字上看，古代上流社会、士绅阶级书写和使用的是文言文，而普通老百姓使用的是白话文，所以，语言上已经形成了两个世界。对于文化差异表现出的阶级差异，鲁迅小说《孔乙己》中也有记录。到鲁镇酒店来喝酒的穿长衫的和"短衣帮"就代表了服饰不同的两个阶级。孔乙己本属于穿长衫的阶级，却落魄到"穷人"的队伍中来，尽管他还保留着士绅阶级的文化特征。所以，经济分层、阶级区分与文化分层并不总是有一种固定的搭配，并不总是一致的。在按照常规运作的稳定社会状态下，富人阶级会形成"贵族文化"、绅士文化，穷人阶级形成"短衣帮"的文化，文化分层对经济分层、阶级区分起到了固化的重要作用。但是，在社会发生巨变时期，文化分层与经济分层常常会错位。一个世纪以来，中国社会处于巨变时期，仅在半个多世纪的时间里就发生了毛泽东主席领导的土地改革、社会主义革命、历次政治运动、"文化大革命",以及邓小平先生开创的改革开放,到现如今习近平总书记引领下进行的中国式现代化建设。由于社会总是处于巨变之中,文化分层与经济分层错位的现象就变得十分普遍。这里,我们试列出几种表现:首先是"文化破碎"。自古以来,高品位的文化当然容易与士绅阶级联系在一起,结果,在打碎士绅阶级的同时,高品位的文化也被打碎了。改革开放40多年来,我们确实恢复了很多高品位文化,但是,文化的建设需要"练内功",需要比较长的时间。其次是"文化张扬"。中国的富人阶层正在出现,这并不是坏事情,但由于时间太短,一些富人阶层仍然具有"暴发户"的特征。他们唯恐别人不知道他们的财富,在文化的外在符号上极力张扬。比如,用豪华轿车张扬富裕,宾利、法拉利、悍马、劳斯莱斯等牌子的轿车成为他们竞相购买的对象。据报载,英国皇室的御驾宾利牌轿车在中国18个月内售出82辆,售价高的上千万元一辆。此种张扬的文化和生活方式表现为"纸醉金迷"的特征,与中国的国情十分不协调。再次,"文化拾人牙慧"。由于自己的文化破碎了,于是就模仿外来文化。引入外来文化本是好事情,但在太短的时间内大量引入,不辨优劣、鱼龙混杂,结果将负面因素也当作好东西引入。最后是"文化复古"。同样,由于文化破碎了,一时找不到替代物,于是就从老祖宗那里寻找。文化复古也不是坏事情,但是,要复古首先要先读懂古代的文化,如果根本就不懂古代文化,结果把一些糟粕也当作好东西来恢复,那就是坏事情了。

第七,社会资源(社会关系资源)。中国人自古就重视社会关系,可惜,我们没有很好的理论构建和理论总结,反而是西方学者提出了系统的社会关系理论。从理论脉络来看,在社会分层中最早重视社会关系资源的有沃纳(W. Lloyd Warner)等人。他们在1949年出版的《美国社会阶级》(Social Class in America)一书中分析了社会网络、社会关系对人们进入上层社会的重要作用等。当然,如果就"社会资本"概念溯源的话,有主张追溯到雅各布斯(Jane Jacobs,1961)的,也有主张追溯到布迪厄的。后者在1980年发表的《社会资本随笔》中认为:社会资本是"实际或潜在资源的集合,这些资源与由相互默认或承认的关系所组成的持久网络有关,而且这些关系或多或少是制度化的"(李蕙斌、杨雪冬,2000:3)。科尔曼(James Coleman)则认为:"社会资本基本上是无形的,它表现为人与人的关系。"(科尔曼,1990:335)此外还有格兰诺维特(Mark S. Granovetter)和林南(Lin Nan)等人,他们则更注重实证研究和对中国社会关系的研究等等。其实,论起社会关系,在实践层面上,中国最为发达。

改革开放40多年来,在中国社会分层关系发生巨大变迁的过程中,社会资本、社会关系起到了至关重要的作用。其发挥作用的渠道,大多是"熟悉人"关系、社会网络、社会圈子等。我们在这里使用"熟悉人"一词而没有使用"熟人"一词,因为前者涵括了所有具有中国特色的社会关系,而后者仅仅是社会关系中的一种。在此,我们有必要对所使用的"熟悉人"概念做一点解释。"熟悉人"特指在中国的场景下,因多种社会联系而形成的具有比较频繁社会互动的社会关系群体。传统上,人们常说中国是"关系社会",这里所说的"熟悉人"就是对我国"关系社会"的概括。在中国,"熟悉人"是社会信任的基础，而社会信任是社会成员能够相互联结、社会得以正常运转的基础。费孝通先生曾经用"差序格局"来概括中国关系社会的基本特征和基本结构。"熟悉人"与"差序格局"是一致的，差别仅在于解释的向度不同。"差序格局"是解释中国人以己为中心而形成的像水波纹一样"近强远弱"的社会关系结构，而"熟悉人"是解释中国人相互联结的本质特征。

在中国的场域里，"熟悉人"对于资本、资源、财产、收入等的调整起到了至关重要的作用。我们知道，改革的本质就是人们或人群利益关系的调整。在不同的社会里，利益调整的渠道是不一样的，在中国，"熟悉人"就是利益调整的重要渠道。"熟悉人"的类型多种多样，比如，亲属关系。中国社会历来重视亲属关系，传统中国社会是家族、宗族型社会，亲属关系的队伍十分庞大。亲属关系是社会信任、社会团结的主要纽带。正因为如此，责任也是连带的，于是才有所谓"诛九族、满门抄斩"的被视为最严酷的处罚。改革开放以来的中国社会虽然以小型家庭为主，但家庭、亲属的社会纽带作用仍然十分突出。在急剧转型的中国社会里，当众多业缘关系随着企业、单位的转制而解体以后，传统的社会纽带和信任关系瓦解了，于是亲属关系作为社会依赖、社会信任的地位有所上升。20世纪90年代末，曾有学者对失业下岗现象的研究发现，根据全国的调研数据，职工失业下岗后，生活来源的主要依靠，排在第一位的是家庭成员和亲戚，其他关系和因素的比例都远远小于亲属关系。同样的道理，在转型中，当家庭某一个成员获得巨大利益后，他往往会将资源在亲属内部再分配，因此，亲属关系也就成为改革以来物质利益再分配的重要渠道。譬如，迄今为止，在中国的私营企业里，老板多是将最重要的经营管理权托付给亲属来控制。所谓"打虎亲兄弟、上阵父子兵"，就反映出中国"家庭伦理本位"社会的基本特征。以上仅以亲属关系为例，说明中国"熟悉人"体系怎样调节利益分配。至于其他的"熟悉人"，比如老同事、老战友、老首长、老部下、老乡、老同学等，也莫不如此。

由此我们可以总结，转型时期"熟悉人"关系对分层的影响同时存在两个方面：聚集财富的作用和分散财富的作用。在聚集财富方面，特别体现出"关系就是财产"的特点。一些人通过"熟悉人"关系获得了各种具有垄断性的特权，比如土地使用"批件"、各种特殊经营许可证等。通过"熟悉人"来聚集财富，手法十分隐蔽，能够钻很多法律的空子，表面看来是公平竞争，实际上是资源为极少数"熟悉人"群体所控制。其次，"熟悉人"也有分散财产的作用。如前所述，一些失业下岗人员从家庭其他成员、亲属那里获得救助，就是分散财富的重要例证。

此外，还有一种区分社会群体的因素也可以归入社会关系资源的分层标准，这就是"社会距离"（social distance）。不同社会层次，不同社会阶级之间有着不同的社会距离。按照这种理论，社会距离是反映社会关系亲密程度和等级的指标，它可以用来区分社会阶级。同一阶级或群体成员之间有社会交往的可能性，有社会认同感，可以形成社会交往关系，甚至有密切的接触，社会距离很小。不同阶级之间有社会障碍、社会阻碍，社会距离比较远，人们甚至可以发现不同社会阶级之间的鸿沟现象。奥索斯基曾认为，社会距离是阶级的基本特征之一，是划分社会阶级的行为标准，不同阶级的行为不同，它也会产生多方面的影响（Ossowski，1963：Chapter 9）。美国社会学家埃默里·博格达斯（Emory Stephen Bogardus）最早设计了社会距离的态度量表，称为"博格达斯社会距离量表"（Bogardus Social Distance Scales），试图用量化的方法测量人们之间的社会距离（Bogardus，1925）。

第八，因社会声望资源不同而形成的分层群体。这是一种主观分层模型。社会学历来重视主观评价对社会地位的影响，这是有道理的。因为一个人社会地位的高或低，必须要得到别人或公众的认可。如果没有公众的认可，他的所谓社会地位也就失去了意义。比如，社会上有一些所谓"暴发户"，虽然赚了很多钱，经济地位很高，但是不被上流社会认可，结果就进不了上流社会的圈子。

传统的主观分层模型的主要代表有沃纳等人，亦称沃纳学派（Warner School）。沃纳与伦特（P.S. Lunt）、米克（Marchia Meeker）、伊尔斯（Kenneth Eells）等人于1949年发表《美国社会阶级》，提出主观的阶级模型。他们采用了社区居民相互之间声誉评价的方法，提出了六个阶层的观点，即上、中、下三个阶级各自分为两层，六个层为：上上层，下上层，上中层，下中层，上下层和下下层。

帕森斯也是主观分层的倡导者，他认为一个人在社会上地位的高低是由他人的评价决定的，而这种评价是根据这个人所能够做到的与社会上占统治地位的价值观相一致的程度决定的（Parsons，1964：83）。所以，主观的意识形态和价值观是第一位的，而经济的地位是第二位的。此外，特雷曼（Donald Treiman）也是专门研究声望分层的。他用数据证明，世界各国对于职业声望高低的评价非常接近，也就是说，职业声望的排序并不因各国文化之不同而发生差异，并解释说这是因为社会结构相似所致（Treiman，1977：5-12）。

我们知道，声望地位与经济地位常常不一致，比如声望地位很高的人财产地位却可能比较低，对于这种不一致的情况，社会学称为"地位相悖"（status inconsistency）。比如改革开放前期（20世纪80年代），中国社会曾出现"脑体倒挂"现象，就是指声望地位较高的知识分子，当时的收入地位变得很低，结果引发了他们的不满情绪。再比如，山西煤矿主中的一些"暴发户"到京城来狂购豪华轿车，虽然财产很多，但是声望地位很低，被人们嗤之以鼻。同一个社会群体在不同的社会背景下声望地位也会不同，比如，传统中国社会里老人的声望地位高，村庄里一些争端常常由德高望重的老人来裁决。而改革开放以来，村庄里以年轻人为主体的农村精英，在流动中获得了较多的经济资源、技术资源和文化资源，因而在村庄中的声望地位有很大上升，甚至超过了老人。

改革开放以来，我国的声望地位处于很不稳定的状态。曾有数据证明，我国目前存在"冲突型"的职业声望评价，即社会上对同一种职业的评价产生重大分歧，声望评价的"标准差"很高。数据显示，我们的职业声望评价与国际上多数国家的职业声望评价有着明显的差异，职业声望评价的一致性低于多数国家，冲突性的、分裂性的职业声望评价高于其他国家。究其原因，是中国社会正在经历重大的社会结构变迁，传统价值观念体系解体,新的价值观念体系又还没有形成,于是声望评价失衡。所以,声望分层的优点是能反映社会心态,表现出真实互动的社会成员的地位评价,缺点是很不稳定。

第九,人力资源或人力资本的分配。这研究的是由于资历、教育、工龄等的不同而产生的分层现象。人力资本理论的创立者是舒尔茨(Theodore Schultz)、贝克(Gary Becker)等人,他们的研究大大扩展了物质资本的内容(Schultz,1963)。科尔曼认为,人力资本与社会资本是不同的,社会资本存在于人与人之间,而人力资本存在于一个人的自身之内,并认为人力资本与社会资本相互补充(科尔曼,1990:335~336)。由于人力资源的差异而造成的分层地位的不同,被认为符合"后天努力"原则。在研究社会分层时,社会学常常使用两个概念,一个是"先赋地位"(ascribed status),指一个人与生俱来的、不经后天努力就获得的地位,比如贵族爵位的继承;另一个是"自获地位"(achieved status),指不是先天具有的,而是通过后天努力而获得的地位。这一对概念所内含的价值观认为,先天的地位差别是不合理的,而因后天努力所形成的地位差别是合理的。从这种视角看,因人力资源不同而形成的地位差别属于"自获地位"。

然而,如果比较中国在改革开放前后,人力资源对经济地位、经济收入的影响,就会发现有很大的差异。改革开放以前,我国人力资源中的年功、资历对工资的影响巨大,一个人在单位工作的年头越多、资历越高,工资就越高。所以,老年人的工资水平高而年轻人的工资水平低。改革开放以后,工资分为基础工资和奖金两个部分。在多数单位,基础工资比例很小,而奖金部分比例很大,而年功、资历仅仅对基础工资部分有影响,而比例很大的奖金部分与年功、资历没有关系,是由业绩、成果、劳动量决定的。这样,老年人当然比不过年轻人的业绩、效绩、成果、劳动量,所以,近年来,我们越来越明显地看到青壮年的工资高于老年人的工资。而且,退休金计算的仅仅是基础工资部分,奖金部分完全没有,所以,就出现退休后收入剧减的情况。从经济地位上看,我国社会总体趋势是年轻人的地位上升,老年人的地位下降。

总之,按照以上九种不同的资源可以区分不同的社会分层群体。九个方面的侧重点各自不同,由此划分了不同的分层组合。而这些不同的分层组合所划分的阶级、阶层、社会集团、社会群体又常常相互交叉。在一种标准下处于同一个阵营的群体,在另一种标准下又可能被分解为不同的社会群体。反之,在某一种标准下有差异的多个集团,在另一种标准下却可能被划为同一个集团。韦伯曾经提出三元分层视角,其实,社会分层的体系远比三元分层复杂得多。如果说韦伯的三元标准在一定程度上可以缓解社会群体的利益冲突的话,那么,这里提出的九种标准当然可以在更为广泛的领域缓解群体间的对立关系。

既然分层的标准是多样的,不同的社会学家自然会采用不同的标准。那么,某一位社会学家,之所以采用某一种标准而没有采用另一种标准,显然有其目的、目标或价值取向的。作为处在市场转型和社会巨变最为重要时期的社会学家,面对十分复杂的社会矛盾和社会问题,探索区分社会地位、利益差别、阶级阶层差别的标准和方法,其目的和目标是想寻找缓和社会矛盾、协调社会关系的有效途径。从这个角度看,以上所阐述的分层的九种标准就是分层研究的九种工具,至于我们采用哪一种标准,那要看哪一种工具更有利于缓和社会矛盾、协调社会关系,更有利于构建和谐社会。

三、社会分层的理论

(一) 马克思的阶级理论

马克思按照是否拥有生产资料和雇佣工人这两个标准进行社会分层,从而将社会分为两大阶级——无产阶级和资产阶级。认为,资本的私人占有及以此为核心形成的各种生产关系是现代资本主义社会不平等的最深刻根源,因而也是社会冲突的主要根源。以资本主义现有的生产力水平。一旦消灭私有制就有可能大大缩小整个社会的不平等差距,创造出高于资本主义社会的相对平等。

不可否认,现代西方社会中的阶级状况与马克思所处时代的阶级状况相比,确实发生了一些引人注目的变化:比如科技的发展促进社会生活水平的普遍提高,在一定程度上缓解了阶级对立;教育的普及化提高了人们在就业竞争中的相对平等,增加了下层成员向上流动的机会;各种法规制度的建立对财产世袭制有所限制,提高了各种后天获得性素质的竞争力;特别是在所有权和经营管理权的划分基础上产生了一大批"新中间阶级"即白领阶层,随着其人数的增加,构成了稳定社会的重要平衡机制,等等。但是这并没有改变资产阶级和工人阶级之间剥削和被剥削的关系,因而也不会改变两个阶级的性质。马克思主义关于阶级分析的理论、立场、观点和方法,仍然是分析资本主义社会阶级结构的重要指导。

(二) 帕雷托的精英理论

意大利社会学家帕雷托认为。社会分层结构的存在是普遍的和永恒的,但这并不意味着,社会上层成员和下层成员的社会地位是凝固不变的。现代社会的不平等主要是由个人与生俱来的生理差异决定的,即基于自然差别。社会成员归属于哪个社会层次取决于他们天生的能力和才干。那些天赋很高的杰出人物即使初始地位很低,但凭借个人的努力仍然可以晋升到社会阶梯的上层,反过来也一样,即使是出身名门望族的上层人物,如果天赋愚蠢笨拙,生性懒惰僵化,也有可能跌落到社会下层。

帕雷托试图用精英循环理论来说明社会政治系统维持平衡和稳定的基本机制。他认为社会平衡的基本条件就是保持精英的循环路线和畅通,以使执政阶层中总能保持一定数量的精英。一个社会中只有当执政阶层的能力、才干平均值高于非执政阶层时,社会才能稳定;而要保证这一点,只有通过精英循环,即非执政阶层中精英人物不断上升为执政精英,执政阶层中的庸才不断下降到非执政阶层。没有向下流动,上层就会聚集一批腐化分子,使执政阶层的能力和才干平均值下降,从而不能确保其统治;没有向上流动,即向上循环通道受阻,非执政层的能力平均值就可能上升,一旦非执政层中精英人物积累到一定程度,就会联合起来革命,夺取政权。革命的意义就在于更新上层成员,补充和提高执政阶层必备的管理能力。

(三) 韦伯三重标准划分理论

韦伯认为,社会分层结构是多个层面的统一体,除了经济地位之外,至少还有两种同样重要的分层属性，在造成社会不平等方面具有突出影响力，这就是声誉和权力。由此，韦伯主张从经济、声誉、权力三个角度综合考察一个社会的经济、文化和政治三大领域中的不平等。

韦伯把根据经济因素划分的地位群体叫做阶级，认为阶级是指一批在经济状态和变化方面相同或相似的人群。划分阶级的一个重要标准是"市场购买力"或用马克思的话说是"钱袋的鼓瘪"，而不涉及其在所有制中所处的地位。韦伯所说的阶级差别主要是货币量的差别，这与马克思的阶级概念显然不同。

声誉地位是由社会公认的评价体系确定的，社会的评价从肯定到否定构成了高低有序的阶梯，声誉地位就是人们在这一阶梯中所处的位置。影响人们声誉的因素很多，主要有出身门第（身份）、仪表风度、知识教养、生活样式。

权力地位则是依据人们是否拥有权力以及拥有权力的大小确定的。所谓权力，在韦伯那里意味着为实现自身意志、无视他人意愿而支配他人的能力。权力分层反映了政治领域的不平等。韦伯认为，任何有组织的社会生活都存在权力分层现象。在现代社会中，合法权力的主要源泉并非所有权，而是科层组织管理部门中的各种管理职位。

韦伯采用的上述三个指标，实质就是"名、利、权"。韦伯相信，任何社会中这三种东西都是既有价值又相当稀缺的，因此，在各个社会活动领域中，人们总是求名、逐利、争权，社会分层结构就是用等级秩序将上述活动纳入制度化轨道的。

任务二　理解社会流动

情境导入

当代社会，人们流动的频率与速度都比从前增加不少，而我们每一个生活在社会结构中的个人，也在一生中经历着不同的流动。比如，小时候我们努力学习，希望考上好学校，获得更好的入职"敲门砖"。进入职场后，我们努力通过各种培训提升能力，期待升职加薪。成家生子后，我们在孩子的教育上下重本，期待孩子日后能比自己过得更好……但也可能有些人在职业生涯中遭遇选择或投资错误，而导致经济损失惨重。

除了上述的向上或向下的流动，还有一些地域上的社会流动。许多年轻人都向往着北上广深一线大城市，所以从全国各地到此汇聚谋求发展；同时也有不少人不喜大城市的生活压力，从而选择"逃离"北上广，到较为偏远的地区享受生活。当然，还有一些人在地域流动的同时也进行了职业流动，例如上海金融从业人员选择到云南大理开民宿当老板。

问题：试分析情境中的社会流动都有什么类型？具体有什么表现？

分析

有社会分层，自然就有社会阶层与社会阶级。与之相关的社会流动则是社会结构的微观变动过程与方式。本章我们就要学习社会流动的相关知识。

知识链接

一、社会流动的含义

社会流动与社会分层的关系非常密切，它们是对同一种社会现象所作的两种不同角度的分析。社会分层是从静态的角度来描述社会垂直结构的性质、状态、内容和形式，以及社会各阶层之间的互动关系和基本秩序；社会流动则从动态角度描述社会分层结构分化的时空范围、方向和速度，它是社会分化的量变过程。有社会分层，才有社会流动的必要和可能性；有社会流动，才会促进社会分层结构的不断分化和重组。

社会流动概念是美国社会学家索罗金（Pitirin A. Sorokin，1989~1968）在1927年所著的《社会流动》一书中首先提出来的，他认为社会流动是两个集团之间的人口交换，即一个集团的成员转入另一个集团。索罗金的研究奠定了社会流动概念在社会学中的重要地位，也引起社会学家的广泛兴趣。

社会流动也称为"社会位移"，是指社会成员在社会关系的空间中从一个社会位置向另一个社会位置的移动。社会是一个复杂的关系体系，每一种社会关系都提供了两个社会位置，每个人都占有许多不同的社会位置，并扮演相应的社会角色。当人们改变自己与现有社会位置的关系时，它就表现为一种社会流动。因此，社会流动既表现为个人社会地位的变动，也表现为个人社会角色的转换，实质上是个人社会关系的改变。

社会流动不同于人口流动。人口流动指人口在地域空间上的移动，这种流动分为永久的和暂时的，前者为人口迁移，后者为流动人口。而社会流动则是人们在社会空间上的位移。只有当人口流动引起人们社会地位的变化时才具备社会流动的意义。但人口流动与社会流动两者又有着密切的联系。一些人社会空间上的位置的变化与他们地域空间上的流动是同时实现的；一些人在地域空间上的流动虽然没有引起社会地位的变化，但这种流动对改变其生活境遇，促进其社会地位的变化，也常常具有重要的意义。社会流动与人才流动也有所区别。人才流动是社会流动的一种类型与形式，但不是所有的社会流动都是人才流动。人才流动与社会流动的区别在于：其一，人才流动的主体是特殊的社会成员——人才，而社会流动则涵盖所有社会成员；其二，人才流动通常表现为一种跨地区、跨部门、跨单位的空间流动，而社会流动不仅表现为一种跨地区、跨部门、跨单位的空间流动，而且包括人们在自己的工作单位内部的各种社会地位的变化。

二、社会流动的类型

1. 根据流动的原因，可将社会流动分为自由流动和结构性流动。自由流动，即由于社会成员的自身原因所造成的地位、职业的变化或地区的移动，也可以称为非结构性社会流动，自由流动不会对社会结构和人口的分布产生重大影响。结构性流动是相对于自由流动而言的。凡是由于自然环境和社会环境的突变，或由于某项社会发明与创造而引起的相当多的人的流动，包括有组织的和无组织的流动，都是结构性流动。结构性流动对社会结构和人口分布的影响很大。自由流动可以随时随地发生，没有方向性，从个别的自由流动中难以发现社会变迁的性质和趋势；而结构性流动，只有在自然或社会发生剧变的时候才会发生，具有方向性，并且从每一次结构性流动中都可以发现社会变迁的性质和发展趋势。

2. 根据流动的参照基点，可将社会流动分为代际流动和代内流动。代内流动，指与一个人最初的位置相比，其一生中职业或阶级地位的升降变化；代际流动，是指一个人的职业地位或阶级地位与其父辈的职业地位或阶级地位之间的变化。

3. 按照流动的方向，可将社会流动分为水平流动和垂直流动。水平流动，指人们在社会地位、社会身份不改变情况下的居住地点、活动范围及从事职业等方面的变化；垂直流动，指人们的社会地位、社会身份的变化，比如从较低的社会阶层上升到较高的社会阶层，或者由较高的社会阶层降到较低的社会阶层。垂直流动还可分为上升社会流动和下降社会流动。由较低的社会地位等级转变到较高的地位等级被称为上升社会流动，反之，由较高的社会地位等级转变到较低的地位等级则被称为下降社会流动。总之，水平流动是阶层内部的位置转移，而垂直流动是不同阶层之间的改变。相比较而言，社会学家对垂直流动更感兴趣，因为垂直流动无论对个人还是对社会都极其重要，它影响社会的阶级、阶层和产业结构。如果一个社会中向上流动的频率超过向下流动，说明该社会是进步的，反之，则说明该社会是倒退的。

三、影响社会流动的因素

社会流动受外界的影响较大，主要影响因素可归纳为自然环境、社会形势、资源禀赋三个方面。

1. 自然环境影响着人口和资源的重新分配，是引起社会流动的一个重要因素。由自然环境的变化引起的社会流动以空间上的流动居多，诸如地震、火山爆发、洪水、干旱等突发性的自然灾害，会使一定地域内的人口在短期内大量外流。此外，生态环境的变化虽然较为缓慢，但也会导致一定地域内的人口变动。

2. 社会形势是引起社会流动的根本原因。社会原因主要包括四个方面：一是社会价值观。被社会价值观肯定的东西，比如财富、名誉、地位，因为人们竞相追求而成为推动人们向上流动的原因。价值观念转变了，人们的流动方向也会随之改变。二是战争、民族歧视与民族压迫。哪里有战争和民族压迫，哪里就有难民逃亡。三是社会改革与社会革命。社会改革是深刻的社会变迁，必然引起社会成员在空间和职业阶层间的流动。革命从根本上改变了社会的阶级关系，必然出现社会成员的阶层上升或阶层下降。四是科技进步和生产力发展。科技和生产力发展缓慢，社会流动就少，相反，科技和生产力发展迅速，社会流动率便不断提高。

3. 资源禀赋是引起社会流动的一个不可忽视的因素。因为人不仅生活在自然环境之中，而且依靠资源而生存，如果人口的数量与资源的多少相当，那么人与自然就会和谐相处；如果人口密度超过资源的承载力，必然引起人口的向外流动。

技能提升

如何保障合理的社会流动

我国目前初步形成了具有现代社会特征的社会流动，社会结构日趋开放。这有助于激发人的积极性和进取精神，也动态地抵消着社会分层的负面作用。但也要看到，社会公正基础上的社会流动远没有达到，社会阶层结构"断裂"、阶层"固化"现象开始显现。这些问题也引起国家重视，党的二十大报告指出，中国式现代化是全体人民共同富裕的现代化。为了使社会流动公正、合理，使社会流动发挥更加积极的整合作用，应解决好以下几个方面的问题：

（1）取消背离社会公正的政策。在我国，"社会的最少受惠者"的社会流动受到诸多有违社会公正的政策限制，社会流动不够畅通，这极易引发社会的失序。应真正从代表最广大人民群众的根本利益出发，坚决取消不利于合理流动的政策，推动在社会公正基础上的合理的社会流动的形成。

（2）让个人能力成为流动主导因素。一个社会的强大与发展与社会个体潜能积极性的调动发挥有很强的关联。在竞争体制下，只有让教育和个人能力成为流动的主导因素，社会才有活力和创造力，它较先赋性因素和其他因素的社会流动更能体现社会公正。当然，这需要首先解决教育的不公平与个人起点的不公平。

（3）农民流动的国民待遇问题。我国的户籍制度、就业和人事政策，长期以来采取二元对待法，"一国两策"，从制度上制造着不平等。农民的社会流动受到很大限制，阻碍了社会的发展。给予农民应有的国民待遇，是建立良好社会秩序和形成正常社会结构的基础，罗尔斯说的"所有的社会基本善——自由和机会、收入和财富及自尊的基础——都应被平等地分配"，应是原则问题。

（4）职务和地位向所有人开放。职务和地位向所有人开放，是罗尔斯正义论的重要理念。罗尔斯认为："地位开放的原则是不允许有任何限制的，它表达了这样的信念：如果某些地位不按照一种对所有人都公平的基础开放，那些被排除在外的人们觉得自己受到了不公正待遇的感觉就是对的，即使他们从那些被允许占据这些职位的人的较大努力中获利……他们被剥夺了人类的一种基本善。"我们应加快这方面的制度改革，以实现社会流动机会平等的普遍性原则。

课后提升

如何正确理解与实现"人往高处走"？

上海钢琴厂的三名技术人员被乡镇企业"挖走"，该厂的吴厂长和严书记为此十分烦恼，坐立不安。

浙江省桐庐县洛舍乡工业公司眼看近几年市场钢琴走俏，供不应求，钢琴价格由每台1400元涨到2800元。根据中小学生学弹钢琴的趋势，钢琴价格今后看来会有增无减，因

此决心创办钢琴厂。该厂厂房和资金均可解决，单缺精通钢琴制作的技术人员。经多方打听，得知有几位浙江同乡在上海钢琴厂担任技术员，想动员他们来厂为家乡工业作贡献。乡党政领导研究后，决定派罗乡长前往上海去找这几位联系。罗乡长通过同乡找到了在上海钢琴厂工作的何乐、张平以及李明，四人一谈，一拍即合。

罗乡长不仅答应每人月薪2500元至3000元，而且帮助解决住房和家属户籍，还给每人提供7万元生活保证金；同时在第一台钢琴试制成功后，每人还可获得2000元奖金；待形成生产能力后，还从利润额中提取1%作为分成。何乐、张平、李明三人都是上海钢琴厂的生产技术骨干，他们辞职出走，除了优厚的待遇诱惑外，各人还有其他原因。

何乐，现年50岁。他于1953年进厂，工作了三十多年，才是一个助理工程师。他单身在上海，妻子和子女均在绍兴农村。30多年夫妻两地分居的问题长期得不到解决。他渴望夫妻团圆，全家和和美美地一起生活。当他听罗乡长说，洛舍乡要办钢琴厂，需要技术人员，不仅待遇优厚，还能帮助他解决住房和家属户籍问题，他欣然同意去洛舍乡钢琴厂工作。

张平，现年52岁，浙江宁波人。他进厂也有30多年，曾任技术检验科科长。后下放车间劳动，至今未很好地发挥他应有的作用；另外，他与现任一位副厂长长期存在隔阂，关系不够融洽，多年来一直不讲话。他一直想调换工作环境，在有生之年施展自己的才能。当罗乡长来邀请他到洛舍乡钢琴厂工作时，尽管他的家小均在上海，他还是一口答应了。

李明是一名青年技术人员，现年30岁，上海人。1975年进厂就跟何乐师傅学手艺。他业务上肯钻研，几年来进步较快，成为生产技术骨干。由于他没有文凭、没有学历，职称不能解决，晋升希望也很小。当他听到洛舍乡钢琴厂要人时，他也愿意前往，他认为到浙江农村创新事业，更符合自己的性格和兴趣；工作虽然比较艰苦，但经济待遇优厚；何况他与何、张关系处得不差，也乐意在一起工作。

何、张、李三人与罗乡长谈好后，立即分别向厂领导打了辞职申请报告。报告首先送给吴厂长，吴厂长立即与党委严书记商量。吴厂长担心三名生产技术骨干一走，会使该厂9英尺三角钢琴这一重点科研生产项目受到影响；同时三人辞职出走在全厂职工中会产生一股"冲击波"，如果职工们，特别是有技术的都群起仿效，寻找待遇优厚的去处，那全厂的生产任务如何能完成？何乐身为共产党员，却带了一个不好的头，党组织应采取必要的组织措施管理。党政领导都不同意批准他们辞职，并决定派厂领导去浙江，与有关部门交涉，要求送还被"挖"走的技术人员。

浙江有关部门却认为这几位技术人员从大上海到技术力量奇缺的家乡扶助乡镇企业，人才的流向是合理的；洛舍乡创办钢琴厂为满足人民文化生活需要服务、缓和市场压力，应说是做了件好事；三名技术人员在原厂没被重用，到乡镇企业后倍受信任，分别担任副厂长、厂长助理和检验科长，生产积极性也调动起来了，他们也应有选择工作单位的权利等。真是"公说公有理、婆说婆有理"，两地"官司"持续了一年多。

何乐等三人得知厂领导不同意辞职申请以后，便毅然离开上海钢琴厂，到洛舍乡钢琴厂上班去了。他们与当地职工一起艰苦奋斗，经过不到十个月的时间，研制了八台"伯乐"牌的立式钢琴。这批钢琴不仅吸收了国外钢琴的优点，而且还作了多方改进和创新。在浙江省有关主管部门主持召开的产品鉴定会上，伯乐牌钢琴受到上海音乐学院钢琴系主任吴山军等二十多位专家和教授的称赞。该厂准备从下一年起正式投产，年计划产量为300台。

上海钢琴厂经多方交涉，毫无结果，最后迫不得已贴出布告：对何乐三人的厂籍作除名处理，何乐的党籍也被厂党委开除。

根据以上材料，回答下列问题：

1. 试运用社会流动的知识分析何乐等人的做法。
2. 根据材料，试分析如何正确理解与实现"人往高处走"？

项目十一

认识社会问题与社会控制
——方法总比问题多

📖 导学图

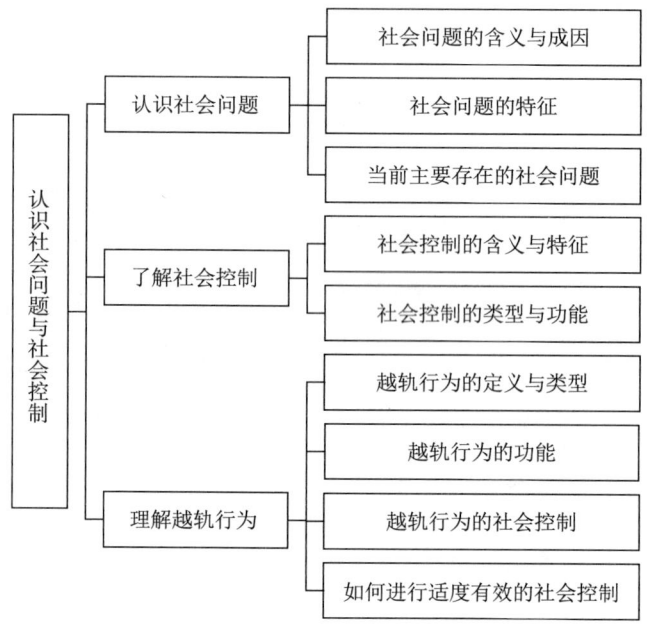

📖 学习目标

1. 认识社会问题的含义、成因
2. 掌握社会控制的含义、特征、类型与功能
3. 掌握越轨行为的定义、类型、功能与其社会控制
4. 掌握如何适度地进行有效的社会控制

任务一 认识社会问题

情境导入

《中国人口老龄化发展趋势预测研究报告》（以下简称《报告》）分三部分介绍了中国人口老龄化的现状和压力，发展趋势和特点，以及人口老龄化带来的问题与政策建议。

《报告》指出，21世纪是人口老龄化的时代。中国已于1999年进入老龄社会，是较早进入老龄社会的发展中国家之一。中国是世界上老年人口最多的国家，中国的人口老龄化不仅是中国自身的问题，而且关系到全球人口老龄化的进程，备受世界关注。《报告》认为，21世纪的中国将是一个不可逆转的老龄社会。从2001年到2100年，中国的人口老龄化可以分为三个阶段：

第一阶段，从2001年到2020年是快速老龄化阶段。这一阶段，中国将平均每年新增596万老年人口，年均增长速度达到3.28%，到2020年，老年人口将达到2.48亿，老龄化水平将达到17.17%，其中，80岁及以上老年人口将达到3067万人，占老年人口的12.37%。

第二阶段，从2021年到2050年是加速老龄化阶段。伴随着20世纪60年代到70年代中期第二次生育高峰人群进入老年，中国老年人口数量开始加速增长，平均每年增加620万人。到2023年，老年人口数量将增加到2.7亿，与0～14岁少儿人口数量相等。到2050年，老年人口总量将超过4亿，老龄化水平推进到30%以上，其中，80岁及以上老年人口将达到9448万，占老年人口的21.78%。

第三阶段，从2051年到2100年是稳定的重度老龄化阶段。2051年，中国老年人口规模将达到峰值4.37亿，约为少儿人口数量的2倍。这一阶段，老年人口规模将稳定在3亿～4亿，老龄化水平基本稳定在31%左右，80岁及以上高龄老人占老年总人口的比重将保持在25%～30%，进入一个高度老龄化的平台期。

《报告》提出，中国的人口老龄化具有老年人口规模巨大、老龄化发展迅速、地区发展不平衡、城乡倒置显著、女性老年人口数量多于男性、老龄化超前于现代化等六个主要特征。综观中国人口老龄化趋势，可以概括为四点主要结论：第一，人口老龄化将伴随21世纪始终。第二，2030年到2050年是中国人口老龄化最严峻的时期。第三，重度人口老龄化和高龄化将日益突出。第四，中国将面临人口老龄化和人口总量过多的双重压力。

问题：《报告》反映了什么社会问题？说说该社会问题对我国有什么影响？

分析

社会问题（social problem），是社会学研究的重要领域之一，是影响社会成员健康生活，妨碍社会协调发展，引起社会大众普遍关注的一种社会失调现象。一般而言，人们往往从三个方面界定社会问题：①是否符合社会运行、发展的规律；②是否影响社会成员的利益和生活；③是否符合社会的主导价值标准和规范标准。

老龄问题又称人口老龄化问题，一般指人口中60岁及60岁以上的人口比例增大，从而影响社会生产和生活的问题。人口老龄化是21世纪世界各国普遍关注的一项重大社会问题，在发达国家较为突出，不发达国家则被高出生率造成的人口年轻化掩盖了这一现象。从人口年龄构成上看，中国在20世纪末、21世纪初进入老年型社会，但由于人口基数大，未来中国老年人口总数都将居世界首位。人口老龄化给社会、政治、经济带来一系列影响和问题，它要求对社会生产、消费、分配、投资、社会保障及福利、城乡规划等都要作出相应的调整。

本任务告诉我们：要认识学会分析社会问题的成因、影响和学会介入。

 知识链接

一、社会问题的含义与成因

（一）社会问题的含义

社会问题是一个人们既熟悉又陌生的概念，这是因为社会问题存在于每个人的身边，大家对社会问题都能发表自己的见解，但同时对于社会问题的认识又是一知半解、含混不清的。那么，究竟什么是社会问题呢？社会学、管理学等领域的学者对此进行了广泛的探讨，给出了基于各自研究视角的观点。德国早期社会学家A. 瓦格和W. 桑巴特把社会问题理解成劳资矛盾和劳工问题。20世纪40年代，美国社会学家富勒和迈尔斯指出，社会问题是被多数人承认的，偏离了某些社会规范的社会状况；社会问题的界定有着客观标准和主观标准，客观标准是指社会问题是可以确认的，是一种客观事实和一种现实存在，主观标准是指人们认识到的社会问题已经对自身的价值观产生了威胁。相比而言，该定义比较全面，对以后的社会问题研究产生了极大的影响。到20世纪50年代末，美国社会学家赖特·米尔斯认为需要区分个人困扰和共同麻烦，社会问题不是个人的困扰，而是公众的问题，是社会中许多人遇到的共同麻烦。20世纪60年代初，美国社会学家默顿与尼斯贝合编的《当代社会问题》一书认为社会问题应当包括三个方面：中断了社会期望或愿望的事务安排、破坏了社会规定的正当的东西、社会所珍视的社会模式与社会关系发生脱节。20世纪70年代末，美国社会学家乔恩·谢泼德和哈文·沃斯在《美国社会问题》一书中指出，一个社会的大部分成员和社会一部分有影响的人物认为不理想、不可取，因而需要社会给予关注并设法加以改变的那些社会情况即为社会问题。国内学者对于社会问题的界定也进行了探讨。孙本文在《社会学原理》中指出，社会问题就是社会全体或一部分人的共同生活或进步发生障碍的问题。袁方在《社会学百科辞典》中为社会问题下的定义是"社会中的一种综合现象，即社会环境失调、影响社会全体成员的共同生活，破坏社会正常运行，妨碍社会协调发展的社会现象"。与此相似的是，陆学艺在《社会学》中认为，凡是影响社会进步与发展，妨碍社会大部分成员的正常生活的公共问题就是社会问题，并进一步指出社会问题是由社会结构本身的缺陷或社会变迁过程中社会结构内出现功能障碍、关系失调或整合错位等原因造成的，为社会上相当多的人所共识，需要运用社会力量才能消除和解决。

通过对国内外众多学者关于社会问题定义的梳理可以发现,社会问题的含义界定本身就是一个科学的认知过程。人们在对社会问题进行定义时,往往会受到多重因素的影响,如国家或地区的社会发展水平、文化背景或者是研究者本人的理论素养、兴趣、视角的差异等。尽管如此,我们仍然能够从中发现一些共同的规律性认识:其一,社会问题是一种社会现象,需要借助于社会力量、采取社会行动才能加以解决;其二,社会问题是有害的,它会对全体社会成员或者部分社会成员及社会进步产生不利的影响;其三,社会问题是一种客观存在的超常的或者失常的事实,而不是人们在头脑中臆想出来的。除了上述观点和规律之外,界定社会问题时还需注意的方面是,某个问题是否使社会运行失调,是否影响多数社会成员的利益或生活,是否符合社会的主导价值标准和规范。综合地看,可以把社会问题界定为妨碍社会正常运行或协调发展,影响多数社会成员正当利益或生活,违反社会主导价值标准和规范,并已经引起社会大众普遍关注的一种有害社会现象。这种有害社会现象在时间上已经延续了一定的时期,在空间上涉及的范围极其广大,在危害程度上已经影响到社会中的相当部分或大部分社会成员的正当利益。

(二) 社会问题的成因

不同的专家学者对社会问题形成的原因提出了自己的观点,其中以下几种影响较大。

1. 价值冲突论。价值冲突论认为,现代社会的一大特点就是价值观的多元化。社会上同时存在着多种价值观,持不同价值观的人,在交往中必然会产生分歧和冲突,价值冲突是造成现代社会问题最主要的原因之一。一方面,价值冲突使人们对同一社会现象存在着不同的看法。如在子女培养教育问题上,年长的祖父母主张细心呵护、循序渐进、重礼教,而年轻的父母则主张强势管理、速成教育、重实效。另一方面,价值冲突造成人们思想准则的混乱。互相冲突的价值观渗透到了社会生活的各个方面,如果人们长期受到这种互相冲突的价值观的影响,就很容易出现判断的失误,从而出现越轨行为。

2. "亚文化"论。"亚文化"就是我们常说的"非主流"文化,是指仅为社会上一部分人所接受的,或为某一社会群体所特有的文化和价值观念体系。一些学者在广泛研究了青少年犯罪、贫困、暴力行为、吸毒、卖淫等与"亚文化"的关系后普遍认为,问题青少年多数生长在社会的下层,大部分是在生活、学习中受到严重挫折,甚至一度被社会、学校、家庭所抛弃的年轻人,低下的社会地位使他们很难实现主流社会对他们的期望,这样在他们身上便形成了一套与主流文化相抵触的价值观念。这种"亚文化"的价值观念主要表现为:敌视上层、主张强硬、寻求刺激、宿命主义、主张自由自主、不愿意规划未来、缺乏实现理想的动力、怀疑权威等。"亚文化"形成之后,会在特定范围内相互传播,如果青少年在生活中长期接受这种观念的影响,会改变自己原本正常的生活轨道,从而出现像校园暴力、青少年犯罪等众多社会问题。

3. 社会整合论与社会解组论。社会整合就是把不同的社会因素、社会部分结合成为一个协调统一的社会整体的过程。一些学者认为,社会问题产生的根源是社会整合力度的减弱，在现代社会，当社会各个组成部分之间不协调，不能共同担负起维护社会正常运转的功能时，社会问题就容易产生。因此，一个社会整合程度越高，社会问题就越少，要维护社会整合需要靠复杂、精细的社会制度来协调组织之间和个人之间相互依赖的关系。还有一些学者认为，产生社会问题的原因就在于社会解组，社会解组则是指社会上原来通行的社会规范，社会制度失效，人们之间的社会联系松散，社会秩序混乱的现象。而出现社会解组现象的原因则是社会变迁，在社会急剧变迁时，原有的社会动态平衡遭到破坏，传统社会的权威、约束和控制日益减弱，社会规范失效，从而导致社会问题的产生。

二、社会问题的特征

（一）复杂性

社会问题的形成原因、表现形式和治理手段是复杂的。在形成原因方面，社会问题的产生是多种社会因素综合作用的结果。一般来讲，社会问题的产生既有历史性因素，也有现实导火线；既有宏观的政策体制性因素，也有微观的成员行为原因；既有政治经济因素，也有文化心理因素，还可能受自然环境变化的影响。这些都是社会问题产生的基本原因，如果具体到某一个社会问题，则还要分析其直接因素和间接因素、主要条件和次要条件。因此，在每一个具体的社会问题的背后，往往都有着各种复杂的因素或条件的影响，而每一种因素或者条件都可能导致不同的社会问题。在表现形式方面，某一个社会问题往往与其他的社会问题相关联，如贫困问题导致受教育程度低，而低的文化水平又使人们无法找到比较好的工作，而这又可能引起社会犯罪或者家庭破裂。有时，一个社会问题的解决也可能会导致另一个新的社会问题的出现，如为了控制人口过快增长而实行了计划生育，但多年以后又引起了人口老龄化、性别比例失衡、独生子女问题。因此，社会问题呈现一因一果、一因多果、多因一果或者多因多果的复杂局面。在社会问题治理手段方面，必须集思广益、协同社会力量进行综合治理方可见效，要求学者在分析社会问题时贯彻整体观念、系统观念和长远利益观念，而坚决不能只是"头痛医头，脚痛医脚"。

（二）普遍性

社会问题是一种普遍发生的社会现象，主要体现在空间和时间两个维度上。其一，在空间维度，世界上没有任何一个国家、没有任何一种社会形态、没有任何一种社会制度不存在社会问题。可以说，社会问题具有无国界、无社会形态和无制度性的特征。在任何一个国家和社会形态中，都存在着由内部因素相互矛盾、相互冲突而引发的社会问题。社会问题是无处不在的，大到世界和国家，小到乡村和社区，都存在着自身的社会问题。根据空间范围的大小，可大体上把社会问题分为国际性社会问题、国内性社会问题和地区性社会问题。在不同的社会制度中，也可能存在着相同的社会问题，如环境污染、社会犯罪、道德沦丧等。其二，在时间维度，任何历史时代，甚至某个时代的不同发展阶段，都存在着各自的社会问题，社会问题是无时不有、无刻不在的。这是由于随着时代的变迁，在旧的社会问题得到解决的同时，也可能产生新的社会问题，正是由于问题的不断出现，整个社会才得以在社会问题的不断解决中进步。因此，社会问题的空间和时间上的无限性共同构成了社会问题的普遍性。

(三) 特殊性

社会问题的特殊性主要体现在社会生产力、文化背景、时代特征和群体认知的差异方面。一是社会生产力的差异性。社会生产力的发展水平不同，那么社会面临的问题也不相同。当社会生产力发展水平较低时，人们主要关注战争、贫困、失业、流浪等问题；当社会生产力发展到一定程度时，人们关心贫富差距、教育、家庭破裂、青少年犯罪等问题；当社会生产力发展到较高程度、普遍富裕的时候，人们更关注人口膨胀、环境污染、性别歧视、恐怖主义等问题。一是文化背景的差异性。每个社会都有着自己的规范体系、价值观念和社会制度，对具体社会问题的看法也会有所区别，某些社会现象在一个社会文化背景中是社会问题，而在另一个社会文化背景中则可能是正常现象。如在某些国家由于宗教信仰和风俗习惯的缘故，允许存在一夫多妻的制度，而在多数国家中一夫多妻则是重婚行为，属于触犯法律的行为；在欧美国家，单身是社会成员个人选择的一种生活方式，人们不认为它是一种社会问题，而在中国，则高度关注大龄未婚者群体，把大龄单身者视为一种社会问题。二是时代差异性。每一个时代都有着自己特有的社会问题，因此社会问题具有鲜明的历史阶段性，伴随着社会发展的每一个阶段。同一社会现象在某一个具体的时代或许是一种社会问题，而在另一历史时代可能就只是一种社会现象。如，在传统的农业社会中，多子多孙是人们普遍认可的正面的价值观念，而随着人口过多造成的就业压力、资源紧张等问题日益严重，适当控制人口生育便成为一种新观念。三是群体差异性。不同的社会群体处于不同的社会阶层，有着不同的职业背景、经济利益和道德观念，对于社会问题也可能会存在着矛盾性的判断。如，对于腐败行为，有的人认为它已经成为严重的社会问题，而有的人认为这是发展经济的"赎买金"和"润滑剂"，是社会发展必要的成本。

(四) 客观性

社会问题是一种客观存在的社会现象。无论社会问题的性质和影响程度如何，社会问题的本质是一种社会客观存在，是不由人们的主观愿望所决定的。社会问题的客观性可以从三个方面理解：其一，社会问题的起因是客观的。其二，社会问题的影响是客观的，而且必然影响到全部或者多数的社会成员。其三，社会问题的解决和控制者是客观的。这就要求大家敢于正视社会问题，而不能对社会问题采取避而不见的态度，否则社会问题只会越来越严重，最终制约整个社会的发展进步。在过去，正是由于人们对人口问题、环境问题等的认识和研究不够，以至于酿成如今制约经济、社会、技术发展的重大社会问题。

三、当前主要存在的社会问题

(一) 人口问题

1. 人口数量问题。人口数量是人口问题的基础性体现。一般情况下，人们对于当代中国人口数量问题的直接认知就是"多"，事实也确是如此。截至 2017 年底，中国仍以 13.90 亿的人口总量雄踞世界第一位。但是，在全面推行计划生育 40 多年的背景下，人口数量问题发生了新的变化。中国社会科学院蔡昉教授课题组的《"十三五"国家人口发展总体思路研究报告》指出，进入 20 世纪后期，中国人口发展首次实现了由高出生率、高死亡率、高增长率向低出生率、低死亡率、低增长率的转变。人口过快增长得到有效控制，再生产类型实现历史性转变，对资源环境的压力有效缓解，有力地促进了经济发展、社会进步和民生改善，为现代化建设提供了重要保障和基础性支撑，为全面建成小康社会奠定了坚实的基础。

2. 人口区域分布问题。总体上，人口的空间分布不均和城乡分布失衡，是当代中国人口区域分布问题的主要体现。从空间分布来看，人口向东部沿海地区迁移的趋向，造成东部地区人口密度远高于中西部地区，导致区域经济发展的不协调。从城乡分布来看，随着城镇化进程的加快，越来越多的农村人口离乡离土向城市流动，导致人口城乡分布失衡，并给社会发展带来了严重的问题。一方面，过度的人口涌入给城市资源环境、社会管理和公共服务带来了空前的压力；另一方面，农村地区出现人口洼地，致使农村建设主体缺位，从而缺乏最基本的人口支撑。

3. 人口年龄结构问题。人口年龄结构是人口转变的重要表现形式。第六次人口普查结果显示，0~14 岁人口占 16.60%，比 2000 年下降了 6.29 个百分点；60 岁及以上人口占 13.26%，比 2000 年上升了 2.93 个百分点，其中 65 岁及以上人口占 8.87%，比 2000 年上升了 1.91 个百分点。可以看出，人口年龄结构变化明显；0~14 岁人口比重加速下降，65 岁及以上老年人口比重加速上升，15~64 岁劳动年龄人口比重稳步上升。随着中国经济社会快速发展，人民生活水平和医疗卫生保健水平得到巨大改善，生育率持续保持较低水平，少子化、人口老龄化成为中国人口年龄结构的基本发展趋势。

（二）腐败问题

腐败和反腐败一直是当代世界的焦点话题之一。改革开放以来，我国在取得令人惊叹的经济增长成就的同时，还滋生了不少腐败问题。多次调查结果显示，腐败已经成为当代中国最为突出的社会问题之一。党的十八大以来，我国对反腐倡廉、扫黑除恶的工作尤为重视，及时遏制了这一影响重大的社会问题继续发展恶化。现实中的腐败案件也呈现出多发、高发的态势。研究腐败和反腐败问题的资深学者邵道生认为，每当经济体制发生重大调整时，权力的腐败总是乘虚而入，总是利用手中执掌权力的优势与国（境）内外的不法商人相勾结，疯狂抢占"利益制高点"，将利益的天平向自己、自己的家族、自己的"利益集团"倾斜。现实中腐败问题发生的领域极其广泛且相互渗透，具体表现也各不相同。下面主要从政治领域和经济领域来描述腐败问题的具体表现。

1. 政治领域的腐败。政治领域的腐败通常表现为国家机关及其工作人员违背党纪、政纪和法律，在党和国家政治生活中利用自己手中的权力为自身或他人谋取私利，如投机钻营、拉帮结派、任人唯亲、个人专断、弄虚作假、有法不依、执法不严、官官相护等。具体而言：

第一，行政立法方面的腐败。立法的纯洁公正关乎法律所代表的民意，关乎法律的公正性和执行力，而现实中的某些立法主体抛开民意和公正，将立法权变成谋取私利的工具。利益输送的违法活动经常在朋友、熟人之间以互通有无、礼尚往来的形式发生，这就使得中国式行政立法腐败更具隐蔽性、区域性、局部性等特点，极易导致塌陷式、制度性腐败。

第二，行政司法方面的腐败。法律需要法官来参与实施，而法官的正义、智慧决定了司法判决的结果。不公正的司法判决不仅侵害了公民的利益，也使得公民对司法机关甚至法律产生怀疑。

第三，政绩方面的腐败，主要表现为地方政府官员为了个人或地方利益，虚构或夸大个人或地方业绩，或者不顾群众需要和实际状况做出劳民伤财、浮华无效的工程。

第四，人事行政方面的腐败，它是在行政人员选拔、任用、奖惩等过程中产生的谋取个人利益的行为，通常表现为任人唯亲、买官卖官等现象。这本质上就是一种对权力和物质的追求，是私欲至上的一种体现。

2. 经济领域的腐败。经济领域腐败的发生是与市场发育不健全、行政权力垄断资源配置联系在一起的，主要表现为与经济生活相关的权钱交易、贪污受贿、以权经商、吃回扣、拿红包等行为。根据中央纪委执法监察室主任曾晓东的论述，部分官员利用双轨制索取非法利益，比如群众反映强烈的"官倒"问题，其存在的基础就是价格双轨制，利用资金管理和经济承包中的漏洞，挖蛀国家资财，如在信贷中以贷谋私行为严重，尤其是人情信贷、行政命令信贷、有偿（私吃回扣、抬高利息）信贷、让息或无息信贷等使大量资金流失，形成呆账和死账，借机在多种经营中或人员分流回公司中。以所谓经营性政策性亏损为由，变国家资金为集体资金，变集体资金为个人所有，中饱私囊；把全部非法和部分合法资金纳入"小金库"，把外部收入或乱收费、吃回扣、劳务费、放贷利息等统统存入"小金库"；虚报产值、利润，浮夸成绩，掩盖问题，报喜不报忧，或者编造假项目、假合同、假贷款、假集资，生产假产品等。

（三）环境问题

人类的生存离不开水，我们就以水资源为例。2010年世界经济论坛报告称，预计全球对水资源的需求将会进一步增长，分析预测到2030年，全球水资源的供给和需求之间将面临40%的缺口。根据《全国环境统计公报（2008年）》中地表水质监测结果显示：七大水系水质总体为中度污染，浙闽区河流水质为轻度污染，西北诸河水质为优，西南诸河水质良好，湖泊（水库）富营养化问题突出。党的十八大以来，污染治理力度之大前所未有，我国生态环境保护发生了历史性变化，"绿水青山，就是金山银山"，美丽中国建设深入人心，稳步推进。

任务二　了解社会控制

情境导入

人们常说没有绝对的自由,自由也是受到约束的。那这些约束都来源于哪里呢?有法律法规,有政策规定,也有道德伦理、舆论压力等,这些其实都属于社会控制。而处于社会控制中的人,也会有不同的表现形式,比如有些行人能在无人监管的情况下,一如既往遵循红绿灯规则,而也有人只在有监管的路段遵循规则,一旦无他人在场,则不会再遵循此规则。

问题:试分析日常生活中你所了解的社会控制都有哪些?有什么不同的类型?这些不同的社会控制手段又有着何种不一样的控制力度?

分析

适度的社会控制是保障社会秩序的重要基础。本任务主要介绍社会控制的含义、类型与功能。

知识链接

一、社会控制的含义与特征

（一）社会控制的含义

罗斯提出的"社会控制"是针对人的天性的衰败而言的,他认为应该用人性之外的社会力量来约束人们的行为。后来,社会学家对社会控制的对象作了更广泛和深入的研究,并把社会控制的对象概括为社会中违反既定社会规则的行为,特别是对社会秩序有明显危害的犯罪行为。这些社会学家认为,人们在共同生活中建立起来的制度和社会规范是指导人们行为的准则,人们按照这些制度和规范去行为,社会就表现出秩序,人们就能从事正常的生活。那些违反制度和规范的行为,应该得到控制和约束,而发挥控制和约束作用的主要不是内在的心理机制,而是外在的社会力量。这样,社会控制就是运用社会力量对人们的行动实行制约和限制,使之与既定的社会规范保持一致的社会过程。社会控制是建立在既定的社会规范之上的,并主要表现为外在力量的施加,但它并不排除个人内在约束力的发挥。

（二）社会控制的特征

1. 社会控制的集中性和超个人性。社会控制的集中性是指社会控制总是集中地反映了特定社会组织的利益和意志,不管它具有什么具体内容和采取什么具体手段,都服务于社会组织的总体利益和最高意志。社会控制的超个人性是指社会控制总是以某种社会名义,代表某个社会组织施行控制,正是这种凌驾于个人之上的超个人性,使它能更有力地控制个人。

2. 社会控制的多向性和交叉性。社会控制的多向性是指控制主体多方面地将各种信息发射出去，而作为中间环节的多种信息传递媒介，又把各种社会精神因素和众多的社会个体相互联系起来，从而使社会控制成为一个多向交叉和多层联结的复杂过程。

3. 社会控制的普遍性和强制性。社会控制的普遍性是指社会控制存在于任何社会、任何历史时期，是任何一个国家或地区维系正常社会秩序所必不可少的机制。社会控制的强制性是指任何群体和个人不管愿意不愿意，都必须受到社会规范的约束。

4. 社会控制的特殊性和多重性。社会控制的特殊性是指不同国家、不同地区、不同时代对于不同行为的社会控制具有各自不同的特点。社会控制的多重性是指社会控制的手段是多种多样的，而且多种控制手段共同作用于同一控制对象。

5. 社会控制的依赖性和互动性。社会控制的依赖性是指社会控制只有依赖于社会实体才能起作用，这些实体包括社会组织、社会个人和传递社会规范内容的信息媒介。社会控制的互动性是指社会控制通过社会行为之间的相互影响而起作用。

二、社会控制的类型与功能

（一）社会控制的类型

按照不同的分类标准，社会控制主要可以分为如下几个类型：

1. 积极的控制与消极的控制。

（1）积极的社会控制。积极的社会控制是建立在积极的个人顺从动机之上的，以倡导、鼓励为特征的，防止违规行为发生的控制方式。积极的社会控制通过大力宣传社会的规范和价值，通过奖励模范行为而达到预防违规行为的效果，它是各方都愿意接受的控制方式。

（2）消极的社会控制。消极的社会控制是指运用惩罚手段来制裁某些违规行为的控制。它是违规行为已经发生，并产生了消极后果之后的控制，因此是消极的。消极的社会控制是重要的社会控制方式，因为毕竟社会不能完全预防违规行为的发生。当违规行为发生后，惩戒就表现为消极的社会控制。

2. 外在控制与内在控制。社会控制具有某种外在性，但是它要通过内在的力量发挥作用。根据控制力的直接来源，社会控制可以分成内在控制和外在控制。

（1）外在控制。如果一个人感觉到是外在的力量对其行为产生了约束和压力，使其不敢违反社会规范，那么这种控制就是外在控制。害怕法律制裁、纪律约束、舆论压力都是外在控制在发挥作用。外在控制具有一定程度的强制性，它要求行为者必须接受控制者提出的行为模式。

（2）内在控制。内在控制的直接控制力量来自行动者本身。如果一个社会成员接受和内化了他生活于其中的社会或群体的价值规范，自觉地实践角色规范，这就是实现了内在控制。内在控制是社会或组织成员用内化了的价值规范约束和指导自己行为的过程。这种控制方式使社会成员几乎感觉不到来自外部的压力，因为他高度认同了社会规范。内在控制是基本上实现了自我控制、自觉、慎独、克己都是内在控制的方式。

3. 正式控制与非正式控制。社会和社会群体是依靠各种规范来约束其成员的。根据规范形态的不同，可以把社会控制分为正式控制和非正式控制。

（1）正式控制。正式控制也称形式化的社会控制，它是使用比较成型、比较正规的规范来约束人们的控制方式。这里的比较成型、比较正规主要是指这些规范多数是用文字的形式表达的，这些规范是依照某种程序正式发布的。正式控制主要是用法律、条例、规章等来约束社会成员和组织成员。依据这些正规的、成文的规则，社会和组织既可以对违反者给予相应的制裁，也可以运用它以教育其成员。在现代社会中，正式控制越来越占有重要地位，这是与社会成员利益的分化、社会异质性的增强相联系的。

（2）非正式控制。非正式控制是指使用不那么成型的规范来约束人们的控制方式。这里所说的不那么成型的规范主要指它们一般不是由明文规定的，是非系统化的。比如，社会群体中常常运用道德、信任、群体压力等一类看不见、摸不着却感觉得到的手段来约束其成员，就是非正式控制。社会舆论也是非正式控制的手段。一般的，非正式控制常常不是基于契约，而是基于人们的共同意识和认同感。在初级社会群体或非正式组织中，非正式控制被普遍使用。

4. 统治与制约。在现实社会中，对于危害社会秩序的行为的控制可能通过实施强制性的外力来实现，也可能通过社会成员之间的相互约束来实现。这样就形成了两种不同的社会控制——统治与制约。

（1）统治。统治是建立在外在的强制力量基础上的控制方式，当社会秩序的维护者运用强制性的手段迫使他人去遵守既定规范时就表现为统治。在阶级社会中，统治是以普遍的政治压迫为基础的。统治阶级为了维护自己的利益，而以维护社会利益的名义制定了许多法律和规则，用以规范被统治者的行为。由于这些法律和规则是不利于被统治者的，所以会引起被统治阶级的反抗，而统治阶级则会动用国家机器强制性地推行或实施这些法律和规则，这就是统治，统治常常具有不可协调性。

在对现代社会的政治社会学研究中，虽然阶级对立并不那么明显，但是政治社会学家仍然使用统治的概念来分析权力关系。他们倾向于认为，任何权力的强制性的施加都属于统治行为，这样，统治这种社会控制方式就是普遍的。

（2）制约。制约也称社会制约，它是建立在平等基础上的、由于人们认同某种规范而产生的、约束人们行为的社会控制方式。人们为了共同的生活而建立制度和行为规范，当大家都认可了这些行为规范，并以此去调节彼此之间的关系时，就形成了一种社会约束力。这种制约虽然也是一种外在压力，但不是靠强力推行的。制约是社会成员之间的相互约束，而不是单向的管束或制裁。

（二）社会控制的功能

1. 维持社会秩序。社会秩序是指社会各组成部分在结构上相对稳定和有序，在运行中相互协调与平衡的状态。社会是社会关系的体系，是由社会成员（包括其组织形式）的利益和责任关系组成的体系。当社会成员、社会群体按照一定的逻辑结合起来，这种关系又指导和约束着社会成员，使其按照社会既定的规范行事时，社会生活就呈现有序状态，就是社会秩序。秩序是社会存在和发展的基本前提。尽管人类社会自始至终充满着矛盾和冲突，但是人类一直把追求和谐与秩序作为自己的理想目标。法国启蒙思想家卢梭认为，社会秩序是为了其他一切权利提供了基础的一项神圣权利。他认为人们应该维护公认的社会秩序。没有基本的社会秩序，社会就会解组或崩溃。然而，由于种种原因，人们并不总能自觉地实践既定的行为规范，从而给社会秩序造成冲击。社会控制则能在一定程度上抑制对社会秩序的冲击，保持社会安定。

2. 维持正常生活。在一定的社会历史条件下，人们在共同的生活中形成了适应该条件的相互关系模式，即社会结构，从而形成了该条件下的正常生活形态。但是，由于社会化不足及其他内外原因，某些社会成员可能会自觉不自觉地违反既定规范以达到自己的目的。当这些行为影响了其他社会成员的、由既定的社会关系规定的合法利益时，就可能引发冲突。这时，公共利益的代表者就要动用社会控制手段对破坏秩序者予以约束以及制裁，维持社会成员的正常生活。

3. 促进社会发展。社会秩序和社会进步是社会学的追求目标。社会不但要保持一定的秩序，而且要谋求进步和发展。然而要谋求发展，必须以一定程度的社会稳定为前提，必须保证社会有基本的秩序。社会发展是由人们的合作和竞争来实现的，而且在许多条件下，利益竞争是推动社会变迁的动力。人们在追求自我发展的过程中，可能会导致同他人的冲突。如果不把这种冲突限制在社会可容纳的范围之内，社会就会陷入混乱，社会发展的进程就会受到影响。这就是说，一定的社会控制不但会使社会有秩序，也会促进社会的顺利发展。

任务三　理解越轨行为

情境导入

浅谈越轨行为——网络暴力（节选）[1]

在现实社会中，人们的行为在大部分时间里是与社会规范以及约定俗成的要求保持一致的。但是因为人类个体的独一性与差异性，以及成长过程中所受教育程度不同和环境复杂性，人们的行为无法做到完全一致。总会有个体因为种种原因做出偏离或者违反社会大多数成员公认的社会规范的行为，也就是我们所说的"越轨行为"。当然，一部分越轨行为构成了违法犯罪，被法律予以制裁。但这毕竟是少数，那么难道剩下的多数人都不会有越轨行为吗？答案并不见得是肯定的。在我眼里，网络暴力就好似一场大部分人的越轨狂欢。

---

[1] Ying："浅谈越轨行为——网络暴力"，载知乎网，https://zhuanlan.zhihu.com/p/69400395，最后访问时间：2023年6月6日。

那么为什么会有网络暴力这种越轨行为产生呢？究其缘由，有以下五种原因。

第一，越轨行为是一个相对的概念，它总是在特定的条件下才成为越轨行为。而网络暴力能成为越轨行为的特定条件是在网络上没有真实的相貌与身份，只有虚拟的ID和账号。在宽广的网络世界里，对新潮的事件和陌生的人群"直抒胸臆"，肆无忌惮地发表着具有诽谤、污蔑、侵犯名誉和煽动性的言论。

第二，由于网络暴力一般只是违背社会习俗和违反社会道德规范，并没有违反组织记录、违反公安部门制定的维护社会治安和公共秩序的各种治安管理条例以及违反国家法律，所以基本上只是受到人们的谴责，让网民潜意识中认为不需要为自己在网络中的行为负责，于是做出肆意伤害他人的事，如言语辱骂、人身攻击等。

第三，人类本身具有一定的劣根性。通过网络，人们能在上面看到各种各样的人过着各种各样的生活：例如，富人到处度假买奢侈品，明星受万人追捧，网红靠打赏收入丰厚等，这让远远过不上这种生活的部分人产生了负面想法。"为什么别人有我没有""为什么他们生活得这么滋润"等想法滋生嫉妒、仇富、见不得别人好的阴暗情绪。然而，在现实生活里他们依旧要遵守社会规范生活与社交，由此网络变成了他们的发泄口。

第四，上网人群年龄普遍较小，对网络信息真实度的探究不够，缺乏自己的思考能力，具有从众心理，并且情绪化，容易轻信他人、容易冲动，做出伤害他人的举动。

第五，法制意识和精神文明建设有待提高，少数网民的素质也有待提高，且没有健全的相关规定，致使网络暴力"有恃无恐"。

很明显，网络暴力并不能被简单地界定为个人越轨行为或群体越轨行为。因为它往往是由一个个独立的个体首先发声，然后通过煽动、感染等形成一个群体。但这种个人越轨行为力量和影响力都是微小的，它需要借助群体越轨行为的力量来吸引更多个人越轨行为，以此不断壮大群体实力，也让个体更加猖獗。

问题：你所认知的网络暴力是何种行为？属于社会越轨行为吗？属于犯罪行为吗？它对社会产生了什么影响？

分析

网络暴力作为近年来的常见现象，产生了不少的社会负面影响，也引发了越来越多人的关注。作为新生时代的社会问题，其存在于法律空白或漏洞之中，所以社会对此讨论更加热烈。一方面人们对此引发的恶性后果嗤之以鼻，另一方面也有不少人加入到"键盘侠"的行列当中，这种社会越轨行为必须通过适度的社会控制来得到遏制。

本任务通过对社会越轨的定义、类型与功能的讲解，帮助学生了解社会越轨，并学会如何通过适度的社会控制来维系社会稳定。

 知识链接

一、越轨行为的定义与类型

（一）越轨行为的定义

何谓越轨？关于越轨的理解和定义非常之多。越轨是一种具有模棱两可和混乱性质，从而无法明确分类的现象;越轨是有权者赋予无权者的一种属性;越轨是社会冲突中失败者的特性;越轨是被社会所指责的行为;越轨是尚未确立的创造发明;等等。每一种理解或定义都反映了研究者比较特殊的理论倾向。不过,虽然有那么多不同的理解与定义,但从中也能辨认出共同的意思,即基本上都倾向于将越轨看做是一种偏离社会规范而遭受非难并引起人们试图对其进行控制的行为,而这也就是我们对越轨的定义。

对于这一定义,需要注意以下几个方面:

第一,社会规范有各种各样的形态,可以是国家的政策法规,也可以是社会的道德伦理;可以是团体单位的纪律规定,也可以是传统的风俗习惯;可以是明文规定的,也可以是约定俗成的。也正因此,越轨与犯罪不完全一样,犯罪是越轨,但只有触犯了国家刑律的越轨行为才是犯罪。

第二,由于在不同的社会、不同的时代中,社会规范是各不相同的,因而同一种行为在这个社会、这个时代中被视为是越轨,但如果换一个社会或时代,就可能被看做是一种完全正常的行为。因此,越轨行为是一个相对的概念。

第三,越轨不一定就是坏行为。越轨意味着不遵从,但任何导致社会发展、文明进步的改革创新都不是因循守旧的结果,相反,都是不遵从陈规旧俗的产物。

第四,越轨的主体可以是个体,也可以是群体、组织。

(二) 越轨行为的类型

根据越轨行为发展的阶段,勒默特将越轨行为分为初级越轨和次级越轨。当一个人面对一个越轨行为的诱惑时,比如面对朋友递过来的毒品,他就面临着一个选择,是克制自己的越轨冲动,还是突破越轨行为"吸引性边缘"而迈出越轨的第一步,如果,他迈出了这一步,他就进入了"初级越轨"。初级越轨是一种一时兴起的越轨行为。但是,如果越轨者不限于这一步,而是继续发展,那么,有朝一日,当越轨行为对他来说已不是一种偶然行为,而是一种习以为常的必然行为时,他就进入了"次级越轨"了。

根据越轨行为对社会的影响而将越轨行为分为消极的、破坏性越轨和积极的、创造性越轨。顾名思义,前者对于社会的进步,文明的发展,对于社会的正常秩序和人们的生活幸福是一种破坏和障碍,如谋财害命、贪赃枉法等;而后者则会带来社会的进步,文明的发展,会增进人们的生活幸福,它往往是对一些陈规陋习的改革,是对一些有害无益的老观念、旧思想的突破。

斯宾塞(Spencer)于1976年根据越轨本身性质的不同,对越轨作了如下分类:

1. 行动越轨。这是一种较为明显的越轨行为,具体又主要分为三类:①各种带有侵略性的越轨行为,如谋杀、抢劫、诈骗等;②性越轨,指不正当的性行为,如强奸、卖淫等;③自杀。

2. 习惯越轨。指某种偏差行为的反复发生,以至成为一种社会习惯现象,如嗜酒成性、赌博成瘾、吸毒不能自拔等。

3. 人格越轨。指越轨行为导源于人格异常,行为者在社会互动中不能扮演正常的角色，如精神病患者的行为。

4. 文化越轨。指某些亚文化群体的行为或思想脱离和违背大众社会的规范。如暴力亚文化、黄色亚文化等。

二、越轨行为的功能

(一) 越轨的积极作用

第一，越轨有助于定义恰当行为的尺度。试想，司机因超速被罚款后，正常情况下是否还会超速？商店服务员与客人争吵被辞退后，当他到另一个商店上班时，如果想保住工作职位，是否还会与客人争吵？学生考试作弊而被留校察看，当他再次考试时，是否会有所顾忌？可见，我们是通过人们的越轨行为以及对其的惩罚使大家明白行为的尺度与界限。

第二，越轨促使人们更愿意遵守社会规范和群体规范。一方面，对越轨行为的处罚促使其他人更愿意遵守社会规范和群体规范。比如，当你看到有人因为随地吐痰而被罚掉一个月的工资时，你是否还会随地吐痰？当你看到有人因为经常上班迟到早退而被辞退时，如果你想保住这份工作，是否会迟到、早退？另一方面，如前所述，越轨行为可能会带来更明确的社会行为规范，或者带来社会的变迁，而形成更有利于发展的规范，我们当然会更愿意遵守这更合理、更科学的社会行为规范。

第三，越轨行为的存在有利于明确社会行为规范，指出社会容忍的限度。越轨行为是对规范的背叛，而规范本身是逐渐形成并完善的。许多社会行为规范在被破坏之前是模糊不清的，通过群体对越轨行为的反应进而明确了规范。比如，我们以前对于网络犯罪是没有相关规定的，随着网络诈骗、运用非法网站谋取利益等越轨行为的出现，我们在法律上逐步对网络犯罪行为予以定性，以此明确了此方面的社会行为规范。

第四，越轨能带来社会系统所需要的变迁。越轨行为会促使成员重新思考原先的社会行为规范是否合理，以此来推动社会的变迁。比如，1978年，在人民公社制度的大背景下，安徽小岗村18户村民按下血手印分田到户，触动了中央领导人对农村联产承包责任制的思考，由此拉开了我国农村经济体制改革的序幕。

(二) 越轨的消极作用

第一，越轨还浪费了大量的社会资源。比如，贪污、腐败等越轨行为，造成了大量国有资产的外流，是对社会资源的浪费；不按规定乱排放废气、废水的工厂，会对环境造成很大的污染和危害，由此造成我们在治理环境时要花费大量的人力、物力和财力，这也是对社会资源的一种浪费。

第二，越轨会破坏人与人、人与群体、群体与群体之间的信任。比如，一些医生在给病人看病时，出于某种原因而给病人开不必要的贵药，那么医生的这一越轨行为是不是造成了你对医生的不信任了呢？而当政府对这一问题不能很好地解决的时候，你是不是也对政府产生了不信任感呢？

第三，越轨可能会弱化人们遵从社会行为规范的动机。在以上我们所探讨的一些越轨行为中，有一些越轨行为是不会受到实质性的惩罚的，比如在我国，在电梯里吸烟或一个正常、健康的成年人不给老、弱、病、残、孕的乘客让座等。这种对越轨行为的漠视实际上是鼓励了这些越轨行为，就会使得本来遵守这些社会行为规范的人们也在电梯里吸烟或者也不愿让座，变得不愿意遵从此等社会行为规范了。

第四，越轨会使生活变得不可预知，并导致遵从者与越轨者之间的紧张和冲突。比如，你今天高高兴兴地出门去，结果在银行取完钱后被人抢劫了，被抢钱这一行为显然不在你的预计范围之内，你与抢钱的人（即越轨者）明显产生了冲突。假设你不愿意钱被抢走而与其搏斗，那么抢钱者甚至可能会危及你的生命。

三、越轨行为的社会控制

1. 加强预防。越轨行为是一种消极的社会现象，一旦产生则会对社会和人们的生活造成极其不利的影响。因此，需加强预防，进行全方位的正面教育，以积极的态度避免越轨行为的发生。即用正确的社会价值观、社会规范教育人们，使其自觉遵守法律和社会规范。

2. 建立社会预警系统。建立社会预警系统的核心是要对社会状况进行有效的监测，及时发现社会重大的不协调之处，制定相应的政策和措施，缓解矛盾、化解危机，防患于未然。

3. 重建社会道德体系。缺乏权威的社会道德体系是一个社会陷入混乱的基础原因，因为社会生活中相当大的部分是通过道德来调节的。改革开放以来，我国社会中原有的、占统治地位的道德体系受到了严重冲击，重建与社会发展相适应的新的道德体系是我国面临的迫切问题。

4. 加强法制建设。随着社会现代化的推进，法律在社会生活中的地位日益提高。建立健全法制体系，用法律的威慑力量使欲犯罪者打消犯罪的念头，直至约束自己的行为，停止犯罪活动。

5. 对犯罪行为严厉制裁。一旦发生犯罪行为，就要根据犯罪的性质和危害程度对犯罪分子进行严厉的惩罚。同时，还要采用多种措施对犯罪者进行帮教和感化。

技能提升

如何进行适度有效的社会控制

"适度"是指事物的活动在度的范围内进行。社会控制的度，则是指社会规范对社会行为限制的程度。适度的社会控制对社会的良性运行和协调发展有着十分重要的意义。

1. 社会控制度的三个维度

社会控制的度具体包括三个维度：控制力度、控制刚度和控制网络的致密度。控制力度：用来表明社会成员的社会活动空间的大小，力度越大，表明社会活动空间越狭小；反之，表明社会活动空间越宽广。控制刚度：用来表明越轨行为受到社会制裁的可能性大小以及制裁强度的高低。刚度越大，表明越轨行为受到制裁的可能性越大，受到的制裁越严厉；反之，表明制裁的可能性越小，受到的制裁越轻微。控制网络致密度：社会活动空间犹如被渔网般的社会规范体系包围起来的空间，这就是社会控制网络。社会控制网络致密度用来表明社会规范的严密程度。致密度越大，表明受到控制的社会行为越多；反之，表明受到控制的社会行为越少。

力度、刚度、致密度既是社会控制度的三个维度，同时三者之间也应该有一个社会学概论协调、耦合的关系。其中，力度和致密度是由社会预先规定好了的，即运用法律、纪律、风俗、道德等社会控制手段，对社会成员"可以做什么""禁止做什么"都予以事先规定，超出这一规定范围就成为越轨行为。刚度则是由社会控制实施过程的状况决定的，越是严格依据社会规范对越轨行为实施制裁，控制刚度越高。

2. 适度社会控制的要点

判断社会控制是否适度，是一项复杂的社会工程，不同的领域或者同一领域不同的时间、地点、条件下指标都是不同的，也不可能相同。但是并不意味着这个"度"无法把握。

（1）符合稳定。社会井然有序、人民安居乐业，是社会稳定的重要标志，也是适度社会控制的表现之一。在欠度控制之下，管理松懈、纲纪弛废、民心涣散、社会动荡不安，显然不利于社会的良性运行和协调发展。但我们要特别注意的是，过度控制即使有可能带来社会稳定的局面，但也只能是一种"万马齐喑究可哀"的局面，这种稳定局面只能是表面的、暂时的，稳定的背后必然蕴藏着深刻的社会危机。历史经验已经表明：过度控制并不能带来长久的社会稳定、繁荣发展的社会运行，反面会引起巨大的社会动荡、陷入社会恶性运行状态。

（2）合乎规律。规律是事物内在的属性，是事物之间固定的联系，它不是可观察、可感知的表面现象本身，而是隐藏在表面现象的背后，因此，把握和遵循社会规律，发现、认识社会现象内在或背后的联系，是进行适度的社会控制的必要前提。

（3）坚持社会效益。社会控制必须谋求人们改造世界活动的最大或最高社会效益。一要注重社会效率，即谋求社会投入与产出的最大比率。以最省、最小的社会资源、社会能量、社会活动，达到最快、最彻底地解决社会失调的目的。二要注重整体社会效益，解决社会失调的社会控制活动要考虑到社会各方面效益，如物质文明与精神文明、经济的与非经济的等。

（4）追求公众利益。社会控制必须有利于维护和谋求社会公众的利益。社会公众的利益，表现为国家利益、民族利益、社会大多数人的利益，要谋求社会公众的长远的、根本的利益及利益最大化。一般而言，社会失调，本质上就是社会区域之间、社会群体之间、社会集团之间、一部分人与另一部分人之间的利益冲突的表现。任何社会失调的解决对策、解决过程乃至社会问题的最终消除，都会涉及一定的社会利益，都会发生各区域、各群体、各集团、各部分人、各方面社会利益的变化和调整，从某种意义上说，都是一种社会利益的重新组合和分配。因此，社会控制过程中，必须慎重考虑和研究社会利益的调整,在社会利益的调整中必须坚持以公众利益为最高和最终原则。

（5）尊重社会成员的自由。从人类社会诞生的时候起,人类就从未放弃过对抗社会动乱。过度控制也不好,它不利于社会成员发挥积极性和创造性,社会缺乏活力,犹如一潭死水,最终不利于社会的运行与发展。适度社会控制才能既发挥社会控制维系社会秩序的基本功能,又能充分调动社会成员的积极性和创造性。

课后提升

如何运用社会控制知识应对环境保护问题

全国政协委员卫小春曾在2015年的全国两会期间指出,我国是全球13个人均水资源最贫乏的国家之一。全国600多个城市中,400多个城市就属于"严重缺水"和"缺水"的城市。京津冀人均水资源仅286立方米,为全国人均的1/8,世界人均的1/32,远远低于国际公认的人均500立方米的"极度缺水"标准,而在2014年3月,环保部发布首个全国性的大规模研究结果显示,我国有2.5亿城市居住区靠近要点排污企业和交通枢纽,2.8亿居民使用不健康的饮用水。《2013中国环境公报》数据显示,2013年我国地表水总体污染较轻,部分城市河段污染相对严重,全国4778个地下水监测点中,水质较差和极差的比例将近60%。31个大型淡水湖泊中,17个为中度污染或轻度污染。经过分析,造成城市污水的最主要原因分别是工业污水和生活污水。

根据以上材料,回答下列问题:

1. 材料反映了当前什么问题?原因是什么?
2. 试运用社会控制的知识分析该如何解决该社会问题。

项目十二

掌握社会保障知识

——社会兜底安全网

📝 导学图

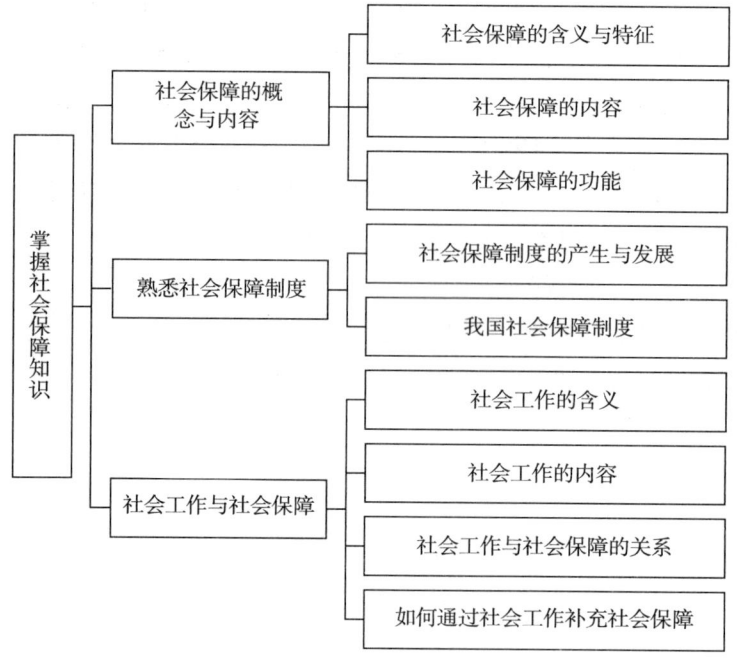

📝 学习目标

1. 了解社会保障的含义及特征
2. 掌握社会保障的内容
3. 熟悉社会保障的运行机制
4. 明确社会工作与社会保障的关系

任务一 社会保障的概念与内容

情境导入 [1]

夏至刚过，蔬菜迎来了采收的盛期。一大早，56 岁的宋玉和与老伴钟树霞把刚摘下来的豆角、香瓜和西红柿塞满电动三轮车的后斗，他们要去 10 公里外的小卖铺和超市里卖菜。

钟树霞平时习惯带着腰包，现在"腰包"真的鼓起来了。"这些菜能卖 300 多元钱，每天都能有进账，这日子以前想都不敢想。"钟树霞心满意足地看着旁边的老宋，这个曾被她"抛弃"十多年的丈夫，因为"扶贫大棚"又回到了身边。老宋夫妻的家乡是内蒙古乌兰浩特市葛根庙镇哈达那拉嘎查，这个小村庄有 500 多户，贫困户较多，而老宋则是老乡眼中"扶不起的阿斗"。钟树霞尽量委婉地形容了老宋过去的状态：他得过肺积水，干不了重活，但轻活也不愿意干，自家的地都给外人种，平时打零工赚一口吃一口，混一天是一天。一到过年过节就去镇政府、村委会要米要面。"实在是没法过，我就到天津的女儿家了。"两口子就这样分散在两地各过各的。

2016 年 6 月的一天，钟树霞突然接到帮扶干部王燕打来的电话，说是希望她回来，政府要给他们盖房子建大棚，带着老宋一起脱贫。"刚开始我真是不相信，王燕打了五次电话我才回来的。"离开家乡这么久，丈夫也老掉牙了，而当年那个破旧的小山村更是变得都快认不出来，走进葛根庙镇扶贫产业创业示范园区，800 多个大棚整齐排列，让钟树霞颇为震惊。"自己只掏 5000 元钱，政府就给建好了大棚，还在旁边建起了 40 平方米的易地搬迁房，还要啥'自行车'啊！"钟树霞把老宋拧得很紧，每天老两口起早贪黑翻地、种菜、浇水、除草、采摘，当年就赚了 4000 多元的现钱。在这个扶贫产业创业示范园区内，有 147 户散种的扶贫户，还有一大部分大棚是公司、合作社运营，从种植到销售逐步形成了成熟的链条。老宋两口子也不满足 1 个大棚，第二年租下 3 个棚，今年（第三年）又新租 4 个棚，钟树霞的"腰包"将装下纯收益 5 万到 6 万元。老宋理了利索的板寸，卖菜的自行车换成了崭新的电动三轮车，最近又花了 2000 多元补牙。"捯饬完他，再拾掇自己。"钟树霞属于典型的东北大嗓门，爽朗地大笑着。她说，大棚管理得好，收入就可能增加，管理得不好，收入就减少，他们一刻不停歇地精心经营着自己的"饭碗"。"现在政策真是好，干部们也是真心实意地帮我们，镇上的和村里的干部隔三差五就来棚里看看，有一次我家的菜卖不动，几个兄弟用他们的微信，没多大功夫就给卖光了。"走在园区的小路上，微风拂面，瓜果飘香。遮风挡雨、脱贫致富的大棚里，不时传来老两口的欢声笑语。

---

[1]"'扶贫大棚'重圆破碎的家"，载新华社百家号，https://baijiahao.baidu.com/_s?id=1604865578180274805，最后访问时间：2023 年 6 月 6 日。

问题：社会保障给人们的生活带来了什么变化？

分析

社会保障制度被称为社会的"安全网"。从古至今，社会保障体系对于个人生存与繁衍、社会稳定与发展的重要性不言而喻。进入工业社会后，贫困、失业、流浪等社会问题日益加剧，社会弱势群体大量涌现，完善的社会保障体系变得不可或缺。

本任务告诉我们：社会保障是社会兜底的安全网、是保障社会发展的减震器，在保障社会稳定、促进经济发展、维护人的权利、提升生活质量等方面发挥着重要作用。

 知识链接

一、社会保障的含义与特征

社会保障（social security）是由政府和社会对基本生活有困难的群体给予物质帮助的活动和制度安排。社会保障是传统社会向现代社会转型的产物。1601 年英国《伊丽莎白济贫法》提出要对赤贫及由此致病的人实施帮助，被认为是现代社会保障制度的开端。伴随着农业社会向工业社会的转变，以及家庭与社区支持系统的逐渐瓦解，英国的社会保障制度逐步建立起来了。德国在向现代社会转型的过程中于 19 世纪 80 年代颁布了一系列法律，率先建立了较完整的、以社会保险为基础的社会保障制度。20 世纪许多国家建立起社会保障制度，而一些发达国家则建立了福利国家，在更高层次上对其国民的基本生活进行保障。社会保障作为一种社会制度已经成为现代国家必不可少的安排。从个性发展角度看，即把社会化看做人的个性的形成和发展的过程。美国社会学家米德（Mead）认为，把别人的态度内化，并能按照社会上其他人的一般期待判断自己行为的过程，就是社会化的过程。

据各国社会保障实施的具体情况和对它的理解来描述，单就所包含的共同点而言，可以对社会保障概括如下：

社会保障是以政府为责任主体，依据法律规定，通过国民收入的再分配，对公民在暂或永久丧失劳动能力以及由于各种原因而生活发生困难的国民给予物质帮助，保障其基本生活的制度。

这一定义包含以下四个要点：

1. 社会保障的责任主体是政府。国家是对社会进行管理的最高权力机关，是执行国家权力的行政机构，唯有政府才能通过国民收入的再分配，对全社会实施保障。同时，社会稳定和经济增长是社会的基本目标，政府有运用社会保障寻求稳定和参与发展的内在动因。

2. 社会保障得以实施的依据和保证是相应的社会立法。现代社会是法制社会，社会保障制度必须以健全、完备的法律体系为支撑，使社会保障制度的运作制度化、规范化。

3. 社会保障的资金来源是通过国民收入再分配形成的社会基金，用它来支付保障费用。

4. 社会保障的目标是满足公民的基本生活需求，对那些由于各种原因面临生存危机的社会成员给予生活保障。社会保障应能使社会的每个成员达到维持生活所需的生活标准。

二、社会保障的内容

相对于福利国家面向全民的较高水平的保障，原来的社会保障被称为传统的社会保障。实际上传统的社会保障仍然是当今社会保障的主流。社会保障由社会救助、社会保险、社会福利服务三部分组成。

（一）社会救助

社会救助是由于个人、社会或自然原因，某些人的基本生活遇到个人难以克服的困难时，政府和社会对这些困难人群予以援助，向他们提供现金或物质帮助的活动和制度。在现代社会，由于个人原因、社会原因或自然环境方面的原因，某些人丧失基本生活的物质条件的现象时有发生。那些失依的儿童、老年人、残疾人，失业者及其家庭，因自然环境恶变而产生的灾民等群体，在基本生活上陷入困境，这可能会影响他们的生命安全。而对这些群体，政府为了保障他们的生命安全和基本生活，动用公共资源和社会力量对之实施援助，这就是社会救助。社会救助的对象是基本生活受到威胁的特别困难的群体。社会救助是对其基本生活水平的保障，也是政府对人们生存权的保障，因此社会救助也成为政府的一项基本责任。世界范围内的社会保障首先是从救助领域开始的，社会救助是社会保障的基本内容。

（二）社会保险

社会保险是以劳动者为主要对象的，面对其年老疾病、伤残失业等生活方面的风险，政府运用政策手段，动用自己和社会的力量，聚集一定的经济资源，并运用社会互助机制去应对风险，进而保障人们的基本生活。社会保险制度最早产生于德国，俾斯麦政府为了消解工人的不满、维护社会秩序而制定了系列保险法规，对工人的劳动和基本生活进行保护。社会保险有如下特点：其一，预防性。社会保险是在风险发生之前采取的预防措施，参保人一旦发生不测，社会保险就付诸实践，即对参保人实施援助。其二，强制性。政府通过颁布法规和政策推动人们参加社会保险、缴纳费用，政府是推行社会保险的责任人。其三，社会性。社会保险运用政府拨付资金和缴费群体的力量解决遭遇不测者的问题，因此有互济性、社会性特点。其四，权利和义务对等的原则。只有预先缴纳费用（保险金）者遭遇不测时才会得到保障。享受保障权利者必须先尽缴费的义务。由此可以发现，社会保险与商业保险有明显的区别。社会保险是社会保障的重要组成部分，随着经济和社会的发展，社会保险的范围也在扩展，比如针对女工的生育保险等也被纳入社会保险的范围。

（三）社会福利服务

社会福利服务是由政府和社会服务机构向失依儿童、残疾人、自理能力弱的老年人提供的带有福利性的服务。这些特殊人群的日常生活能力低下，对他们来说只有正常的物质生活条件是不够的，所以必须辅之以社会服务，即向他们提供福利性的服务来满足其基本的生活需求，保障其基本生活。社会福利服务既包括物质方面的服务，也包括精神方面的慰藉，这是围绕服务对象的基本生活而开展的服务活动。在这里，社会福利服务对象属于社会中的特殊困难群体和脆弱群体。由于生理、心理和社会方面的原因，他们的生活陷入了十分困难的境地，需要社会施以援手。现代政府基于对这一群体基本生存权的考虑，为了预防和减少社会问题、促进社会团结，制定相应的社会政策，向这一群体提供免费的福利服务。实际上，这种社会福利服务是一种服务保障。需要说明的是，这里是在较窄的意义上使用"社会福利"这一概念的，其对象指的是特殊困难人群，服务维持的是他们的基本生活。社会福利服务的责任主体是政府，但在服务提供方面，社会力量（社会服务机构）常常发挥重要作用。社会福利服务是社会保障制度必不可少的组成部分。

三、社会保障的功能

社会保障具有多重功能，主要包括保障民生、促进经济发展、维持社会秩序等。

（一）保障民生

在现代社会，保护人民生命财产安全是政府的基本责任。生存权是一项基本的人权，当人们由于各种原因基本生活陷入困境并危及生命安全时，政府和社会就应当给予物质等方面的援助，使其免于生命威胁。社会保障就是政府在保障民生，保障人民生命安全方面的制度化安排。保障民生不但包括通过经济援助使困难群体摆脱基本生活方面的严重威胁，而且包括在可能的情况下尽量提高困难群体的生活水平，满足他们基本的社会需要，提高其生活质量，使他们过有尊严的生活。随着经济和社会的发展，国家的经济支付能力提高，人们的基本需要会发生变化，社会保障制度也应该不断发展。在任何时候，保障民生都是社会保障的首要功能。

（二）促进经济发展

以社会财富的再分配为主要内容。传统理论认为，社会保障功能未健全，这些资源只具有消费功能，生产功能不足。现代理论认为社会保障通过向困难群体提供经济上的帮助的同时，也可以促进经济的发展。其一，社会保障制度通过向劳动收入不足者及困难家庭提供资金援助，有利于促进劳动力的再生产。其二，社会保障制度通过为失业者提供保障性就业培训可以增加这一群体的人力资本，促进经济发展。其三，社会保障制度通过社会再分配可以增强贫困群体的消费能力，进而刺激生产。

（三）维持社会秩序

在德国，社会保障制度产生于政府对社会稳定的追求，俾斯麦政府通过建立社会保障制度，向工人提供福利保障，试图消除工人阶级的可能反抗，这就是：保障的社会控制功能。在当代社会，社会保障仍然扮演着进行社会控制维持秩序的角色。其一，社会保障通过向困难群体提供资金援助和服务，可以在一定程度上解决他们的生活困难，缓解社会问题。其二，社会保障可以弱化过分的贫富分化，减弱低收入群体的相对剥夺感，预防和弥合社会分裂，减少社会冲突。其三，社会保障通过财富再分配可以促进社会公平，强化社会认同和政治认同，维护社会秩序和社会稳定。

任务二　熟悉社会保障制度

波兰：转型国家社会保障改革的一个成功案例[1]

自从波兰的养老金支出由 1990 年占 GDP 的 8.6%增加到 1994 年占 GDP 的 15.5%之后，关于养老金改革的争论很快便从学术领域延伸到了政策研究层面。财政上的保守派们成功地推行了旨在限制赤字的一系列措施以减少缴费与受益之间的差距，包括取消行业特殊养老金津贴、调整养老金受益的税收政策、调整计算养老金的工资基准以及减少最低保障的受益金额等。这些措施的出台虽然暂时缓解了财政危机，但是却激起了养老金领取者和工会组织的强烈抗议，最终导致前联合政府于 1993 年彻底垮台。

随后几年，在波兰改革模式的选择问题上，波兰劳动部和财政部之间发生了严重分歧：劳动部的观点是在保留现有体系的基础上进行适当改革，但财政部则企图将其转变为完全的积累模式。这两个部之间的争论异常激烈，致使改革进程被推迟了长达 18 个月之久。最后，终于在 1995 年秋，由国会批准了副总理和财政部长提出的包括一个强制性积累账户的养老保障体系计划。但是，由于政府转型等诸多因素的阻碍，推迟了改革进程。1996 年 2 月，巴策科夫斯基（Baczkowski）被任命为劳动部部长。他上任后立即召集多名专家着手研究和制定改革方案，但这些方案的内容仅仅是对前面的提案进行了某些校正和更新而已，显得过于保守。

1997 年 2 月，最终修订稿《多支柱的养老保障体系》在巴策科夫斯基逝世 3 个月后得以完成并被公布；

1997 年 8 月 22 日，政府通过了改革雇员养老金体系的法令；

1997 年 8 月 28 日，通过了改革养老基金组织与运营制度的法令；

1998 年 10 月 13 日，通过了关于社会保险计划的法令；

1998 年 12 月，改革的最终方案得以确立；

1998 年 12 月 18 日，通过了社会保险基金中关于老年人和残疾人的养老保险法令。

至此，波兰的社会养老保障制度建设工作暂时告一段落，制度架构基本建立。

问题：波兰在转型期的社会保障改革给予我国社会保障体制什么启示？

分析

社会保障并不是先有一套完整的制度观念，然后有计划地设置各类保障项目，逐步使它完善的。恰恰相反，先行建立社会保障的国家在其发展过程中出现的各种社会问题，迫

---

[1] 郑秉文、陆谕梅："波兰：转型国家社会保障改革的一个成功案例"，载《中国改革》2006 年第 7 期。

使他们从社会保障层面寻求解决办法,这些措施最初带有很大的盲目性和"东补窟窿西补洞"的性质。如同拼板玩具是一小块一小块地拼起来那样,各国将其各个不同的保障项目集中起来,形成各自的制度。

本任务告诉我们:社会保障的建立不是一蹴而就的,而是经过漫长的时期,无数人的努力,不断地研究、不断地改进,才能形成适应国情、适应经济发展的制度。

知识链接

社会保障制度是在应对传统社会向现代社会(工业社会)等转型中出现的贫困、失业等问题的过程中建立起来的,也是在解决现代社会问题特别是贫困问题的过程中发展和完善的。社会保障在总体上应对的是贫困、疾病、无家可归等社会问题,而政府解决上述问题又反映了政府和社会的基本理念。

一、社会保障制度的产生与发展

《济贫法》在欧洲的普遍颁布、实施,只是互助救济向社会救济转化,国家作为社保障责任主体承担对全体公民的保障责任的开始,是建立现代社会保障的准备。真正现代意义上的社会保障制度,是伴随着工业革命后生产生社会化的发展和市场经济的建立而产生和发展起来的社会保险制度。

(一)社会保险制度的产生

德国是世界上第一个建立社会保险制度的国家。19世纪80年代,俾斯麦政府相继颁布了一系列法令:1883年,颁布了《职工疾病社会保险法》;1884年,颁布了《工伤事故保险法》;1889年颁布了《老年和残疾社会保险法》。上述法令的颁布,标志着世界上第一个最完整的社会保险体系建立,社会保险制度自此产生。

社会保险是工人阶级长期斗争的结果,又是资产阶级缓和阶级矛盾、维持社会安定的社会政策。例如,俾斯麦政府建立社会保险,直接原因就是想分化瓦解工人阶级斗争。19世纪80年代,德国正处于工人运动高峰。1875年,德国社会民主党爱森纳赫派和拉萨尔派合并,成立德国社会工人党(后改为社会民主党),领导工人运动。俾斯麦政府十分恐慌,于1878年10月颁布"非常法令"(所谓的《社会民主党企图危害治安法令》)进行镇压,因其阴谋没有得逞,遂于1881年11月发表德皇《黄金诏书》,宣布建立《社会保险基本法》,两年后通过《职工疾病社会保险法》。俾斯麦说:"养老金有了盼头,人们就满足,就容易听指挥。"又如英国,1911年的《国民保险法》就是铁路工人大罢工后出的。保守党领导人巴尔福说:"在我看来,社会立法不仅不同于社会主义立法,而且是对立物和最有效的解毒药。"美国在1929年至1933年爆发了经济危机,失业工人170万,几乎占全国工人的半数。工人要求政府救济,时任总统的胡佛宣称救济失业人纯粹是私人慈善机构和地方当局的事情,更激起了失业工人们的愤怒。125万名失业人在美国共产党的领导下,举行全国性示威,1931年和1932年还两次向华盛顿进军,国会提出立刻救济失业工人和制定社会保险法等要求。美国社会保障法就是这样在工人阶级斗争的逼迫下出现的。1935年,作为罗斯福新政的组成部分,美国通过了历史上第一部《社会保障法》。

（二）社会保障制度的发展

由于经济、政治和社会条件不同，各国形成的社会保障制度也不同。根据责任结构、保障水平，社会保障制度可以被分为不同类型，以下是最具有代表性的社会保障制度：

1. 传统型社会保障制度。传统型社会保障制度是指基本上延续了社会保障的传统理念和模式的社会保障制度。这种保障制度有以下特点：其一，选择性。这种制度的覆盖面小，保障对象是基本生活遇到困难的人，即这种制度具有"选择性"，只选符合条件的人群进行保障。其二，责任主体共担机制。该制度模式强调个人、企业政府共同承担社会保障的责任。在不同保障项目中，各方扮演不同的角色。一般在社会保险项目中个人和企业承担主要责任，政府只是最后责任人；在社会救助和社会福利服务中，政府承担主要责任。其三，保障水平低。这种制度对保障对象的保障水平较低，这表现在它只对人们的基本生活的某些方面实施保障，而且这些是较低水平的，即以保障人们的生命安全为目标。

世界上某些发达国家（如美国）和大多数发展中国家实行这种制度，它是当今世界上最流行的社会保障制度。这种社会保障制度的实施与一个国家的经济、政治、社会结构、文化传统等因素有关。

2. 福利型社会保障制度。福利型社会保障制度是全民享受社会福利的社会保障制度，这在社会福利领域也被称为普遍的社会福利制度。这种制度是建立在传统社会保障制度上的进一步发展。具有如下特征：其一，保障范围广。这种制度是面向全体国民的，而不只是面向困难群体提供社会保障，这就是全民保障或全民福利。另外，国家从多方面促进国民的福利，包括收入均等化、就业充分化、福利普遍化、福利设施体系化。其二，政府为责任主体。在普遍主义和社会公平原则的指导下，政府通过国家税收支付社会保障费用，保障国民的生活。其三，保障水平高。这种制度涵盖了国民社会生活的诸多方面，而且保障水平较高。比如，英国实行"从摇篮到坟墓"的社会福利制度，政府向国民提供的福利大大超过保障基本生活的水平。

英国、瑞典等福利国家是实施这种制度的代表。第二次世界大战以后，英国、瑞典等国宣布建设福利国家。20世纪70年代以后这一制度受到保守主义的影响，90年代以后出现的"第三条道路"的政治设计也影响了社会福利制度的发展。总的来说，福利型社会保障制度（或普遍的社会福利制度）是与较强的经济实力，社会民主主义的政治理念和社会团结的追求相联系的。在社会学特别是社会福利研究领域，理查德·蒂特马斯（Richard Titmuss）的"普遍型社会福利"，托马斯·马歇尔（Thomes Mashal）的"社会权利"理论为福利国家的合法性做了有力的论证。吉登斯的"积极福利""社会投资型国家"和建设"福利社会"观点也对这种福利制度的发展方向产生了影响。

二、我国社会保障制度

（一）我国社会保障制度的发展

1951年，政务院颁布《中华人民共和国劳动保险条例》，城镇建立了职工劳动保险制度并覆盖城镇机关和企业事业单位、职工及供养直系亲属，同时，农村建立了面向乡村孤老残幼的"五保"制度，面向农民的农村合作医疗制度。改革开放以来，大致经历了以下四个阶段：

1. 改革探索阶段（1978~1992年）。这一阶段，随着经济体制市场化改革的不断深入，企业或单位保障制度越来越不适应改革后出现的经济主体多元化、劳动力市场化局面，也难以应对失业下岗和人口老龄化等新旧问题。1985年9月《中共中央关于制定国民经济和社会发展第七个五年计划的建议》，第一次明确提出了"社会保障"概念。1991年国务院发布《关于企业职工养老保险制度改革的决定》，提出了社会保障的社会化原则，国家责任得到适度的控制和调整，改变单位包办社会保障事务的做法，个人开始承担有象征意义的缴费责任。

2. 初步形成阶段（1993~1997年）。1993年十四届三中全会通过《关于建立社会主义市场经济体制若干问题的决定》，明确了经济改革的目标模式是市场经济体制，社会保障制度被确认为市场经济正常运行的维系机制，是市场经济体系的重要支柱，提出"建立多层次的社会保障体系"，并确认了"社会保障体系包括社会保险、社会救济、社会福利、优抚安置和社会互助、个人储蓄积累保障"及"城镇职工养老和医疗保险金由单位和个人共同负担，实行社会统筹和个人账户相结合"等重要内容。这一阶段的社会保障改革随着市场经济改革的步伐加快而加快，它体现了为市场经济改革服务、以养老保险改革和医疗保险改革为重点的特色。

3. 制度定型阶段（1998~2005年）。这一阶段最显著的变化是，社会保障逐渐成为一项基本的社会制度。一是相对统一了社会保障管理体制；二是社会保障全面走向社会化和去单位化，建立独立于企事业单位之外的社会保障体系，筹资渠道多元化、管理服务社会化成为改革旧的社会保障制度和建设新型社会保障制度的明确目标；三是超越了片面为国有企业改革配套和单纯为市场经济服务的观念，开始将社会保障制度作为一项基本的社会制度来建设。1998年以来，国务院先后颁布了一系列法规或法规性文件，并成立了全国社会保障基金理事会，劳动和社会保障部、民政部等也制定了一批有关社会保险、社会福利、社会救助方面的法规性文件，它们共同规范与指导着社会保障制度的全面转型。尤其是在2004年3月，十届全国人大二次会议通过宪法修正案，正式将建设同经济发展水平相适应的社会保障制度写入了宪法，更明确地标志着社会保障制度正在成为国家发展必要的基本制度安排。

4. 创新发展阶段（2006年以来）。2006年10月，党的十六届六中全会提出，到2020年要基本建立社会保险、社会救助、社会福利、慈善事业相衔接的覆盖城乡居民的社会保障体系。党的十七大报告提出建立覆盖城乡居民的社会保障体系和人人享有基本生活保障的目标任务，"要以社会保险、社会救助、社会福利为基础，以基本养老、基本医疗、最低生活保障制度为重点，以慈善事业、商业保险为补充，加快完善社会保障体系"标志着我国社会保障制度建设进入了一个全新的发展阶段。

任务三 社会工作与社会保障

情境导入[1]

如果人生经历可以被拍成一部电影,你希望它叫什么名字?"就叫'回头看'。"今年86岁的项以勇老人用这三个字来概括他对生命回顾的见解。入住安徽省合肥市庐阳乐年长者之家,项以勇老人在专业社工的帮助下完成了一个心愿:编纂出一本人生回忆录,记录他和妻子、家人的真情往事,这是乐年长者之家社工项目"长者生命故事书"的成果之一。庐阳乐年长者之家创新探索专业社工介入养老服务,成果丰硕。

生命故事书,为老人记录人生传奇

项以勇老人家住合肥市杏花小区,旁边就是庐阳乐年长者之家。在老伴曹玉华患上中风半身不遂后,老两口入住养老院。2014年,曹玉华去世后,项以勇老人沉浸在悲痛和思念之中,常写诗歌回忆人生,表达情感,寄托哀思。

"不仅仅是项爷爷有这样的心愿。对于患了阿尔茨海默症的失忆长者,他们最常见的症状就是遗忘,很多往事无法回忆起,不记得眼前人,说不出嘴边的话,不知道去向何方。"社工与家属一起合作,为失忆长者制作一本生命故事书,"这是对失忆长者最好的陪伴。"社工陈哲介绍说,庐阳乐年长者之家社工部开展了"乐享人生·忆路传情"活动,不仅创造了长者与他人沟通交流的机会,满足了长者渴望倾诉的意愿,解决了他们焦虑、孤独的问题;同时,通过长者口述往事,以及写回忆录,满足了他们喜欢回忆往事、恋旧的心理需要。"让亲朋用聊天方式参与回忆录的写作,有助于加强晚辈与长者之间的沟通和理解,改善子孙辈与长者之间的情感疏离和隔阂,实现家庭氛围的和谐融洽。"陈哲说,生命故事书、人生回忆录有叙述、感怀和启承三重意义,这是一项专业社工介入养老服务的创新探索。

专业社工介入,让养老服务更添温情

让专业社工成为老年人的朋友,为养老服务打开了全新的局面。

庐阳乐年长者之家院长桂丹介绍说,他们在2014年就已成立"安徽省社会工作专业人才实训基地"。2015年,乐年引进专业社工介入居家养老服务,次年成立合肥市庐阳区乐年社会工作服务中心,并成功承接安徽省民政厅"共享阳光"社会救助项目,同时还承接合肥市老少活动家园项目中的十个社区点。"到目前为止,安徽乐年社工部初步形成以社区为基础、机构为依托、居家为补充的社工岗位服务模式。"桂丹介绍说。

2016年,民政部门发布《老年社会工作服务指南》,乐年社工部获得快速成长。"经过五年多的探索,乐年社工在介入机构养老服务中,已经初步形成了一套成熟的模式。"

---

[1] 马丽萍:"专业社工介入让养老院更添温情",载社工中国网,http://trade.swchina.org/trends/-2019/0524/34036.shtml。

桂丹说，专业社工的对老人的问题与需求进行综合评估，帮助新入住的长者适应新的生活，开展各类活动以提高长者的生活质量，帮助长者加强同家人与社会的联系。"老人不能一住进养老院，就被家庭孤立和社会隔离了，他们更需要被关心、呵护。"桂丹表示，专业社工介入养老服务，更重要的是为机构工作人员提供支持性服务，输入新鲜血液，注入新活力。

问题：思考社工介入养老机构的必要性。

分析

在现代社会，专业化、职业化的社会工作和制度化的社会保障对于预防和解决社会问题、维护社会稳定及提升公民的生活水平等都具有重要作用。二者的关系较为复杂，既有相同点也有不同之处，在某些层面还存在互补性。相同点表现在二者的历史缘起、服务对象和服务目标相同，差异性体现在二者具有不同的实施主体、工作方法和发展轨迹。同时，二者在服务内容和制度建设方面存在互补性。

从总体来看，以助人为目的的专业性社会工作手法和以保障公民基本生活为目的的社会保障制度同属于社会福利事业，也都以提升民众的福利、维护社会的稳定、促进和谐发展为目标，但是不同的发展道路使得两者在具体的实施过程中呈现出不同的特色。

本任务告诉我们，社会工作与社会保障属于功能性互补，社会工作对于社会保障政策的制定、过程的实施以及社保所需人才的培养等方面都发挥重要的作用。

 知识链接

一、社会工作的含义

社会工作在西方经过了将近一个世纪的充实、修正和完善，已发展成为一门拥有一定的理论、方法和专门技术的实用性社会科学学科，成为一项具有广泛就业基础的专门职业。所谓社会工作，是指社会（政府和群众团体）以物质、精神和服务等方式对那些因外部、自身和结构性原因不能依靠自己的力量进入正常的社会生活的个人与群体提供帮助，使他们恢复社会生活能力，改善社会互动关系，提高社会生活质量，从而促进社会的良性运行和协调发展。这个定义有三个基本含义：

第一，社会工作是一项自觉自愿的非营利性的社会公益活动。社会工作的主体是政府和群众团体，它们把社会各个阶层和各类群体及个人的协同发展看成是自己的责任和义务。当一部分人由于种种原因而陷入困境时，政府和群众团体就会主动地投入一部分力量，创造必要的条件，帮助那些功能受到损害的个人或群体解脱困境，它们不希望也不应该从被帮助对象身上获取利益或日后的回报。

第二，社会工作以那些不能维持正常社会生活、需要他人帮助的个人和群体为服务对象。虽然有些社会工作者认为社会工作的对象已扩大到全体社会成员，但从世界各国的社会工作实践看，其工作绝大部分是放在帮助社会生活有困难的个人和群体上的。而且这种重点在今后几十年内不会有更大的转移。把增进社会成员幸福的工作放在其他学科和职业领域中也许更为妥当，更有利于社会工作学科的规范性。

第三，社会工作把社会整体利益、社会各方面协同发展作为基本目标。社会的构成是复杂的，社会各阶层和各类群体毫无差别地齐头并进是不符合社会运动规律的。但是这种差别任其自由扩大或有一部分人社会生活质量相当低劣，也会影响社会的安定以及不符合社会进步的理想。因此，从这一观点出发，表面上看社会工作不直接创造社会财富，而实际上它为社会发展奠定了一个十分重要的基础，其社会效益和精神价值不可估量。

二、社会工作的内容

1. 社会福利。社会福利有广义和狭义之分。广义的社会福利是指政府和社会团体为提高社会成员的物质和精神生活水平而采取的种种措施；狭义的社会福利则专指对社会生活有困难者进行帮助。随着社会经济的发展，社会福利事业会更加兴旺，这就需要更多的社会工作者投入到这项事业中去。社会福利的主要内容有：社区医疗保健网络、社区文化娱乐设施、劳动就业培训与指导中心等。

2. 社会服务。现代人对生活的空间要求越来越高，希望能够得到良好的社会服务，以利于工作和生活质量的提高。因此，社区内的社会服务项目急剧增加，社会服务质量不断提高。例如，为老人生活方便的各种社会服务；为少年儿童健康成长的卫生保健娱乐项目；为残疾人服务的医疗康复中心；等等。

3. 社会保险。社会保险是保障社会成员满足基本生活需求的一项基础性措施。在人的一生中，年老、伤残、疾病等影响人的劳动能力和生活能力的因素很难避免，单靠个人去解决这些问题很困难。因此，国家通过立法，对那些丧失劳动能力以及生活能力的人提供一些帮助，是完全必要的。社会保险的种类主要有：医疗保险、失业保险、养老保险等。

4. 社会救济。社会救济也称社会救助，指政府和社会团体对那些维持社会基本生活水平有困难者给予必要的物质帮助。社会救济工作的关键是要正确划定被救济对象最低生活标准，维护贫困者的基本权益。我国长期开展的扶贫工作是社会救济中很有特色的事业，把社会救济与生产开发结合起来，从根本上提高贫困者的生活水平。

5. 救灾工作。救灾工作指国家和社会对因自然灾害而遭受损失的地区和人民进行的援助、补救活动，从广义上讲也包括对自然灾害的预防。主要的自然灾害有：地震、疫病、水灾、旱灾、火灾等。现代救灾工作强调提高防灾能力，通过科学技术和人、财、物的投入，逐步改造自然，对于已发生的灾害，动员政府、社会和个人共同努力救灾，同时，通过社会保险等方法，协同多方面力量，提高抗灾救灾的能力和效率。

6. 社区工作。社区工作指以社区为单位，建立机构，组织和动员社区内的各种力量，参与社区建设，解决社会问题，提高社区成员的生活质量，改善社区环境。社区是社会工作者开展工作的主要场所之一，随着社会的发展，社区生活质量成为人的生活质量的一个主要方面。因此，建立完整、完善的社区服务体系，是社区社会工作者的一个十分重要的任务。

7. 社会工作教育。社会工作教育指对从事社会工作的人员进行专业训练和培养的一项工作。社会工作从早期的慈善事业发展到今天在高等院校设立专门的学科,说明其专业性越来越强。从事这项工作的人员,必须接受一定的专业训练,其课程几乎涵盖了社会科学和人文科学的所有主要领域,并且十分强调实践性教育。只有这样,社会工作的科学性和有效性才能得到保证。

8. 社会工作行政、督导和咨询。社会工作行政是指政府将社会政策转化为社会服务的实施过程;社会工作督导是政府设立专门或兼职的机构和人员,指导社会工作者履行职责,遵守规范,提高工作质量;社会工作咨询是指社会工作研究机构与高级社会工作者接受基层社会工作者和社会工作的服务对象的咨询。这三项工作都是为了保证社会工作以一定的质量和效率实施的基本措施。

9. 国际社会工作。社会工作在各国的发展使人们逐渐感到加强国际交流的必要性,于是出现了国际社会工作组织。它们组织各国社会工作者相互学习、交流经验、探讨学术,尤其注重研讨在各文化传统相异、社会发展速度不一的国家里开展社会工作的可能性。国际社会工作还重视对各国社会工作者的教育训练,交流信息,交换学生,以便促进世界各地的社会工作水平的提高。

三、社会工作与社会保障的关系

社会保障制度被称为社会的"安全网"。从古至今,社会保障体系对于个人生存与繁衍、社会稳定与发展的重要性不言而喻。进入工业社会后,贫困、失业、流浪等社会问题日益加剧,社会弱势群体大量涌现,完善的社会保障体系变得不可或缺。为此,西方资本主义国家通过立法途径,先后建立了形式各异的福利体系,涉及住房、教育、医疗等各个层面,有些国家甚至建立了"从摇篮到坟墓"的高福利制度。有着社会"安全阀"称号的社会工作同样是现代社会应对社会矛盾、提高社会福祉的重要制度,它与社会保障的关系是什么?二者之间具有什么联系呢?

第一,从国家层面讲,用立法制定政策和制度就是为了在具体实施中能保证公平与公正,这是理性的制度安排。从社会微观层面,社会工作就是以"人人为我,我为人人"为基本的理念,这是一种感性的具体实施,是公民自发的爱心的一种表现,这充分体现了公民自我的人道主义的价值追求。

第二,社会保障就是把社会政策在实施的过程中,进行制度化;而社会工作就展现出人性中的利他主义的一面,是人性美好的具体展现。从工作本身来看,社会工作是一项专门性的工作,不是传统意义上的兼职,主要通过政策制定以后的具体实施,来改善需要帮助的公民的生活,提供生活帮助,提升生活质量。如果说社会工作是对受助公民的一种关爱的话,那么社会保障就可以说完全是按照政策和制度对受助人的一种制度性的按照既定方式和支付方式的制度救助。社会工作有着自己独特的价值观念,它要求既要保证尊重和关爱受助人,这是首要的价值理念,而且要求一定要非常专业地采取行动,用专业的工作最大程度地帮助受助人,保障他们的利益。社会工作价值体系通过对专业共同体的社会责任和道德义务进行明确规定,从而确保社会工作专业为维护社会正义和公平发挥应有的作用。

第三，社会保障是要在制度和政策的规定范围内，把受保障人纳入受保障的公民范围，而社会工作则更贴近生活，把受助人当作生活中的人，当作需要受助的邻人一样，主动从内心体验去考虑和帮助需要帮助的弱势群体。正因为此，社会保障制度在实施过程中才具有刚性，往往是严格依据既定的标准来确定保障的对象和保障的内容，而现实操作的复杂性和不确定因素使得一些社会成员无法得到应有的保障。社会工作则是根据人的需求来确定受助者，因此社会工作的对象具有更强的灵活性和动态性。

技能提升

如何通过社会工作补充社会保障

党的十八大以来，中国特色社会主义进入新时代。党中央突出保障和改善民生，我国基本建成了世界上规模最大、功能完备的社会保障体系，特别是通过政府的强力推动，我国进入社保全民覆盖的新时代，广大人民群众不分城乡、地域、性别、职业，在面对年老、疾病、失业、工伤、残疾、贫困等风险时都有了相应的制度安排，这是我国社保制度取得的最突出的成就，得到国际社会广泛认可和普遍赞誉。党的二十大报告在民生社会保障工作方面强调，社会保障体系是人民生活的安全网和社会运行的稳定器，并对此提出了更高要求："健全覆盖全民、统筹城乡、公平统一、安全规范、可持续的多层次社会保障体系"。而社会工作专业本身的发展，可以提高社会服务的质量，改善社会保障，管理好资源配置的效率，促进社会保障制度本身不断得到完善。

1. 社保政策制定的建议者。社会工作者往往直面受助者，了解到社会保障制度实施的微观层面，更加深刻地了解社会政策的优点和不足，从而为社会保障政策的制定和修改提供合理的建议。

2. 个人与政府关系协调者。社会工作教育可以培养出大量社会福利服务者，由社会工作者实施社会福利政策对个人和政府而言都是更加合适的。对于个人来说，他们可以获得更加人性化的帮助，社会工作者还秉承助人自助的理念，不仅解决现实的困难，还帮助受助者增强解决问题的能力。对于政府而言，社会工作者可以作为政府的联络者，做好社会、组织和社区的协调者，通过提供专业服务，可以协调弱势群体直面和消除生活中的压力，并促使他们整合于社会组织中，提高个人及团体的适应能力。

3. 社保制度实施的配合者。社会工作以平等、人道的理念，使社会保障的实施在坚持制度的刚性的同时，还能兼顾到以人为本的弹性工作方法，有利于促进社会保障制度的革新并朝着有利于受助者的方向发展。

4. 社保所需人才提供者。社会保障制度是以国家为主导的，更多的是从国家和社会的整体利益出发，而社会工作更多的是从个人的角度出发。社会保障和社会工作的对象是动态的，不同类型的对象的需求也不同，而相对来说政策是比较稳定的，必然会造成一些服务对象和服务项目被排斥在体制之外。社会工作则没有固定的服务对象，可以根据不同的需求及时提供服务。因此，社会工作在社会保障体系还不完善的情况下，可以弥补体制不足，提升社会福利的覆盖面和受益面。

> **课后提升**

材料分析：

随着我国老龄化程度的不断加深，发展多元化的养老模式已是必然趋势。"时间银行"、互助养老等理念的兴起为我国社区养老服务模式的发展迎来新的契机。"时间银行"是一种政府治理、社会调节、居民自治的养老服务应用，服务内容包含居家上门、生活照料、精神慰藉等十大类共计48项，每个项目标注了相应的"价格"，其价值正是"时间币"。需要服务的市民可通过线上按需下单，志愿者将点对点上门服务，志愿服务时长会转换成"时间币"，可供后续兑换服务。2021年10月14日，正是中国传统节日重阳节，由湛江市民政局、中国银行湛江分行、湛江经济技术开发区人口和社会事务管理局联合主办的湛江市"时间银行"互助式养老项目启动仪式在经济技术开发区盛和园社区举办。

湛江"时间银行"互助式养老项目是湛江市贯彻落实习近平总书记对养老工作的重要批示指示精神，按照民政部以及广东省民政厅关于加快推进养老服务发展的工作部署要求，全力打造以家庭为核心、社区为依托、信息化为平台、专业化服务为支撑，以"湛江慧养"为特色养老服务品牌的社区居家养老服务体系的一个有益探索，项目将以湛江市经济技术开发区融和社工服务中心为试点，为老年人提供智慧养老服务。随着人口老龄化加剧，投入养老工作的人力赶不上服务需求，时间银行的理念在我国各地逐步开展；同时，区块链技术的引入进一步提高了互助养老模式的可行性。

《北京市养老服务时间银行实施方案（试行）》于2022年6月1日实施。

根据以上材料，请思考社会工作在"时间银行"互助新型养老模式推行中发挥的作用。